SOFTWARE CRAFT

SOFTWARE CRAFT

TDD, Clean Code et autres pratiques essentielles

Cyrille Martraire
CTO et co-fondateur d'Arolla

Arnaud Thiéfaine
Développeur, coach craft et formateur chez Arolla

Dorra Bartaguiz
Développeuse, coach technique et formatrice chez Arolla

Fabien Hiegel
Développeur chez Shodo Nantes

Houssam Fakih
CTO de La Combe du Lion Vert

DUNOD

Illustration de couverture : © Dhujmontra – Shutterstock

NOUS NOUS ENGAGEONS EN FAVEUR DE L'ENVIRONNEMENT :

PAPIER CERTIFIÉ

Nos livres sont imprimés sur des papiers certifiés pour réduire notre impact sur l'environnement.

Le format de nos ouvrages est pensé afin d'optimiser l'utilisation du papier.

Depuis plus de 30 ans, nous imprimons 70 % de nos livres en France et 25 % en Europe et nous mettons tout en œuvre pour augmenter cet engagement auprès des imprimeurs français.

Nous limitons l'utilisation du plastique sur nos ouvrages (film sur les couvertures et les livres).

11 rue Paul Bert, 92240 Malakoff
www.dunod.com
ISBN 978-2-10-088043-0

TABLE DES MATIÈRES

PARTIE 2
Techniques avancées et élargissements

PARTIE 3
Craft et attitudes

NOTE SUR LA SECONDE EDITION

La première édition de ce livre a reçu de nombreux retours positifs, ce qui nous a encouragés à conserver l'essentiel du texte et à limiter les modifications au strict nécessaire, c'est-à-dire aux corrections indispensables.

Cependant, le monde a déjà changé depuis la première édition. L'intelligence artificielle (IA) est soudainement devenue un sujet incontournable, suscitant à la fois des inquiétudes et des fantasmes dans nos métiers du logiciel. Nous avons donc choisi d'ajouter un chapitre spécifiquement consacré au lien entre l'IA et le craft, le chapitre 15.

En réponse à la question « Pourquoi ce livre sur le craft ne parle-t-il pas de Domain-Driven Design ? », nous avons jugé utile d'y répondre brièvement dans un petit chapitre additionnel, le chapitre 16.

Mentionnons quelques évolutions dans le monde du software craft depuis la première édition. En ce qui concerne le TDD et la conception, le livre « Tidy First? » de Kent Beck est paru. Cet ouvrage est le fruit de plusieurs années de réflexion sur le métier de développeur, par l'auteur de « Extreme Programming ». À travers une quinzaine de patterns, sortes de mini-refactorings, Kent montre comment réaliser de petits nettoyages de code qui peuvent considérablement simplifier le travail quotidien.

Concernant le Mob-Programming, le terme de 'Teaming' ou 'Ensemble Programming' a peu à peu gagné en usage comme alternative au terme de 'mob' et à ses connotations négatives. De plus, des retours d'expérience ont relevé des limites sur le plan de l'inclusivité du teaming ou mob-programming, qui n'est pas adapté à certaines situations de handicap, par exemple pour les personnes autistes ou sourdes et malentendantes.

Nous tenons à remercier tous nos lecteurs et lectrices qui nous ont fait confiance et qui ont régulièrement recommandé ce livre à leur entourage. Merci de nous avoir signalé les quelques coquilles cachées dans le livre, avec un immense merci à Matthieu Bonnot et à sa vigilance, qui a lui seul les a presque toutes trouvées.

Un merci tout particulier à celles et ceux qui ont partagé des appréciations en ligne et des retours qui nous ont fait chaud au cœur !

AVANT-PROPOS

Le Software Craft est une approche de développement logiciel qui connaît une certaine popularité depuis 2009 dans le monde entier. Cette approche, désormais revendiquée par de nombreux professionnels, s'inscrit dans le prolongement des approches agiles et les complète avec les aspects d'ingénierie.

L'essor du Software Craft dans le monde

Chaque année des milliers de développeurs et développeuses se retrouvent lors du Global Day of Code Retreat dans 250 villes du monde pour une journée de pratique intensive autour d'exercices de code en simultané, durant 24 heures au total[1].

En outre, depuis 2011, des centaines de professionnels du développement logiciel se retrouvent durant trois jours dans un lieu tranquille pour échanger leurs expériences en pratiquant ensemble. Les plus connues de ces conférences sans programme pré-établi, qu'on appelle ainsi des « non-conférences », sont les événements SoCraTES (International Conference of Software Craft & TESting) qui existent désormais dans de nombreux pays, dont bien entendu la France[2] à l'initiative de Houssam Fakih (un des co-auteurs de ce livre). À Paris, la communauté Software Crafters[3] créée par Cyrille Martraire (également co-auteur de ce livre) fin 2011 comptait en 2020 plus de 4 200 membres, dont environ 60 d'entre eux se retrouvent une soirée chaque mois pour échanger et pratiquer.

Les entreprises suivent et cherchent à adopter ces pratiques, dans une optique d'amélioration de leur processus de développement. Les compétences de Software Craft deviennent désirables voire requises sur les CV des candidats. Les entreprises veulent sponsoriser les communautés Software Crafters. Les entreprises de services se positionnent en réponse à la demande croissante de leurs clients. L'offre commerciale est aujourd'hui bien développée avec des formations, des formules d'accompagnement en coaching ou avec des « coachs craft embarqués », avec des personnes rompues au Software Craft qui intègrent une équipe pour lui transmettre les pratiques et techniques de l'intérieur.

Même si ce livre peut sembler tardif sur ce sujet, il reste pourtant absolument d'actualité, ce qui est étonnant dans une industrie où une technologie est souvent caduque après dix ans. Mais le Software Craft n'est pas une technologie de plus qu'on télécharge, qu'on installe et qu'on apprend avec un tutoriel avant de l'abandonner au profit

1. Pour en savoir plus sur cet événement annuel, rendez-vous sur le site https://www.coderetreat.org
2. Toutes les informations sur l'événement SoCraTES sont disponibles ici : https://socrates-fr.github.io/
3. Le site officiel de la communauté Software Crafters Paris se situe à l'adresse suivante : https://www.meetup.com/fr-FR/paris-software-craftsmanship

d'une autre ; c'est un ensemble *d'attitudes* qu'on apprend à adopter pour être plus efficace sur la façon d'utiliser les technologies, quelles qu'elles soient. Il s'agit d'acquérir de nouveaux réflexes, de faire le deuil de certaines illusions, de prêter attention à des enjeux qu'on ignorait ou négligeait auparavant. Il s'agit surtout de redéfinir ce qu'on appelle un « bon » logiciel. Et ce qui est remarquable avec les attitudes est qu'elles sont bien plus pérennes que les technologies sur lesquelles on les applique.

Changer sa vision du monde et sa façon de se comporter demande du temps, des efforts et un peu d'inconfort temporaire ; il faut considérer cela comme un investissement avec des bénéfices persistants sur une longue période. Apprendre le Test-Driven Développement (TDD) en Java, C#, Typescript ou dans tout autre langage consiste avant tout à adopter un état d'esprit porteur d'attitudes fondamentales et essentielles qui seront tout aussi utiles dans n'importe quel autre langage existant ou encore à inventer. Une fois les attitudes acquises, vous les appliquerez avec profit dans n'importe quel univers ; par exemple, vous voudrez probablement utiliser une approche similaire au TDD même sur des configurations d'infrastructures, des bases de données ou du cloud, et même dans des environnements orientés data ou machine learning.

Votre parcours vers le Software Craft consiste donc à pratiquer des techniques sélectionnées, idéalement en compagnie d'autres praticiens, en vue d'adopter de nouvelles attitudes. Pour cela, préparez-vous à être surpris !

■ Les enjeux du développement logiciel remis en question

Votre voyage dans le Software Craft commence par changer ce qui vous paraît le plus important, en prenant conscience du fait que les enjeux suivants sont parmi les plus importants aujourd'hui :

Réussir à faire fonctionner le logiciel n'est que la première étape

Working code is a low bar.

Autrement dit, un logiciel qui fonctionne, ce n'est que le strict minimum. Le vrai enjeu du développement logiciel est de rester évolutif dans la durée, c'est-à-dire permettre d'ajouter facilement des fonctionnalités, et de rester maintenable, c'est-à-dire permettre de changer facilement des fonctionnalités existantes.

Un logiciel n'est jamais fini et change en permanence

Un logiciel, ça change tout le temps. Si le logiciel lui-même ne s'use pas, son utilité dépend en revanche de son adéquation au besoin, et ce besoin change régulièrement. Un logiciel n'est donc jamais fini, sauf lorsqu'il est mis à la poubelle en fin de vie.

En anglais le mot correspondant à « logiciel » est *software* et désigne ce qui est facile à changer, par opposition au *hardware*, le matériel. Pourtant, sans soin particulier, le code devient rapidement difficile à changer, jusqu'à parfois devenir totalement impossible à faire évoluer. C'est fâcheux et il faut alors envisager de le réécrire, ce qui est à la fois très coûteux et très risqué.

Développer c'est lire et comprendre le code au moins autant que l'écrire

Conséquence du point précédent, changer du code nécessite de le lire au préalable afin de le comprendre. Dans nos métiers, le code est bien plus souvent lu et relu qu'écrit (ou réécrit), et il convient donc d'en tirer les conséquences en termes de facilité de lecture.

Définir le besoin est au moins aussi difficile que d'écrire le code correspondant

Les développeurs ont l'habitude d'attendre une expression de besoin parfaitement définie dans chaque détail. Plus précisément, ils ou elles ont l'habitude de se plaindre de ne pas avoir une telle qualité de définition du besoin, reproches adressés aux analystes ou Product Owners.

Le Software Craft accepte l'idée que définir le besoin est éminemment difficile, avec comme conséquences, d'une part, que c'est un processus de découverte progressive, souvent même en cours d'écriture du code, et d'autre part que c'est une démarche collective incluant ceux et celles qui écrivent le code, au côté des futurs utilisateurs et des experts du domaine.

Pas de hacker ni de virtuose

Dans les communautés Software Craft, les termes *hacker* et *recherche de virtuosité* ne sont pas en vogue. Il ne s'agit pas d'impressionner par des astuces originales que seul leur auteur comprend. Il ne s'agit pas de taper le plus vite possible au clavier. Tout au contraire, c'est la réflexion sur l'opportunité même d'écrire ou non du code, puis de choisir parmi les alternatives possibles qui importent et qui méritent de prendre du temps.

Il ne s'agit pas de connaître par cœur des listes entières de commandes, alors que comprendre le métier et l'avoir en tête serait nettement plus utile. Il ne s'agit pas de faire du code qui prévoit tous les cas futurs, quand on a accepté que le futur sera toujours plein d'imprévus et qu'on préfère la simplicité et la capacité de changer facilement.

Il ne s'agit pas de trouver, dans son coin, une solution complète et qui fonctionne du premier coup au prix d'un énorme effort cérébral, alors que le travail se fait en équipe et que les problèmes vraiment intéressants sont trop complexes pour « tenir dans une seule tête ».

Retour historique sur une cascade de réactions dans l'industrie logicielle

Pour bien comprendre Software Craft, il faut rappeler le contexte historique dans lequel il est apparu, à commencer par le *Manifeste agile* publié en 2001. Durant les années précédant ce manifeste, nombre de praticiens avaient proposé des approches ou méthodes de développement itératives, à cycle court, en accordant de l'importance à la communication entre les personnes impliquées et aux boucles de rétroaction.

Si la méthode Scrum est devenue depuis la plus populaire, l'approche Extreme Programming (XP) était la plus complète, combinant les pratiques d'organisation du travail et d'ingénierie de code dans un tout cohérent. Extreme Programming, portant en substance les germes du craft, a connu au départ un succès d'estime et continue d'avoir une grande influence.

À partir de 2001, l'agilité, principalement avec Scrum, a connu un formidable essor jusqu'à devenir l'approche de référence de l'industrie du développement logiciel. La dynamique agile était une réaction au cycle en V de moins en moins adapté face à la complexité croissante des logiciels.

À peine dix ans plus tard, l'agilité avait remplacé progressivement le cycle en V dans la gestion du cycle de développement, mais trop souvent les pratiques d'ingénierie de code avaient été négligées. Les équipes ont gagné en efficacité de production du code, mais, à défaut de techniques d'ingénierie, elles empilent du code sur du code, et cette accumulation entraîne de la souffrance car elle devient de plus en plus difficile à entretenir. Des équipes ressentent alors ce que Sandro Mancuso appelle la « gueule de bois agile » (*the Agile hangover*).

Certaines figures connues du développement logiciel s'en émeuvent et réagissent. Robert C. Martin reprend le terme « Software Craftsmanship » issu du livre *Software craftsmanship: the new imperative* (2001, Addison-Wesley) et en fait un manifeste destiné à compléter le *Manifeste agile* (http://manifesto.softwarecraftsmanship.org) :

« *We have come to value:*

Not only working software, but also well-crafted software

Not only responding to change, but also steadily adding value

Not only individuals and interactions, but also a community of professionals

Not only customer collaboration, but also productive partnerships

That is, in pursuit of the items on the left we have found the items on the right to be indispensable. »

En initiant la dynamique Software Craftsmanship, l'idée est de rappeler l'importance des pratiques de code, souvent négligées depuis des années. Ces pratiques et techniques sont celles qui permettent qu'un logiciel évolue dans la durée sans se dégrader trop vite. Pour une large part, il s'agit de redonner une seconde vie à des éléments issus de l'Extreme Programming pour compléter Scrum. De façon caricaturale, on pourrait être tenté d'affirmer que le Software Craft apporte ce qui manque à Scrum pour reconstituer un semblant de Extreme Programming. Toute inexacte et grossière que soit cette affirmation, si vous connaissez ou apprenez Extreme Programming, vous avez, de fait, déjà un engagement significatif dans le Software Craft.

On a vu que l'agilité était une réaction au cycle en V et à la rigidité des processus de développement logiciel à la fin des années 1990 ; le Software Craft est à son tour une réaction à la dérive de l'agilité qui a oublié ou négligé ses racines techniques. Ironiquement c'est donc une réaction à une réaction. À ce titre, le Software Craft est aussi affaire de marketing, avec un terme qui devient populaire pour passer des idées et donner envie de changer son comportement. Ce n'est pas honteux, c'est même utile.

■ Une communauté bienveillante et soucieuse de la transmission des savoir-faire

Notre expérience après dix ans dans des communautés Software Craft dans toute l'Europe et au-delà est de croiser des personnes ouvertes d'esprit et avec beaucoup de bienveillance. Ça fait très bisounours mais les exceptions sont rares. Lorsqu'il a été constaté que le nom même de « Software Craftsmanship » était genré au masculin, la décision de renommer en a été immédiate dans la plupart des communautés. La communauté de Paris s'est ainsi renommée en Software Crafters Paris.

En insistant sur l'excellence technique, le risque est de dériver vers l'élitisme, mais le Software Craft inclut un antidote qui est l'importance de la transmission des savoir-faire. Il s'agit non seulement de progresser soi-même vers l'excellence technique, mais d'aider d'autres, de tout niveau, à progresser aussi. Et bien entendu les deux objectifs se renforcent plus qu'ils ne s'opposent.

■ Une boîte à outils de techniques

Le Software Craft comprend bien entendu une sélection de techniques formant une boîte à outils à bien connaître et à perfectionner sans cesse. Les techniques majeures sont :

- ✓ TDD (Test-Driven Development) ou « développement dirigé par les tests », qui n'est pas une technique de test mais bien une technique de développement et de conception, avec tous les refactorings.
- ✓ BDD (Behavior-Driven Development) ou « développement dirigé par le comportement », issu de TDD mais qui a développé un état de l'art propre, en particulier autour de l'expression du besoin.
- ✓ Techniques dites de propreté de code (Clean Code), qui rassemblent les pratiques-clés pour écrire du code propre à l'échelle de la ligne de code.
- ✓ Domain-Driven Design (conception dirigée par le métier), pour guider la conception avancée et l'architecture jusqu'à l'échelle du système d'information.
- ✓ Techniques spécifiques de « Legacy Remediation » (remaniement de code hérité), pour reprendre le contrôle, mettre sous tests et réparer du code ancien et mal entretenu.
- ✓ Techniques de conception orientée objet (OO) et style de programmation fonctionnelle (FP), principes de conception SOLID, etc.

✓ Techniques de collaboration, en particulier le binômage (pair programming) jusqu'au mob programming (programmation en groupe), car collaborer efficacement cela s'apprend et se travaille.

✓ Enfin, le Software Craft comprend aussi l'application et l'adaptation de tout ce qui précède pour les technologies comme le cloud, le machine learning, et les infrastructures data, qui sont plus récentes et par conséquent moins matures en termes de pratiques que la programmation généraliste traditionnelle.

Ces techniques sont décrites en détail dans les différents chapitres de ce livre, avec des exemples et exercices pour apprendre à les appliquer.

Comment lire ce livre

Cet ouvrage peut être lu d'un bout à l'autre comme un parcours pédagogique progressif, ordonné par difficulté croissante et en commençant par les prérequis. Une approche conseillée serait de consacrer par exemple une semaine par chapitre, pour lire puis pratiquer le sujet avec les exercices proposés.

Ce parcours pédagogique reprend le contenu et la progression qui ont fait le succès du programme d'apprentissage de plus de 100 recrues de la société La Combe du Lion Vert, créée par les mêmes dirigeants que la société Arolla où se sont connus les auteurs.

Les exemples sont donnés en utilisant un des langages de programmation les plus populaires aujourd'hui, à savoir Java, JavaScript, C# ou Typescript. Les lecteurs et les lectrices pourront extrapoler les recommandations à leur langage habituel, ce qui ne doit pas poser de problème, le Software Craft étant largement agnostique aux détails de chaque langage.

Ce livre peut aussi se consulter comme un guide de référence, organisé par chapitres thématiques, pour répondre aux interrogations et hésitations que vous rencontrez dans votre pratique.

Chaque chapitre référence les ouvrages ou liens, le plus souvent en langue anglaise, qui seront utiles pour approfondir chaque sujet. Ce livre peut donc être vu comme une porte d'entrée vers un vaste univers, avec les conseils des auteurs pour se repérer et trouver plus vite les sources les plus inspirantes et les plus pertinentes.

À propos des auteurs

Cyrille Martraire

Cyrille est CTO co-fondateur d'Arolla, une société qui rassemble plus de 100 enthousiastes du software craft. Il est aussi le fondateur de la communauté Paris Software Crafters, qui compte aujourd'hui plus de 5000 membres, et est l'auteur du livre *Living Documentation* chez Addison-Wesley. Cyrille est orateur régulier dans des conférences en Europe et au-delà.

Avec plus de 25 ans d'expérience, Cyrille intervient toujours en conseil en architecture et en conception, avec l'aide de Domain-Driven Design et avec une vraie curiosité pour tous les métiers, de la finance à la logistique ou au médical.

Arnaud Thiéfaine

À travers les rôles de développeur, leader technique, coach craft et formateur, Arnaud accompagne startups et grandes entreprises dans l'adoption des pratiques du software craft, en les aidant à améliorer leur code au quotidien grâce à des ateliers et un accompagnement sur mesure.

Passionné de Domain-Driven Design, il aime explorer de nouveaux métiers et comprendre leurs enjeux pour mieux aligner le code avec la réalité du terrain. Cette curiosité l'a amené à intervenir dans des secteurs variés tels que l'énergie, la réassurance, la finance de marché ou encore le luxe.

Engagé dans la transmission des savoirs, il partage régulièrement son expérience à travers conférences, meetups, podcasts et formations, ainsi que par la publication de ressources accessibles à la communauté. Toujours en quête d'amélioration, il s'efforce d'aider les équipes à construire un logiciel plus durable et centré sur la valeur métier.

Dorra Bartaguiz

Dorra est développeuse depuis 2007, coach technique, formatrice et actuellement CTO d'Arolla. Elle a aussi enseigné dans une école d'ingénieurs à Paris pendant des années. Elle partage son savoir-faire en publiant des articles et en animant des conférences et meetups.

Au fil de son expérience, elle a acquis des valeurs autour du clean code, du craft et de l'agilité qu'elle adore partager en accompagnant des clients à travers du coaching ou des formations pour aider les équipes à mieux apporter de la valeur.

Fabien Hiegel

Fabien est un développeur passionné ; quel que soit le langage de programmation, tout est prétexte à créer et à y prendre du plaisir. Par ses diverses expériences, il a découvert et aiguisé ses pratiques du craft, notamment par des ateliers de partage et de veille collective.

En animant des communautés de pratiques, en facilitant l'internalisation de formations ou encore, en ludifiant des ateliers de pratique, il espère pouvoir transmettre cette passion aux personnes qui l'entourent et les aider à apprendre les compétences techniques qui les font rêver.

Houssam Fakih

Houssam Fakih est un expert du développement logiciel, cumulant les rôles de CTO, organisateur de conférences, agent de carrières, coach technique, facilitateur et formateur.

Il a conçu plusieurs programmes de formations pratiques axées sur l'amélioration des compétences craft et XP.

Ces cursus intensifs sont de véritables accélérateurs de carrières pour les développeurs juniors ou en reconversion professionnelle.

Organisateur de SoCraTes-France (conférence au format forum ouvert) depuis 2015, il a également contribué au lancement de l'événement dans d'autres pays et a facilité les premières éditions au Maroc.

Conférencier, il intervient dans plusieurs conférences sur des thèmes liés à l'agilité et au craft.

À propos des illustrations

Les illustrations de ce livre sont réalisées par notre co-auteure **Dorra Bartaguiz**, inspirée par les idées et les échanges avec tous les auteurs.

Remerciements

Les auteurs se remercient mutuellement pour l'opportunité de collaborer sur cet ouvrage dans la durée, et ce dans une atmosphère amicale. Ils tiennent à remercier profondément Jean-Luc Blanc, les éditions Dunod, pour son soutien et ses encouragements du projet initial jusqu'au manuscript final. Leurs remerciements vont aussi à Brice Martin, pour sa relecture.

Arnaud Thiéfaine

Arnaud remercie son épouse Delphine et ses enfants Anaïs et Noémie qui ont dû porter une part des sacrifices nécessaires à l'activité d'écriture. Elles ont su être discrètes pendant les phases demandant beaucoup d'attention et apporter leur soutien dans les moments les plus difficiles.

Arnaud tient également à exprimer sa gratitude envers Bruno Boucard et Thomas Pierrain pour lui avoir transmis la passion du craft en lui montrant qu'en matière de développement logiciel, une voie beaucoup plus vertueuse était possible.

Dorra Bartaguiz

Avec un bébé, l'aventure pouvait être compromise mais c'était sans compter sur le soutien et la patience de son chéri. Donc merci à lui pour tout.

Cyrille Martraire

Cyrille remercie particulièrement Yunshan son épouse, ainsi que Norbert et Gustave, qui, en plus d'être compréhensifs pour les moments où papa ne jouait pas avec eux, ont même pris goût à participer aux points de suivi vidéo avec Monsieur Blanc.

Fabien Hiegel

À Houssam qui, en plus d'avoir été un binôme enrichissant, m'a inclus et retenu dans cette aventure.

Houssam Fakih

Houssam remercie J. B. Rainsberger, ses anciens collègues à la Combe du Lion Vert et chez BISAM. Il remercie également Hadrien Mens-Pellens, Thomas Carpaye et Thomas Ployon.

Ce livre a été conçu avec la préoccupation permanente de rester accessible aux novices du craft. Nous n'avons pas l'ambition de proposer une bible exhaustive faisant référence sur le craft.

Ainsi, si vous déjà une bonne maîtrise du sujet, il se peut que vous trouviez des motifs d'insatisfaction dans nos choix de présentation. Nous sommes conscients des multiples façons d'aborder chaque thème, même si nous n'en avons retenu qu'une, qui n'est peut-être pas votre façon privilégiée. Enfin, pour garder le texte accessible, nous avons évité de mentionner tout ce qu'il aurait été possible de mentionner pour chaque sujet, mettant parfois de côté certaines des références les plus avancées.

Même lorsque le masculin est employé, on parle de personnes indépendamment du genre. Il peut arriver que certaines formulations aient échappé à notre vigilance : que cela ne soit en aucun cas considéré comme une volonté de discriminer.

PARTIE 1

Les pratiques incontournables du craft

1 Le Développement Dirigé par les Tests (TDD)

Le développement dirigé par les tests (TDD), proposé par Kent Beck à la fin des années 1990, est une technique de développement au sens large, dans la mesure où son impact ne se limite pas qu'aux tests. Cette technique incontournable et centrale constitue un des piliers de l'Extreme Programming (XP) et du craft.

1. UNE TECHNIQUE POUR PROGRAMMER EFFICACEMENT DES FONCTIONNALITÉS COMPLEXES

Pour comprendre tout l'intérêt de cette technique, il est utile de préciser son origine. Traditionnellement, lorsqu'on apprend le développement logiciel, le focus est tout naturellement en premier lieu sur l'apprentissage du langage et de sa syntaxe, avec la satisfaction de réussir à faire fonctionner le code comme désiré. Puis, petit à petit, on écrit des applications plus complexes qui nécessitent davantage de réflexion.

L'accroissement du nombre de règles de gestion à prendre en compte oblige à bien organiser un nombre élevé d'étapes de traitements. Dans de nombreux cas, on parvient à le faire mentalement, mais, lorsque le problème à résoudre dépasse les capacités de notre cerveau, il devient nécessaire de s'aider d'un bloc-notes.

Réaliser une fonctionnalité sous forme de code consiste à en concevoir l'algorithme et imbriquer des `while`, des `if`, ajouter une clause `else` nécessaire pour gérer une alternative, stocker les états intermédiaires dans des variables, avant de prendre soin de vérifier les paramètres passés, sans oublier de gérer les exceptions… La multiplication de ces imbrications nous fait ressentir certaines inquiétudes :

- ✓ Comment démarrer, par quel côté démarrer les développements (ou comment éviter le syndrome de la page blanche) ?
- ✓ Comment s'assurer de ne pas oublier des détails essentiels lors du développement d'une fonctionnalité ?
- ✓ Comment savoir précisément que le développement d'une fonctionnalité est vraiment terminé ?
- ✓ Comment rester concentré sur le problème à résoudre, sans se laisser distraire par des détails non nécessaires ?

Dans son livre *Test Driven Development: By Example*[1], Kent Beck explique que le fait d'avoir peur est légitime quand on fait du développement. Attention, il ne s'agit pas de la peur dans le sens négatif, celle qui nous empêche d'avancer. Il s'agit plutôt de la peur qui fait réfléchir, de la peur de ne pas voir le bout de la problématique. Cette peur nous pousse à essayer diverses solutions pour découvrir laquelle est la mieux adaptée. Cette peur peut se montrer négative dans la mesure où elle risque aussi de nous empêcher de communiquer et de rechercher un feedback puisqu'on n'est pas certain du résultat. Pire encore, elle peut nous empêcher de démarrer.

Le TDD, par son aspect très encadré, se propose de réduire les peurs et frustrations.

2. LES PRINCIPES ET LES ÉTAPES DU TDD

Le développement dirigé par les tests se caractérise essentiellement par le fait d'écrire le code de test avant le code de production. L'idée est de fixer l'objectif du besoin et de définir à l'avance le comportement attendu.

Dans le cercle des développeuses et développeurs, on dit souvent qu'un bon développeur est un développeur « fainéant ». Cette citation est applicable aussi à une développeuse. Le TDD vient renforcer cette idée. En effet, en appliquant le TDD, le but est d'écrire le moins de code possible tout en satisfaisant la fonctionnalité attendue.

Robert C. Martin (surnommé « Uncle Bob ») évoque ainsi les trois règles du TDD dans son blog[2] :

- ✓ *You must write a failing test before you write any production code.*
- ✓ *You must not write more of a test than is sufficient to fail, or fail to compile.*

1. Beck, K. *Test Driven Development: By Example*, Addison-Wesley Professional, 2002.
2. https://blog.cleancoder.com/uncle-bob/2014/12/17/TheCyclesOfTDD.html

✓ *You must not write more production code than is sufficient to make the currently failing test pass.*

En français, cela donne :

✓ On doit écrire un test qui échoue avant d'écrire n'importe quel code de production.

✓ On ne doit pas écrire plus de tests que ce qui est nécessaire pour échouer ou ne pas compiler.

✓ On ne doit écrire que le code suffisant pour que le test actuellement en échec réussisse.

Le développement se fait en plusieurs itérations et chacune de ces itérations se décline en trois étapes : l'étape rouge, l'étape verte et l'étape de refactoring (en anglais : *red / green / refactor*). À chaque étape de l'itération, on va écrire le minimum de code pour satisfaire le besoin.

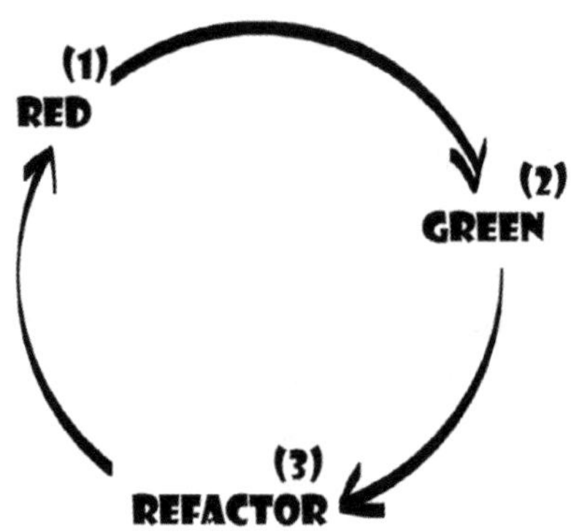

2.1 Étape rouge (red)

Lorsqu'on entreprend une nouvelle fonctionnalité en approche TDD, on écrit tout d'abord un test qui correspond au comportement attendu. Cette étape correspond à l'étape rouge, en référence à la convention employée par les IDE (pour Integrated Development Environment) pour signifier l'échec d'un test.

À ce stade, le code de production permettant de réaliser la fonctionnalité n'est pas encore développé. Par conséquent, le test n'est pas supposé réussir. En écrivant le test avant l'implémentation, on s'assure de cadrer et diriger l'effort de développement et ne pas se disperser. Il est donc très important de vérifier que le test échoue pour les bonnes raisons en s'assurant que les données d'entrée et le résultat attendu de notre test sont pertinents et correspondent bien au besoin attendu. En cas de doute, il est souhaitable de s'en assurer avec le métier (la ou les personnes qui ont exprimé le besoin).

Et si le résultat initial de mon test est vert ?

Il arrive parfois que le test nouvellement ajouté réussisse immédiatement, sans même nécessiter l'ajout ou la modification de code de production. En approche TDD, ce n'est pas bon signe et cela peut être dû à une des raisons suivantes :

- ✓ le test peut être erroné : les valeurs du résultat attendu ou les données d'entrée sont fausses ;
- ✓ le comportement attendu a déjà été développé par accident lors d'une précédente itération.

2.2 Étape verte (green)

Une fois que le test est écrit, nous pouvons entrer dans la deuxième étape de chaque itération du TDD, l'étape verte (ici aussi, c'est la couleur adoptée par les IDE pour indiquer que les tests ont réussi). L'idée principale de cette phase est de faire passer le test le plus rapidement possible, avec un minimum d'effort, et le minimum de code pour répondre au besoin. Bien souvent, l'implémentation est très naïve et se limite à retourner une valeur en dur.

On évite ainsi de trop réfléchir, à contre-courant de l'approche habituelle consistant à passer du temps en amont pour faire une belle conception, avant de produire un code élégant et sophistiqué. Au contraire, nous cherchons à garder un code suffisamment simple et qui apporte immédiatement de la valeur en supportant un nouveau cas métier.

2.3 Étape de refactoring (refactor)

Lors de la dernière phase de l'itération, on cherche à améliorer le code pour une meilleure lisibilité. Il peut s'agir d'un renommage de variable. Ou encore de l'extraction d'un bloc de code vers une nouvelle méthode, ou bien de la création d'une nouvelle classe[1]. L'idée est d'utiliser au maximum l'environnement de développement pour faire les actions de refactoring[2], pour se prémunir des erreurs humaines et surtout éviter l'ajout d'un nouveau comportement non couvert par les tests.

3. RIGUEUR NÉCESSAIRE À CHAQUE ÉTAPE

Pour chaque itération du TDD, la rigueur est de mise. Pour l'écriture du test, on s'assure de n'utiliser que les variables nécessaires. On n'initialise que des variables qui seront utilisées comme données d'entrée de notre fonctionnalité à tester. Pour la phase verte, il faut se contraindre à écrire le minimum de code. Quand on écrit une deuxième ligne de code ou rajoute une condition (un if par exemple), c'est le moment de se demander si on ne peut pas écrire moins de code.

1. Il existe beaucoup d'autres techniques de refactoring, décrites en détail dans le chapitre 5, dédié à ce sujet.
2. On pourrait le traduire en « refactorisation » mais le terme « refactoring » reste couramment utilisé en français.

Lors de la phase de refactoring, on se met à la place d'une autre personne arrivant pour la première fois devant ce code et on se pose la question : « Est-ce qu'on arrive à le lire et à comprendre à quel besoin il répond ? »

On est toujours tenté de brûler les étapes pour arriver à la solution finale. L'idée est de faire vraiment attention et d'avancer d'un pas sûr à chaque itération et de simplifier au maximum.

Remarque : Pour éviter les valeurs de retour en dur dans le code, on peut utiliser la technique de triangulation.

Cela consiste à créer plusieurs tests (au moins deux) pour la même règle de gestion, avec des données d'entrée différentes. Comme le code retourne une valeur en dur, le nouveau test sera rouge. Ainsi l'implémentation devient plus générique pour répondre à la règle de gestion. Cette technique concerne plusieurs itérations red/green/refactor. On ne peut pas l'implémenter dès la première itération.

4. ANATOMIE D'UN TEST

Dans la plupart des langages, un test est délimité par une méthode. En termes de découpage, chaque test sert à vérifier que le code de production est conforme à une règle de gestion sur un cas métier. Un test est caractérisé à la fois par son nom et par son corps. Pour que l'objectif d'un test soit facilement compréhensible, il est crucial d'être soigneux sur chacun de ces deux aspects.

4.1 Nommage du test

Dans l'idéal, le nom d'un test retranscrit la règle de gestion qui est testée. Prenons pour exemple le test d'une opération de division. Une des règles de gestion liée aux divisions consiste à lancer une exception si le dénominateur est égal à zéro. Le nom du test peut être par exemple :

```
Divide_should_raise_an_error_when_denominator_is_zero
```

Lorsque la règle de gestion est exprimée avec précision, on peut facilement déterminer la cause de l'échec du test.

Afin de conserver une certaine régularité dans les tests et en rendre la lecture plus fluide, on peut s'inspirer des patterns de nommage inspiré du Behaviour-Driven Development[1], à savoir `should/when` et `given/when/then`.

1. Les notions propres au BDD sont plus largement décrites dans le chapitre 3, dédié à ce sujet.

■ Should/when

`Should/when` se traduit en « devrait/quand ». L'idée est d'articuler le nom de la fonctionnalité à tester autour de ces mots-clés. Si on reprend l'exemple ci-dessus de la fonctionnalité de division par zéro, on obtient les possibilités suivantes :

```
Divide_should_raise_an_error_when_denominator_is_zero
Should_raise_an_error_when_denominator_is_zero
```

On peut aussi remonter le préfixe `DivideShould` directement au niveau de la classe de test et par conséquent simplifier le nom de la méthode de test :

```
Raise_an_error_when_denominator_is_zero
```

Le nom complet de la règle testée s'obtient ainsi en combinant le nom de la classe et celui de la méthode, ce qui donne :

```
DivideShould.Throw_an_invalid_operation_when_denominator_is_zero
```

■ Given/when/then

Ce format est quant à lui plus proche de la syntaxe Gherkin[1], et est destiné à faciliter les échanges entre les développeurs et les métiers. En effet, la traduction serait « étant donné que... / lorsque... / alors... ».

Si on applique ce format à notre exemple de la division par zéro, on obtient :

```
Given_five_as_nominator_and_zero_as_denominator_when_I_divide_
nominator_by_denominator_then_an_error_is_raised
```

Ce format peut sembler plus verbeux, mais il a le mérite d'être plus explicite, notamment sur les valeurs précises utilisées en exemple.

Sur les formats `should/when` et `given/when/then`, aucun n'est objectivement meilleur que l'autre, il s'agit surtout d'une sensibilité personnelle et du choix d'un standard de nommage des tests au niveau de l'équipe. Il arrive même que tous les tests d'une base de code ne partagent pas le même format. Le plus important est de faire en sorte que l'objectif d'un test apparaisse avec clarté à la lecture du nom.

4.2 Corps du test

Si le nom du test décrit ce que le test doit vérifier, son corps décrit comment il le fait. Le corps du test est divisé en trois sections :

- ✓ La première correspond à l'initialisation des données nécessaires pour le test.
- ✓ La deuxième correspond à l'appel de la fonctionnalité à tester.
- ✓ La troisième correspond à la vérification du résultat fourni par l'appel de la fonctionnalité.

Pour permettre une lecture fluide du test, il est important que ces trois parties soient bien délimitées et ne se chevauchent pas.

1. Le langage Gherkin, qui permet d'exprimer des exemples sous une forme naturelle, est également présenté dans le chapitre 3, consacré au BDD.

Triple A

Le découpage du corps de test se retrouve sous l'appellation anglophone de `Arrange/Act/Assert` qu'on peut traduire en « Préparer/Agir/Vérifier ». Lorsqu'on débute en TDD, afin d'éviter de s'éparpiller, on peut, avant de commencer, baliser les trois sections au niveau de la méthode et ensuite se demander comment les remplir :

```
{
  // Arrange

  // Act

  // Assert

}
```

5. AUTRES CONSEILS SUR LES TESTS

Quel que soit le format utilisé, il ne faut pas avoir peur d'écrire un nom de test trop long. Le plus important est de rendre explicite la règle de gestion ainsi que la cause d'échec du test, le cas échéant.

Lorsqu'on débute dans les tests, de façon naïve, on a tendance à d'abord préparer les données d'entrée, puis appeler la méthode à tester et enfin vérifier le résultat. En procédant ainsi, on risque de créer plus de code que nécessaire.

Pour rester dans l'optique d'écrire le minimum de code possible, il vaut mieux commencer par la vérification. Ensuite comme le résultat à vérifier vient d'un appel à un traitement, on va écrire cet appel. Et comme ce traitement a besoin de données d'entrée, on va les initialiser. Cette nouvelle gymnastique, qui peut paraître difficile à appliquer, s'apprend rapidement en s'exerçant : d'autant plus que, avec les IDE actuels, la génération des variables et du code manquants est beaucoup plus fluide, donc on va facilement apprendre.

6. TDD EN PRATIQUE SUR UN KATA TRÈS SIMPLE

Pour bien comprendre le cheminement des étapes du TDD, prenons un exemple concret avec le kata[1] FizzBuzz, très simple (et célèbre pour être fréquemment utilisé dans les tests de recrutement).

1. Dans les arts martiaux, l'efficacité en situation de combat s'acquiert par de l'entraînement délibéré sur des exercices précis, effectués à vitesse réduite : les katas. Le craft en a emprunté l'approche et le nom : les crafters s'entraînent régulièrement sur des katas pour acquérir de nouveaux savoir-faire et renforcer ceux déjà acquis. Un kata de code est un exercice de programmation qui permet de progresser par la répétition.
Chaque nouvelle répétition d'un kata offre la possibilité de faire mieux (en gagnant en rapidité et en fluidité), d'expérimenter une autre approche, ou de s'imposer de nouvelles contraintes (par exemple, en progressant par purs baby steps, ou en s'interdisant les if). De la métaphore des arts martiaux jaillit l'idée que « *de la répétition de la pratique naît la perfection* ».

6.1 Le kata FizzBuzz

Le kata FizzBuzz nous demande d'écrire un programme qui affiche, pour chaque nombre de 1 à 100 :

- ✓ 'Fizz' si le nombre est un multiple de 3 ;
- ✓ 'Buzz' si le nombre est un multiple de 5 ;
- ✓ 'FizzBuzz' si nombre est un multiple de 3 et de 5 ;
- ✓ le nombre lui-même dans tous les autres cas.

Avant de commencer, il vaut mieux décomposer le problème pour faciliter l'évolution du développement.

Pour notre exemple, on peut séparer le calcul de l'affichage dans un premier temps. La méthode d'affichage va appeler la méthode de calcul. Cette dernière prend un nombre et retourne une chaîne de caractères. Dans un second temps, on peut séparer le calcul du résultat pour un nombre, de l'itération sur les nombres de 1 à 100. Ce découpage et sa priorisation doivent être faits bien sûr en concertation avec le métier.

Pour faciliter le suivi de l'avancement du développement, on peut imaginer chaque cas dans un Post-it sur un tableau à trois colonnes pour simplifier. Ces colonnes représentent les statuts d'avancement du développement (« À faire », « En cours » et « Fait »). Pour notre exemple, on imagine donc plusieurs Post-it comme présenté dans le tableau ci-dessous.

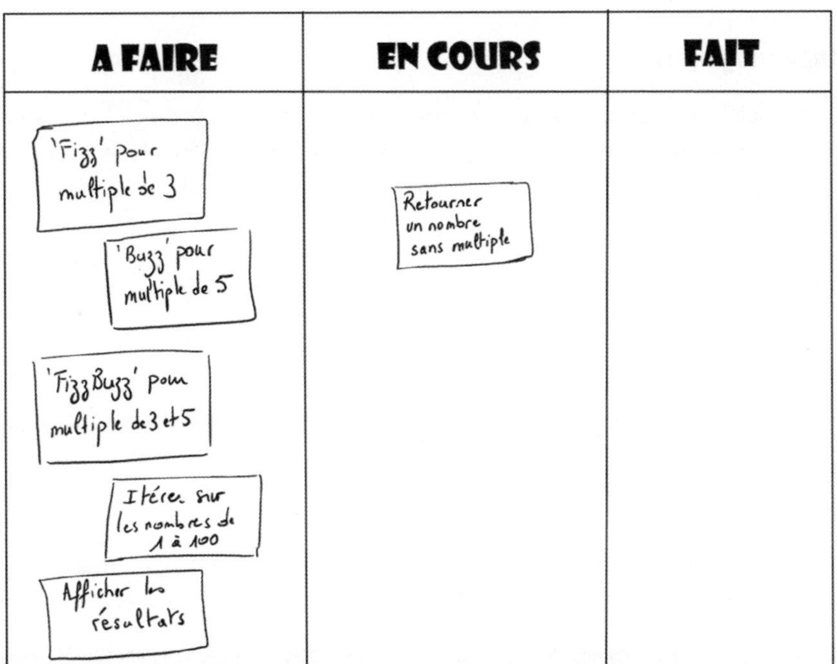

6.2 Lister les exemples de la fonctionnalité

Pour chaque règle de gestion citée, nous préparons un ou plusieurs exemples. On peut imaginer par exemple quatre cas de tests pour la méthode de calcul :

- ✓ si le nombre est égal à 1 alors on affiche '1' ;
- ✓ si le nombre est égal à 3 alors on affiche 'Fizz' ;
- ✓ si le nombre est égal à 5 alors on affiche 'Buzz' ;
- ✓ si le nombre est égal à 15 alors on affiche 'FizzBuzz'.

On peut imaginer une priorisation par rapport au pourcentage d'occurrences de mise en œuvre de la règle, pour apporter une implémentation qui apporte de la valeur au plus tôt au métier. On va donc avoir une majorité des nombres de 1 à 100 qui correspondent à la règle de gestion du premier cas de test. Cette dernière correspond à retourner le chiffre lui-même. Ensuite on s'occupera de la règle de gestion du retour de la valeur 'Fizz', suivie de celle du 'Buzz' et enfin 'FizzBuzz'. On peut toujours compter sur le métier pour confirmer la priorisation identifiée[1].

6.3 Première itération

Reprenons les étapes du TDD : rouge/vert/refactor (red/green/refactor). Pour la première itération, on va prendre l'exemple :

Pour le nombre 1, on affiche « 1 ».

■ Étape rouge / red

On va donc commencer par écrire notre test sachant que rien n'est developpé encore. Comme on l'a précisé auparavant, le but est de faciliter la réflexion, de se fixer un objectif.

```
[TestMethod]
public void Should_return_same_number_when_it_is_not_multiple_of_three_
or_five()
{
    FizzBuzz fizzBuzz = new FizzBuzz();
    int number = 1;
    string value = fizzBuzz.Print(number);
    Assert.AreEqual("1", value);
}
```

À ce moment, on n'a ni la classe `FizzBuzz`, ni la méthode `Print`. Écrire un code qui ne compile pas n'est pas intuitif mais avec l'approche TDD on apprend à lâcher

1. La décomposition et la priorisation de tâches sont également présentées dans le chapitre 7, consacré à l'étude détaillée du kata Fraction.

prise et utiliser la puissance de l'IDE pour générer le code attendu. Tout dépend des langages et de l'IDE, la génération peut créer une méthode qui renvoie une exception de type `NotImplementedException`, ou qui retourne une valeur par défaut telle que zéro si la méthode retourne un entier.

```
public class FizzBuzz
{
 public string Print(int number)
   {
      throw new NotImplementedException();
   }
}
```

Il faut faire attention à l'étape rouge. Un code qui ne compile pas ne veut pas dire qu'on a fini l'étape. On a besoin que le code compile et que les tests s'exécutent bien sûr. Il faut que le test soit en état rouge pour indiquer que le résultat attendu n'est pas celui retourné par la méthode testée. Si le test est vert dès la première exécution alors il faut revoir le test, peut être que l'assertion ou les données d'entrée sont erronées.

Statut	Tests	Nom du test
⊗	`FizzBuzz.Tests`	
⊗		`Should_return_same_number_when_it_is_not_multiple_of_three_or_five`

Étape verte / green

Pour cette étape, l'idée est d'écrire le minimum de code pour que le test passe au vert. C'est un peu difficile de se contraindre à écrire une seule ligne de code alors qu'on voit probablement d'avance l'implémentation finale. Avec notre connaissance du langage et de la plateforme, on se dirige naturellement vers un `return number.ToString()`, ce qui est parfaitement acceptable. Nous verrons toutefois dans la section 9.3 (« L'idée du TDD poussée au maximum : *TDD as if you meant it* ») une approche poussant la naïveté de l'implémentation et l'emploi des baby steps jusqu'au bout, certes contre-intuitive mais se révélant parfois, voire souvent, bénéfique. Sur ce premier exemple, on procéderait simplement à un `return "1"`.

```
public class FizzBuzz
{
    public string Print(int number)
    {
        return number.ToString();
    }
}
```

Statut	Tests	Nom du test
✔	`FizzBuzz.Tests`	
✔		`Should_return_same_number_when_it_is_not_multiple_of_three_or_five`

Étape de refactoring / refactor

Une fois que le test est vert, on va modifier le code pour le rendre plus lisible et plus compréhensible. On peut aussi le refactorer pour une meilleure maintenabilité et pour simplifier l'ajout des évolutions. Le refactoring concerne autant le code de production que le code de test. Il peut correspondre au renommage de variables ou de classes pour que le code soit plus lisible. Mais il ne doit en aucun cas changer le comportement de la fonctionnalité. Les tests doivent rester au vert après chaque action de refactoring. D'ailleurs, il est préférable de lancer les tests à chaque refactoring réalisé pour s'assurer de ne pas altérer le comportement développé.

Remarque : Certains IDE proposent la fontionnalité *live testing* (ou des plugins d'exécution de tests automatique). Quand on l'active, les tests sont lancés automatiquement dès l'enregistement d'une modification. Ainsi, on est au courant en temps réél si on altère un ou plusieurs tests.
Pour notre exemple, on peut voir qu'on a oublié de renommer la classe de test par exemple, donc c'est le moment de le faire.

Fin de l'itération

La première itération du TDD pour cet exemple est finie. On va réappliquer ce cycle rigoureusement pour chaque exemple identifié lors de la décomposition du problème.

Au niveau de l'écriture du test rouge, on vérifie l'exemple en s'assurant des paramètres d'entrée et de sortie de la méthode à tester. Parfois, après l'implémentation du code de production, le test ne passe toujours pas au vert. Dans ce cas il vaut mieux revérifier les valeurs des données utilisées dans le test.

Pour passer les tests au vert, on se contraint à écrire le minimum de code pour éviter de développer en un seul coup plusieurs règles de gestion (dont certaines ne seraient donc pas couvertes par des tests).

Enfin pour l'étape de refactoring, on se met à la place d'un autre développeur découvrant le code pour la première fois. Le code est-il suffisamment explicite et compréhensible ? Que pouvons-nous apporter pour réduire le temps de lecture et favoriser la compréhension ?

6.4 Deuxième itération

Pour cette itération, on s'attaque à la règle de gestion consistant à afficher « Fizz » si le nombre est un multiple de 3. On prend donc comme exemple :

Pour le nombre 3, on affiche « Fizz ».

■ Étape rouge / red

Le test couvrant ce cas est le suivant :

```
[TestMethod]
public void Should_return_fizz_when_number_is_multiple_of_three()
{
    FizzBuzz fizzBuzz = new FizzBuzz();
    int number = 3;
    string value = fizzBuzz.Print(number);
    Assert.AreEqual("Fizz", value);
}
```

Statut	Tests	Nom du test
✖	FizzBuzz.Tests	
✖		Should_return_fizz_when_number_is_multiple_of_three
✔		Should_return_same_number_when_it_is_not_multiple_of_three_or_five

■ Étape verte / green

Pour cette étape, l'idée est d'écrire encore une fois le minimum de code pour que le test passe au vert. Inconsciemment on va ajouter un `if(number % 3 == 0)` pour retourner « Fizz ». Effectivement, c'est une solution simple pour répondre au test et le faire passer au vert, mais encore une fois on peut faire mieux si on suit la méthode « TDD if you meant it ». Pour cela on peut juste ajouter une condition encore plus simple qui est `if(number == 3)`. On verra dans le chapitre correspondant comment faire.

Pour ce chapitre, on va se contenter de la solution `if(number % 3 == 0)`. La méthode sera donc comme suit :

```
public string Print(int number)
{
    if (number % 3 == 0)
    {
        return "Fizz";
    }
    return number.ToString();
}
```

Statut	Tests	Nom du test
✓	`FizzBuzz.Tests`	
✓		`Should_return_fizz_when_number_is_multiple_of_three`
✓		`Should_return_same_number_when_it_is_not_multiple_of_three_or_five`

Étape de refactoring / refactor

Pour améliorer la lisibilité du code, on peut modifier ce qu'on appelle le *magic number* par une constante pour mieux exprimer l'intention. Un magic number est une valeur numérique en dur dans le code dont la signification n'apparaît pas immédiatement. Le magic number peut ainsi être transformé en une constante dont le nom décrit le rôle.

Pour notre exemple, le magic number 3 peut être extrait en une constante `FizzMultiplier`, plus explicite.

Fin de l'itération

La deuxième itération est finie. En enchaînant les itérations, il faut toujours s'assurer que tous les tests sont verts. En activant la fonctionnalité *live testing* de l'IDE, la boucle de feedback est très courte. Ainsi on peut rectifier le tir si on altère un test en revenant à un état stable et réfléchir à une meilleure solution. Dans la grande majorité des cas, lorsqu'un test échoue, c'est le dernier ajouté. Mais il arrive qu'on casse par inadvertance un des tests précédents, alors que le plus récent est au vert : si un test plus ancien passe au rouge, ça veut dire qu'on a apporté une régression à une fonctionnalité précédente. C'est pourquoi il est important de relancer régulièrement l'ensemble des tests, et pas seulement celui que l'on vient d'écrire.

6.5 Troisième itération

Pour cette itération, on se concentre sur la règle de gestion qui correspond à afficher « Buzz » si le nombre est un multiple de 5. Nous prenons l'exemple suivant :

Pour le nombre 5, on affiche « Buzz ».

Étape rouge / red

Écrivons le test suivant (qui sera bien sûr rouge à l'exécution) :

```
[TestMethod]
public void Should_return_buzz_when_number_is_multiple_of_five()
{
    FizzBuzz fizzBuzz = new FizzBuzz();

    int number = 5;
    string value = fizzBuzz.Print(number);

    Assert.AreEqual("Buzz", value);
}
```

Statut	Tests	Nom du test
✖	FizzBuzz.Tests	
✖		Should_return_buzz_when_number_is_multiple_of_five
✔		Should_return_fizz_when_number_is_multiple_of_three
✔		Should_return_same_number_when_it_is_not_multiple_of_three_or_five

Étape verte / green

Une fois de plus, on se restreint au minimum de code pour passer le test au vert et on ajoute une simple condition, qui vérifie si le nombre passé est multiple de 5, pour sortir au plus tôt. La méthode évolue ainsi :

```
public string Print(int number)
{
    if (number % 5 == 0)
    {
        return "Buzz";
    }

    if (number % FizzMultiplier == 0)
    {
        return "Fizz";
    }

    return number.ToString();
}
```

Statut	Tests	Nom du test
✔	FizzBuzz.Tests	
✔		Should_return_buzz_when_number_is_multiple_of_five
✔		Should_return_fizz_when_number_is_multiple_of_three
✔		Should_return_same_number_when_it_is_not_multiple_of_three_or_five

■ Étape de refactoring / refactor

Ça commence à devenir une seconde nature : une fois que le test est au vert, on regarde ce qu'on peut refactorer. Comme au cycle précédent, on extrait une constante pour le magic number 5 pour gagner en lisibilité (cette fois encore, en s'aidant de l'IDE). La méthode sera donc comme suit :

```
public string Print(int number)
{
    if (number % BuzzMultiplier == 0)
    {
        return "Buzz";
    }

    if (number % FizzMultiplier == 0)
    {
        return "Fizz";
    }

    return number.ToString();
}
```

6.6 Quatrième itération

Pour cette itération on va prendre le dernier exemple défini à la présentation du kata :

Pour le nombre 15, on affiche « FizzBuzz ».

■ Étape rouge / red

Le test ressemble au code suivant :

```
[TestMethod]
public void Should_return_fizzbuzz_when_number_is_multiple_of_three_and_five()
{
```

```
        FizzBuzz fizzBuzz = new FizzBuzz();
        int number = 15;
        string value = fizzBuzz.Print(number);
        Assert.AreEqual("FizzBuzz", value);
    }
```

Statut	Tests	Nom du test
✗	FizzBuzz.Tests	
✓		Should_return_buzz_when_number_is_multiple_of_five
✓		Should_return_fizz_when_number_is_multiple_of_three
✗		Should_return_fizzbuzz_when_number_is_multiple_of_three_and_five
✓		Should_return_same_number_when_it_is_not_multiple_of_three_or_five

■ Étape verte / green

Si on regarde le corps de la méthode `Print()`, il est tentant de refactorer de suite pour pouvoir passer le test directement au vert. Mais il faut garder en tête que nous ne sommes pas encore en phase de refactoring. En phase verte, nous ne sommes autorisés qu'à écrire le minimum de code pour faire passer le test. Pour cela, on ajoute une nouvelle condition, spécifique à notre nouveau cas de test et permettant de le faire fonctionner au plus tôt :

```
public string Print(int number)
{
    if (number % FizzMultiplier == 0 && number % BuzzMultiplier == 0)
    {
        return "FizzBuzz";
    }

    if (number % BuzzMultiplier == 0)
    {
        return "Buzz";
    }

    if (number % FizzMultiplier == 0)
    {
        return "Fizz";
    }
```

```
        return number.ToString();
    }
```

Statut	Tests	Nom du test
✓	FizzBuzz.Tests	
✓		Should_return_buzz_when_number_is_multiple_of_five
✓		Should_return_fizz_when_number_is_multiple_of_three
✓		Should_return_fizzbuzz_when_number_is_multiple_of_three_and_five
✓		Should_return_same_number_when_it_is_not_multiple_of_three_or_five

■ Étape de refactoring / refactor

Maintenant qu'on a tous les tests au vert, une nouvelle phase de refactoring peut commencer. Les chaînes de caractères « Fizz » et « Buzz » apparaissent deux fois, elles peuvent être extraites en constantes. À l'aide de l'IDE, on peut directement sélectionner la valeur "Buzz" pour l'extraire en constante. L'outil, fort serviable, va même jusqu'à nous proposer de remplacer directement toutes les occurrences. L'effet sur notre code est alors le suivant :

```
    public string Print(int number)
    {
        if (number % FizzMultiplier == 0 && number % BuzzMultiplier == 0)
        {
            return FIZZ + BUZZ;
        }
        if (number % BuzzMultiplier == 0)
        {
            return BUZZ;
        }
        if (number % FizzMultiplier == 0)
        {
            return FIZZ;
        }
        return number.ToString();
    }
```

Si on observe plus attentivement les conditions pour vérifier le multiplicateur, une forme de duplication commence à nous sauter aux yeux. Il est possible d'éliminer cette duplication en l'extrayant, dans une méthode par exemple. Une fois encore, l'IDE peut se charger gracieusement de cette besogne. Le code de la méthode peut ressembler à ce qui suit :

```
        public string Print(int number)
        {
            if (IsMultipleOf(number, FizzMultiplier) &&
IsMultipleOf(number, BuzzMultiplier))
            {
                return FIZZ + BUZZ;
            }
            if (IsMultipleOf(number, BuzzMultiplier))
            {
                return BUZZ;
            }
            if (IsMultipleOf(number, FizzMultiplier))
            {
                return FIZZ;
            }
            return number.ToString();
        }
        private bool IsMultipleOf(int number, int divider)
        {
            return number % divider == 0;
        }
```

Une autre alternative consiste à refactorer la construction des retours « Fizz », « Buzz » et « FizzBuzz ». Voici ce que ça donnerait :

```
        public string Print(int number)
        {
            string fizzBuzzValue = null;
            if (IsMultipleOf(number, FizzMultiplier))
            {
                fizzBuzzValue += FIZZ;
            }
            if (IsMultipleOf(number, BuzzMultiplier))
            {
                fizzBuzzValue += BUZZ;
            }
            if (fizzBuzzValue != null)
            {
                return fizzBuzzValue;
            }
            return number.ToString();
        }
```

À partir du moment où on considère que le code est suffisamment lisible et facilement maintenable et extensible, on peut décider d'arrêter de refactorer[1].

7. CONCLUSION

Le but du TDD est d'aider à définir un objectif à atteindre (sous la forme d'un test en échec), d'y parvenir le plus rapidement possible (en faisant passer le test avec un minimum de code et d'efforts), et ensuite de prendre le temps de rendre le code suffisamment lisible (par du refactoring).

Nous avons insisté sur la nécessité d'écrire le minimum de code pour passer le test au vert. En effet, on considère que, en écrivant le moins de code possible, on réduit le délai du feedback et on avance sereinement sur les développements. Par ailleurs, comme on limite la réflexion au strict nécessaire, le design qui en résulte est beaucoup plus simple. Et en gardant la réflexion et l'amélioration du design pour la phase de refactoring, on ouvre les portes vers du design émergent. En d'autres termes, les tests orientent le design vers ce qui est strictement nécessaire pour répondre au besoin, garantissant ainsi un maximum de simplicité.

La pratique du TDD se trouve renforcée par les IDE modernes, qui permettent de lancer les tests en continu à chaque modification et d'être prévenu immédiatement en cas de régression. Ces outils, par la présence de fonctionnalités de génération du code manquant (lors de la phase rouge) et de refactoring, permettent de gagner en productivité, fluidité et efficacité.

En appliquant la méthode TDD, la couverture de code sera totale puisqu'on respecte les trois règles d'Uncle Bob. Ainsi ces tests deviennent notre harnais de sécurité contre les régressions qui peuvent venir se glisser dans le code par inadvertance.

Vous avez compris le principe ; maintenant, à vous de jouer. Rappelons qu'à chaque itération vous devez toujours garder tous les tests au vert.

1. D'une certaine manière, le refactoring est quelque chose d'infini : en cherchant bien, on peut toujours trouver des possibilités d'amélioration. C'est pourquoi il est important de savoir s'arrêter une fois qu'on atteint un code qui paraît satisfaisant.

Points de contrôle / checkpoints

La pratique de TDD permet par ailleurs une discipline très élevée de gestion de versions et de sauvegarde régulière des changements de code (*commit* en anglais). Un commit marque l'ajout d'un incrément à notre fonctionnalité. C'est pourquoi on conseille souvent de créer un commit dès qu'un test passe au vert.

Au cours d'une itération de TDD, dans cette approche, on va donc sauvegarder le code deux fois :

- ✓ quand le test réussit (à la fin de la phase green) ;
- ✓ et après un refactoring qui garde les tests au vert.

En revanche, si un test échoue après un refactoring, on ne doit pas créer une sauvegarde (ou un commit) puisqu'on a fait un changement qui ne correspond pas à ce qui est attendu.

On peut même annuler les changements effectués (*rollback* en anglais) pour trouver une autre solution de refactoring. C'est tout l'intérêt des petits commits. Ça nous évite de revenir trop loin dans les modifications et ça sécurise les incréments.

2 Techniques et principes de propreté de code (Clean Code)

En apprenant à programmer, nous avons été habitués à écrire du code dans le but qu'il soit syntaxiquement correct et qu'il fonctionne, c'est-à-dire que la machine l'interprète et l'exécute correctement. La machine n'émet aucun jugement de valeur sur le code : soit il est exécutable, soit il ne l'est pas.

Seulement, un certain nombre d'enseignements sur la programmation ont tendance à oublier que la machine n'est pas la seule destinataire du code. N'importe quel programme va vraisemblablement être repris par d'autres développeurs, qui auront besoin de comprendre de quoi il retourne. Or cet aspect de lisibilité du code est trop fréquemment mis de côté.

1. PROGRAMMER COMME UN EXERCICE DE COMMUNICATION

La réalité du métier de développeur est qu'on passe nettement plus de temps à relire et essayer de comprendre le code des autres (lorsqu'il est mal ficelé, cryptique et piégeux) qu'à écrire son propre code. Dès lors, il devient important de se préoccuper des autres développeurs lorsqu'on écrit du code.

Ceci est résumé à merveille dans cette citation de Martin Fowler[1] :

« *Any fool can write code that a computer can understand. Good programmers write code that humans can understand.* »

On regroupe sous le nom de Clean Code les principes et techniques qui permettent de tendre vers du code non seulement lisible et compréhensible par les autres, mais également facile à maintenir et à faire évoluer et exempt de bugs.

Michael Feathers, pour sa part, estime que la qualité majeure du code propre est de donner l'impression d'être écrit par quelqu'un qui fait attention à la qualité de son travail :

« *I could list all of the qualities that I notice in clean code, but there is one overarching quality that leads to all of them. Clean code always looks like it was written by someone who cares.* »

1. Fowler, M. *Refactoring : comment améliorer le code existant*, Dunod, 2019.

Dans ce chapitre, nous expliquons de façon accessible un certain nombre de principes et techniques essentiels qui permettent d'accroître sensiblement la qualité du code. Nous commençons par les lignes de conduite orientant vers un code de bonne qualité, avant de rentrer dans les détails et de décrire les principes historiquement associés au Clean Code. Enfin, nous donnons quelques idées permettant de favoriser la qualité du code au sein d'une équipe.

2. L'IMPORTANCE D'ÊTRE EXEMPLAIRE

En sociologie, la **théorie de la vitre brisée** part du principe que la moindre dégradation dans un environnement urbain, si elle n'est pas rapidement réparée, va entraîner d'autres dégradations successives et rapides. Ainsi, lorsqu'une vitre cassée d'un bâtiment n'est pas immédiatement remplacée, les autres vitres vont rapidement suivre, parce qu'en l'absence de réaction on peut penser que la bâtisse est abandonnée. C'est le point de départ d'un cercle vicieux.

Cette théorie suggère que l'être humain a une propension au laisser-aller face à un environnement dégradé, et qu'à l'inverse il éprouve des scrupules à ne pas respecter les règles dans un environnement sain. Cette analogie, déclinable dans de nombreuses situations, est également vraie dans le cadre d'une base de code.

Face à ce genre de dérive, l'exemplarité doit primer : lorsqu'un ou plusieurs développeurs ont à cœur la propreté du code, les autres sont rapidement incités à faire de même. Il faut aussi appliquer un principe de tolérance zéro : dès qu'on se met à s'autoriser des négligences qu'on estime acceptables, on ouvre la porte à des négligences futures plus graves.

Ces conseils sont bien beaux, et paraissent pouvoir s'appliquer à des bases de codes déjà saines, mais que faire lorsque le code d'une application est déjà dans un état déplorable ? Pouvons-nous améliorer les choses ? Nos efforts ne risquent-ils pas d'être vains ?

Il serait regrettable de se résigner. Sans se lancer dans des réécritures de grande ampleur du code legacy (d'autres chapitres de ce livre sont dédiés à ce sujet), on peut néanmoins chercher à améliorer le code par petites touches successives, même lorsqu'elles paraissent insignifiantes (parfois un simple renommage de variable ou un reformatage de code apporte beaucoup). Cette attitude rejoint ce qu'Uncle Bob appelle la **règle du boy-scout**. Selon lui, quand on touche à une portion de code, on devrait la laisser dans un état meilleur que celui où on l'a trouvée. Cette règle constitue l'opposé vertueux de la théorie des vitres brisées, qu'on pourrait même être tenté de qualifier de *théorie des vitres réparées*. Lorsque tous les développeurs respectent la règle du boy-scout, le code va progressivement s'améliorer et chacun prendra de plus en plus de plaisir à travailler.

Même si c'est exigeant et contraignant, au fil de la pratique et de la montée en expérience, ça va devenir une seconde nature.

3. PRINCIPES ESSENTIELS POUR UN CODE LISIBLE ET ÉVOLUTIF

Plutôt que de commencer par fournir un catalogue de techniques, principes et autres patterns dédiés à l'écriture de code propre, nous préférons nous concentrer en premier lieu sur les questions essentielles à considérer pour s'orienter vers du code de qualité :

- ✓ Le code n'est-il pas trop complexe pour ce qu'il fait ? N'est-il pas possible de le simplifier ? Les abstractions et autres généralisations introduites le sont-elles à bon escient ? Est-ce qu'on n'anticipe pas trop sur un possible futur ?
- ✓ L'intention du code est-elle claire ? Posé autrement, est-ce qu'on comprend à la première lecture ce que le code cherche à faire ?
- ✓ Le code ne tend-il pas à se répéter ? Est-il pertinent d'en réduire la duplication ?
- ✓ Le design mis en place autorise-t-il suffisamment de liberté pour la suite ?

D'une manière générale, on doit chercher à guider les développeurs qui vont reprendre notre code après nous, à réduire leur charge mentale de façon qu'ils puissent se concentrer sur l'essentiel.

3.1 Rester simple et aller à l'essentiel

La pratique du développement, par la quantité et la complexité des concepts mis en œuvre, nécessite un minimum de connaissances, de compétences et d'esprit logique. Or, en tant que développeurs, nous avons souvent une tendance naturelle (ou narcissique, en voulant prouver notre supériorité) à écrire et concevoir les choses de façon compliquée. Cette tendance est, bien entendu, totalement contre-productive, pour plusieurs raisons. Tout d'abord pour les autres : il y a un risque non négligeable que notre projet soit maintenu à l'avenir par des personnes moins expérimentées, qui donc auront du mal à percevoir les subtilités de notre code. Ensuite, pour nous-même : la complexité d'un projet ayant tendance à croître exponentiellement, nous risquons d'en être la première victime, alors autant commencer par faire des choses simples.

Cela peut paraître paradoxal, mais implémenter de façon simple et compréhensible par les autres demande en réalité beaucoup de soin, d'astuce, d'expertise et d'efforts. Cela demande de prendre du temps de réflexion, de s'appuyer sur la pratique et l'expérience accumulée, pour arriver à sentir le juste niveau de complexité qui convient à chaque situation. D'une manière générale, le code ne devrait pas paraître plus complexe que le problème métier qu'il cherche à résoudre ; sinon, comme

Arnaud Lemaire[1] aime à nous le rappeler, on ajoute à la complexité essentielle du métier la complexité accidentelle de notre code.

Voici des acronymes utiles à garder à l'esprit :

- ✓ KISS, pour *Keep It Simple and Stupid*, nous invite à la simplicité, et à ne pas rendre le code plus compliqué que nécessaire.
- ✓ YAGNI, pour *You Ain't Gonna Need It*, nous empêche d'écrire du code superflu[2] et nous invite à rester concentrés sur l'essentiel.

La pratique stricte du Test-Driven Development offre également un bon point de départ : le design qui en émerge est naturellement simple et nous empêche de produire plus de code que nécessaire.

3.2 Quatre règles simples pour un design simple

Ce n'est pas parce qu'on nous enjoint à écrire du code simple que c'est facile à faire. En réalité, écrire du code simple n'est pas simple. Afin de nous guider, Kent Beck a proposé les *Four Rules of Simple Design*[3].

En premier lieu, le code doit fonctionner comme prévu, c'est-à-dire **passer les tests** avec succès. En absence ou carence de tests, le fonctionnement attendu est nébuleux. Quand on ne sait pas exactement ce qu'on doit faire, il est difficile de tendre vers un design épuré. Lorsque la robustesse du code est garantie par les tests, alors nous avons suffisamment confiance pour le faire évoluer. Les changements seront d'autant plus aisés et fréquents avec des tests qui tournent rapidement.

Ensuite, il est crucial de **révéler l'intention**. Le code doit faire preuve de clarté, être facile à comprendre. Rappelons qu'on écrit surtout pour des humains. La machine a juste besoin de savoir comment faire, alors que pour les relecteurs du code il est essentiel de pouvoir comprendre ce que son auteur cherchait à accomplir (le quoi et le pourquoi). Le nommage, que nous détaillerons plus loin, fournit un atout majeur pour véhiculer efficacement l'intention.

La troisième règle nous encourage à **éviter la duplication**. Cette règle se situe dans le prolongement d'un autre acronyme, DRY (pour *Don't Repeat Yourself*). D'une manière générale, toute connaissance (règle métier, élément de configuration…) ne devrait être exprimée qu'une fois dans le code. On cible vraiment la duplication de connaissance dans le code plutôt que la duplication de lignes de code. Ainsi, si une connaissance vient à changer, les impacts doivent se limiter à un seul endroit dans le code. Limiter la duplication constitue un moyen efficace de renforcer la maintenabilité du code.

---

1. Lemaire, A. *Certaines complexités sont plus utiles que d'autres.* https://www.lilobase.me/certaines-complexites-sont-plus-utiles-que-dautres/
2. On ne sait jamais, ce code pourrait servir dans six mois si on nous demande telle ou telle fonctionnalité… ou pas.
3. Kent, B. *XP Simplicity Rules.* http://wiki.c2.com/?XpSimplicityRules

Enfin, il est important de rester **petit** et de ne conserver que ce qui est important. Tout ce qui ne sert pas les trois premières règles devrait être éliminé : on retrouve ici la nécessité de supprimer ce qui est inutile, comme le code mort, ou encore de résister à la tentation de concevoir du code complexe en prévision d'un avenir hypothétique. L'objectif est d'aider à réduire la charge mentale associée à une base de code en n'introduisant pas de code superflu.

Ces quatre règles ont le mérite d'être assez faciles à retenir, avec une rentabilité réelle sur la qualité et la simplicité du code produit.

Ne conserver que deux règles ?

Selon J. B. Rainsberger[1], ces quatre règles peuvent même être raffinées. D'abord, passer les tests fait partie de la routine de TDD et c'est donc quelque chose qui vient implicitement avec l'activité de programmer. Cela rend la quatrième règle également caduque : le respect des trois lois du TDD et le design émergent amènent à rester petit et à ne pas écrire de code superflu. Il reste un point qui pourrait être plus précis : exprimer l'intention. Pour cela, il est proposé de renommer cette règle en *amélioration du nommage*. Ainsi, les règles essentielles du design simple ne seraient plus qu'au nombre de deux (ce qui est encore plus facile à retenir) : **améliorer le nommage** et **réduire la duplication**.

3.3 Exprimer l'intention

Exprimer l'intention dans le code, c'est expliquer ce qu'on cherche à faire et pourquoi on veut le faire plutôt que de détailler comment on le fait. Les principes exposés précédemment, renforçant l'abstraction et l'encapsulation, contribuent à leur façon à l'expression de l'intention. L'objectif de cette section est de décrire des pratiques qui aident à expliciter l'intention :

- ✓ en mettant l'accent sur le nommage approprié des éléments du code (classes, méthodes, attributs, variables) ;
- ✓ en organisant et en découpant le code de façon à en faciliter la découverte et la navigation ;
- ✓ en apprenant à utiliser les commentaires avec parcimonie (c'est-à-dire se restreindre à un emploi vraiment utile).

■ L'art du nommage

L'effort sur le nommage vise à fournir des noms révélant explicitement l'intention. La connaissance du métier se révèle précieuse dans le travail de nommage, qui devrait être aussi conforme que possible à la terminologie employée par les experts du domaine. Ainsi, on s'évite d'être trop imaginatif au départ et surtout on limite

1. Rainsberger, J. B. https://blog.jbrains.ca/permalink/the-four-elements-of-simple-design

le mapping mental entre le code et les concepts métiers par la suite. C'est peut-être l'heuristique la plus importante dans le nommage : s'appuyer sur le métier. Néanmoins, les astuces qui suivent aident à rendre le code plus lisible :

- ✓ Mettre de côté les noms imprononçables, notamment quand ils comportent des acronymes ou abréviations ; on peut faire exception à cette règle quand le raccourci lexical est couramment employé par le métier.
- ✓ Éviter les termes fourre-tout qui ne véhiculent pas de connaissance tels que « Data », « Info » ou « Manager » : ils ont tendance à perturber la lecture en ajoutant du bruit.
- ✓ Privilégier des noms communs pour les classes et des verbes pour les méthodes.

Parfois, l'absence de nom correct ou un nom très long peuvent être révélateurs d'un code qui n'est pas bien organisé, mal découpé, qui fait trop de choses ou dont les éléments ne vont pas ensemble. Passer à d'autres actions sur le code permet souvent de débloquer la situation avant de revenir sur le nommage.

Un processus itératif

Trouver des noms appropriés se révèle souvent très ardu. Parfois le nom vient facilement, et c'est tant mieux. Mais souvent aucun nom réellement satisfaisant ne vient à l'esprit. Ce n'est pas nécessairement un drame : tout nom qui apportera un peu plus de connaissance que le précédent sera bon à prendre. Il faut faire preuve d'un lâcher-prise dans la recherche de noms parfaits, en gardant à l'esprit qu'un nom n'a rien de définitif : si nécessaire, on fera mieux dans une prochaine étape de renommage, au fur et à mesure que notre compréhension progressera.

Ne pas trouver le nom parfait immédiatement peut même se révéler sain, à condition de faire évoluer itérativement le nommage. Surtout, on ne s'interdit pas de renommer fréquemment un élément du code étant donné qu'avec les IDE actuels cette action est quasi gratuite.

Les étapes de renommage

Les quatre étapes de renommage préconisées par Kent Beck, et clarifiées par J. B. Rainsberger sur son blog, sont les suivantes :

- ✓ *Nonsense* (« sans signification ») : on ne sait pas ce que le code extrait fait, on donne juste un nom, par exemple `foo()`.
- ✓ *Accurate-but-vague* (« ciblé mais vague ») : on exprime l'idée générale de ce qui est réalisé par le code, par exemple `computeCost()`.
- ✓ *Precise* (« précis ») : on se rend compte que le code fait un peu plus, on renomme `findItemThenComputeCost()` ; les adverbes tels que `then` et les conjonctions (`and`, `or`) nous indiquent qu'il y a plus d'une responsabilité. On peut alors aller plus loin en découpant la méthode.

- ✓ *Intention-revealing* (« révélant l'intention ») : on se rend compte que la méthode `computeCost()` fait d'autres choses, comme le calcul des taxes et leur ajout pour calculer le prix net. On pourrait renommer en `computeNetCost()` ou procéder à davantage de découpage.

Ce processus est vertueux parce qu'il permet de mettre en évidence des opportunités de refactoring supplémentaires au renommage.

Il reste important de garder à l'esprit qu'il est contre-productif de chercher le nom parfait tout de suite, ça peut faire perdre beaucoup de temps en discussions interminables. Il faut considérer le renommage comme un processus itératif, dans lequel on améliore le niveau de compréhension du code par petits incréments.

Le nommage est un super-pouvoir pour révéler l'intention. Comme tout pouvoir, il s'accompagne de grandes responsabilités. Un nommage erroné ou approximatif peut induire en erreur et engendrer la création de bugs, d'autant plus lorsque le nommage ment par omission (par exemple : `getPrice()` au lieu de `getAndUpdatePrice()`). Si le code fait quelque chose de risqué, de mal maîtrisé, ou dont on est moyennement fier, il est préférable de le mentionner (par exemple : `performDarkMagicCalculation()`, `doSomethingEvilToTheDatabase()`, `computePriceSomehow()`).

Pièges à éviter et autres anti-patterns

- ✓ Nommage en fonction du type

  Lorsque le nom d'une variable ou d'un paramètre correspond au nom de son type, on se trouve face à une redondance d'information, déjà portée par le type. Dans ces situations, il existe quasi toujours une meilleure possibilité de nommage. Il est préférable d'expliciter par le nommage à quoi sert la variable ou le paramètre, et quel est son rôle dans ce contexte d'utilisation. On évitera aussi les noms (plus ou moins courts) habituels qui dénotent le type tels que `s` ou `str` pour les chaînes de caractères ou `n`, `x`, `num` ou même `number` pour les nombres, qui n'apportent pas davantage d'information. Et dans la mesure du possible, on préférera `position` ou `index` à `i` et `j` pour les compteurs de boucles dès qu'ils sont passés en paramètres, ou encore mieux on se passera de compteurs de boucles en adoptant un style de programmation plus fonctionnel.

- ✓ Noms de paramètres et d'arguments identiques

  Le plus souvent par paresse, on est amené à utiliser pour une variable passée en argument le même nom que le paramètre déclaré. Différencier le nom de la variable passée en argument est un bon moyen d'exprimer l'intention localement et de fournir un peu de contexte.

  Par exemple, la méthode `toUpperCase(String text)` nomme son paramètre `text` pour être utilisée de façon très générale. Mais pour l'utilisation précise de mettre en capitales un nom de famille, on choisira `lastname` pour la variable passée en argument, et pas `text`.

✓ Paraphrasage maladroit

Parfois, pour nommer une fonction on fournit un nom à rallonge, décrivant par le menu tout ce que fait la fonction. Cela donne des noms difficiles à lire mais aussi à maintenir (obligeant à aligner le nom lors du moindre changement de comportement de la fonction... lorsqu'on pense à le faire). On peut aussi prendre de la hauteur et changer de niveau d'abstraction, en se demandant quel service global la fonction nous rend, ou dans quelle situation on souhaiterait l'utiliser. Cela revient, une fois encore, à séparer le pourquoi (dans le nom et la signature de la fonction) du comment (le corps de la fonction).

Il faut garder à l'esprit que le nommage est une occasion en or de transmettre de la connaissance qui ne pourrait pas être déduite par une lecture, même attentive, du code.

Voici un exemple avec la condition suivante :

```
if (person.numberOfInjections >= 2
   || (person.contractedCovid && person.numberOfInjections >= 1)
   || person.hasPCRNegativeForLastSevenDays(today))
```

Pour laquelle on pourrait extraire une fonction :

```
boolean isSanitaryPassOk(Person person, Date atDate)
```

Ce sera d'autant plus commode pour les clients de cette fonction que les conditions d'attribution d'un passe sanitaire sont amenées à évoluer régulièrement.

3.4 Structurer le code

■ L'art du storytelling

Lorsqu'on raconte une histoire, il est important d'avoir un cheminement pertinent avec un début, un milieu et une fin, de ne pas passer sans arrêt du coq à l'âne et de ne pas noyer l'auditeur avec une foule de détails insignifiants, sous peine de le perdre rapidement. Ces préoccupations doivent aussi s'appliquer au code pour en faciliter la lisibilité et la compréhension globale. D'une certaine manière, le code doit raconter une histoire, et si possible en accord avec le problème que le code est supposé résoudre.

Les compétences-clés pour y parvenir consistent à bien découper le code et, dans la foulée, à bien l'organiser. En fin de compte, le code doit se parcourir comme une table des matières, afin d'avoir la vision d'ensemble, avec la possibilité de naviguer dans les détails (facilitée par les IDE modernes) lorsqu'on a besoin d'en savoir plus.

■ De la vision globale aux points de détails

On trouve trop souvent dans le code des fonctions qui résolvent un problème complexe en plusieurs dizaines, voire centaines (et, même si c'est heureusement beaucoup plus rare, parfois milliers) de lignes de code. De telles fonctions sont difficiles à comprendre, parce qu'elles nécessitent de comprendre tous les tenants et aboutissants du problème dans ses moindres détails, et se retrouvent systématiquement qualifiées de « code spaghetti ». Le code se retrouve dans un tel état lorsqu'on n'a pas pris le temps de décomposer le problème principal en problèmes plus petits (selon l'approche « diviser pour mieux régner »).

3.5 Découper les fonctions

Les fonctions (ou méthodes dans les langages orientés objet) doivent rester petites, en se limitant à quelques lignes de code. Si on ressent le besoin de faire plus long, c'est qu'on peut certainement découper en sous-fonctions. La signature d'une fonction doit se focaliser sur le service rendu par la fonction, c'est une sorte de contrat qui ne tient pas compte des détails d'implémentation (qui eux sont dans le corps de la fonction). Autrement dit, on sépare le « quoi » ou le « pourquoi » avec la signature (et le nommage est une fois encore crucial) du « comment » présent dans le corps de la fonction, de façon à renforcer l'encapsulation.

Une fonction prend peu de paramètres. Lorsque le traitement nécessite beaucoup de données, on cherche à regrouper ces données dans des types plus complexes afin de limiter le nombre de paramètres.

Le découpage en fonctions et sous-fonctions aide à hiérarchiser les niveaux d'abstraction. Les fonctions les plus hautes sont très proches de la problématique métier à traiter, alors que les détails techniques sont présents dans les fonctions les plus profondes. On cherche aussi à faire en sorte que, dans une fonction donnée, l'ensemble des lignes de code se situent au même niveau d'abstraction (en d'autres termes, on ne mélange pas les considérations métiers avec des calculs plus techniques). Quand ce n'est pas le cas, cela nous donne un bon indice pour extraire des sous-fonctions.

Enfin, il est important de bien séparer les responsabilités : lorsqu'une fonction traite plusieurs problématiques d'un coup, on va chercher à traiter chacun des problèmes dans une sous-fonction dédiée.

En résumé, un découpage approprié vise à bien séparer ce qu'on cherche à faire (porté par le nom de la fonction) de comment on le fait (le corps de la fonction). Les détails d'implémentation sont ainsi bien enfouis, tout en restant accessibles lorsque c'est nécessaire, et ne perturbent donc pas la compréhension du code.

■ Granularité des fonctions

Nous donnons ici quelques conseils permettant d'évaluer si la taille d'une fonction est adéquate. Tout d'abord, une fonction ne doit faire qu'une seule chose comme fournir un calcul simple, modifier une valeur, vérifier une règle métier, ou encore agréger des calculs simples fournis par d'autre fonctions dans un calcul plus complexe.

Séparation des niveaux d'abstraction

Elle doit ensuite, dans la mesure du possible, se situer à un seul niveau d'abstraction, c'est-à-dire que tous les appels qui sont faits sont sur le même niveau d'abstraction. On ne mélange pas par exemple des appels liés à une règle métier avec des appels pour faire des traitements plus techniques (comme de la manipulation de chaînes de caractères) ou avec un algorithme.

Prenons comme exemple les conditions pour « être électeur » en France, définies par l'article 3 de la Constitution comme « *tous les nationaux français majeurs des deux sexes, jouissant de leurs droits civils et politiques* ».

Un code naïf et peu propre serait :

```
if (DateUtils.yearsCount(now(), person.birthDate) >= 18
  && person.hasFrenchNationality()
  && !blockList.contains(person) && !listeElectorale.contains(person)) {
   // peut voter...
}
```

Mais ce code mélange les niveaux d'abstraction, par exemple « plus de 18 ans entre la date de naissance et maintenant », « être majeur » et « être électeur ». Si on sépare les niveaux d'abstractions, alors cela devient par exemple :

```
// --- niveau d'abstraction du métier tel que décrit par la loi

public boolean estElecteur(person){
    return estMajeur(person)
        && aNationalitéFrancaise(person)
        && aTousSesDroits(person)
        && estInscritSurListeElectorale(person);
}

// --- niveau d'abstraction inférieur
public boolean estMajeur(person){
    return age(person) >= 18;
}

// --- niveau d'abstraction encore inférieur
private boolean age(person){
    return DateUtils.yearsCount(now(), person.birthDate);
}

// ... reste du code omis par souci de concision
```

Garder les niveaux d'abstraction en tête et les matérialiser aide à raisonner sur une quantité réduite de code, donc à moindre effort.

Simplicité contractuelle

Un moyen efficace de limiter la complexité des fonctions consiste à les forcer à voyager léger, ce qui s'obtient lorsque les paramètres d'entrée et de sortie respectent les règles suivantes :

- ✓ Un seul paramètre en sortie : la plupart des langages ne prennent qu'une seule valeur de retour, et ce n'est pas une raison de contourner cette limitation en utilisant des paramètres d'entrée comme des paramètres de sortie. Au contraire, on devrait considérer que tous les paramètres d'entrée sont immuables en dehors du contexte de la fonction.
- ✓ Si la valeur retournée est complexe, on l'encapsule dans un type dédié.
- ✓ De la même manière, si les données en entrée sont nombreuses, on essaye de les regrouper dans un type dédié (qui, au passage, amènera davantage de cohésion).
- ✓ Se restreindre à un faible nombre de variables, et les définir au bon endroit, au plus près de leur utilisation, ce qui permet de diminuer de façon notable la complexité.

Organisation du code

Le découpage depuis le « grand » vers le plus « petit » ne constitue qu'un aspect de la structuration du code. Une fois que nous avons uniquement des petits morceaux, il est important de bien les organiser. Idéalement, les fonctions traitant le problème principal devraient se situer en tête du fichier source, et les fonctions secondaires gérant un sous-problème se trouver plus bas dans le code source. Ainsi le code va se lire comme une table des matières, du plus global, en haut, vers le plus spécifique, en bas : le lecteur perçoit en premier lieu l'idée générale, au plus haut niveau d'abstraction ; s'il a besoin d'en savoir plus sur les points de détails, il lui suffira de naviguer à l'endroit souhaité.

On évite de polluer le cheminement global en y entrelaçant des détails d'implémentation. La visibilité (ou portée) des fonctions peut être un indicateur : les fonctions publiques (utilisées par d'autres composants) seront plus haut dans le code que les fonctions privées (dont l'usage est exclusivement interne au composant qui les définit). Attention, parfois la visibilité est définie à tort, et inversement la position d'une fonction dans le code peut aider à en raffiner la visibilité. On essaye également de regrouper les fonctions se situant au même niveau d'abstraction.

Cette règle simple peut aider à y parvenir : aucune fonction ne devrait être définie plus haut qu'une fonction qui l'appelle (les appels récursifs constituent bien entendu une exception à cette règle).

Aspect visuel du code

Avec l'habitude, un œil exercé est capable de distinguer rapidement si du code est relativement propre, juste en se basant sur sa forme générale (sa graphie). Un code propre présente les caractéristiques suivantes :

✓ Il est bien formaté et respecte un standard défini par l'équipe ; pour plus de facilité, ce standard est importé dans l'IDE et ce dernier est configuré pour reformater automatiquement le code à chaque modification.

✓ Le niveau maximum d'indentation est limité, on ne rencontre pas plus d'un ou deux niveaux par fonction ; lorsque les niveaux d'indentation sont trop nombreux, c'est qu'il y a certainement des opportunités de faire plus de découpage.

✓ Les lignes de code ne sont pas très larges et de fait n'obligent pas le lecteur à faire défiler le texte horizontalement. Pour obtenir ce confort dans la navigation du code, il convient de se restreindre le plus possible à une largeur maximum de ligne (les IDE bien conçus indiquent cette largeur maximale par un trait vertical) en utilisant sans modération les retours à la ligne et en limitant le niveau d'indentation.

Normer le code

Il est important de se mettre d'accord avec le reste de l'équipe sur un ensemble de règles de formatage :

- Définir un encodage de caractères commun (par exemple UTF-8).
- Faire un choix pour la représentation des retours chariot, notamment dans Git, ainsi que des indentations (au risque de l'éternel débat espaces contre tabulations, il n'y a pas vraiment de solution meilleure que l'autre, le plus important étant que tout le monde choisisse la même représentation).
- Décider ensemble des règles de formatage (position des espaces, accolades systématiques pour tous les `if...`).
- Choisir une politique précise pour les imports : ordre des imports, utilisation des imports `*`, etc.

Ces règles, une fois configurées directement dans l'IDE (par exemple formatage et imports automatiques), ne nécessitent plus aucun effort de la part des développeurs. Le fait qu'elles soient communes à l'équipe offre un avantage énorme pour la gestion des versions : les différences ne sont plus polluées par des modifications de forme insignifiantes et permettent à chacun de se concentrer sur les modifications essentielles lors des revues de code. De la même manière, pour se faciliter la vie lors de la navigation dans un historique de code, il est rentable de définir et d'appliquer des règles sur le format des commentaires de commit.

4. DES COMMENTAIRES À CONSOMMER AVEC MODÉRATION

Une idée très largement répandue dans le monde du développement voudrait nous faire croire que la lisibilité et la qualité d'un code sont proportionnelles à la quantité de commentaires présents. De la même manière, on a tendance à considérer, à tort, que du code exempt de commentaires serait forcément du code de mauvaise qualité. Ces idées reçues sont bien évidemment fausses et pour plusieurs raisons.

La raison majeure tient à la nature documentaire des commentaires : par essence, les commentaires peuvent être obsolètes, en décalage avec la réalité du code, voire totalement faux. Le lecteur du code peut être induit en erreur par les commentaires, ce qui amène à un bon conseil lorsqu'on lit du code : considérer les commentaires avec méfiance, seul le code exécutable contient la vérité. L'autre bonne raison devrait être évidente si vous avez lu ce chapitre avec attention : il existe suffisamment de moyens d'exprimer l'intention par le code pour pouvoir se passer des commentaires dans la grande majorité des cas.

Parfois, on pourrait être tenté d'ajouter des commentaires lorsque du code est obscur. Mais, pour Brian Kernighan (dans *The Elements of Programming Style*), il est beaucoup plus utile de réécrire le code pour refléter notre nouvelle compréhension :

« *Don't comment bad code – rewrite it.* »

4.1 Les commentaires à éviter

Commençons par partir de la réalité suivante : la très grande majorité des commentaires dans le code est inutile. Dans un certain nombre de cas, les commentaires n'apportent pas d'information supplémentaire par rapport à ce qui est explicite dans le code. Par exemple :

```
public class Person {
    private final String firstname; // the person's first name
}
```

Ici, le commentaire paraphrase clairement le code, on désigne cet anti-pattern sous le terme moyennement élogieux de *commentaire de la honte* (*shameful comment* en anglais). Non seulement ce commentaire n'apporte rien, mais il ajoute du bruit et une charge de lecture supplémentaire.

Dans d'autres cas, on rencontre ce genre de formulation :

```
private String str; // the description of the item
```

Si vous avez lu attentivement la partie dédiée au nommage, vous aurez reconnu le *smell*[1] qui consiste à nommer un élément en fonction de son type (ou en abréviation). Et vous savez alors que la correction naturelle est la suivante :

```
private String itemDescription;
```

En procédant ainsi, la connaissance initialement fournie dans le commentaire devient auto-portée par la variable elle-même. L'intention reste donc véhiculée par le code lui-même : le code, quand il est bien écrit, possède une valeur documentaire.

Voici un troisième exemple, un peu plus complexe :

```
... // some code
// looking for adult persons
List<Person> matchingPersons = new ArrayList<Person>;
for(Person person : persons) {
    if (person.age >= 18) {
        matchingPersons.add(person)
    }
}
... // some other code
```

Si on procède à un habile découpage en remplaçant ce code par une méthode dédiée `List<Person> findAdults(List<Person> persons)`, le message initialement inscrit dans le commentaire devient explicite avec la signature de la méthode.

L'objectif de ces exemples est de montrer qu'avec un peu d'astuce et d'espièglerie on peut rendre explicite dans le code ce qu'on avait l'habitude d'indiquer dans des commentaires. Ceci amène les considérations suivantes :

- ✓ Dès qu'on veut ajouter un commentaire, on doit se demander comment exprimer la même connaissance en utilisant uniquement du code.
- ✓ Si on sent que le commentaire est vraiment nécessaire (à part quelques cas exceptionnels présentés plus loin), on peut le considérer comme un indice sur un souci dans la propreté du code ou au niveau du design.
- ✓ Les commentaires ne sont pas vraiment du code, il s'agit plutôt de documentation textuelle co-localisée avec le code et, en tant que tels, ils souffrent de tous les travers inhérents de la documentation (décalage avec le réel et obsolescence notamment).

On trouve de nombreuses situations pour lesquelles les commentaires sont contre-productifs et donc évitables :

---

1. Un *smell* (ou « mauvaise odeur ») de code est une caractéristique dans le code source d'un programme qui indique un défaut de conception et qui peut être révélatrice de problèmes plus profonds.

- ✓ lorsqu'on donne des informations qui peuvent être fournies par l'outillage : par exemple des informations d'historique du code ou liées aux auteurs, alors qu'elles sont directement accessibles avec l'outil de versionnage ;
- ✓ lorsqu'on commente du code qui n'est plus utilisé au lieu de le supprimer, « au cas où » on en aurait besoin plus tard : en pratique le « au cas où » n'arrive que très rarement, et le risque est que personne n'ose supprimer ce code mort par la suite. Par conséquent il vaut mieux le supprimer tout de suite, d'autant que si besoin on peut le retrouver dans l'historique des versions.

4.2 Les commentaires réellement utiles

Si, comme nous venons de le voir, les commentaires sont si peu utiles, pourquoi sont-ils encore présents dans les langages de programmation ? De fait, les commentaires n'apportent rien dans la plupart des cas, mais il existe encore quelques situations pour lesquelles on ne peut pas encore s'en passer. Le fait de ne s'autoriser que les commentaires réellement utiles donne à chacun d'entre eux une plus grande valeur : lorsqu'on les rencontre, on y fera d'autant plus attention que nous ne sommes pas supposés en rencontrer.

Signaler une subtilité

Parfois la complexité de l'information à communiquer est telle que le code ne suffit plus, ce qui nous contraint à employer les grands moyens et à expliciter clairement les choses. Un commentaire détaillé peut se montrer pertinent lorsqu'une modification non éclairée du code alentour pourrait entraîner des conséquences malencontreuses. La description d'une optimisation subtile, d'un effet de bord pouvant être source d'anomalie, ou le balisage d'un contournement lié à l'utilisation d'un composant externe sont autant de situations légitimant l'utilisation de commentaires.

Dans tous les cas, il est de notre responsabilité de signaler clairement toutes les chausse-trappes auxquelles nos successeurs pourraient être confrontés, et pourquoi ils doivent y réfléchir à deux fois avant de modifier notre code.

Marquer des problèmes à résoudre dans le code

Lorsqu'on détecte des problèmes dans le code mais qu'on manque de temps, qu'on veut conserver le focus sur la tâche en cours ou tout simplement qu'on a la flemme, il est peu coûteux et pertinent de les indiquer aux endroits appropriés sous forme de TODO ou de FIXME. Ainsi les problèmes sont signalés clairement et ne tombent pas dans l'oubli.

Apposer des mentions légales

Dans certaines situations, le code doit comporter des informations légales, ou indiquer les auteurs. C'est notamment le cas dans le monde de l'open source, qui impose de protéger juridiquement son code en décrivant les modalités de réutilisation, de partage ou de modification.

> **Pour aller plus loin...**
>
> Les principes énoncés dans cette section se bornent au fait de limiter les commentaires en les exprimant directement dans le code. Au travers de techniques plus avancées, le code peut porter davantage de valeur documentaire (en exploitant habilement les annotations, par exemple). Si le sujet vous intéresse, n'hésitez pas à consulter l'excellent ouvrage *Living Documentation*[1] de Cyrille Martraire (co-auteur de ce livre).

5. NE PAS SE RÉPÉTER (DRY)

Quand on écrit du code et qu'on souhaite aller plus vite, il est tentant de faire appel massivement au copier-coller : on repère une portion de code qui fait à peu près l'affaire, on le récupère ni vu ni connu et on modifie une ou deux lignes de code pour coller à notre besoin. Nombre de développeurs procèdent malheureusement de la sorte, adoptant ainsi une programmation *par mimétisme*. C'est un style qui peut sembler efficace sur le court terme, mais le design global ne s'en trouve pas grandi : le code est évidemment moins lisible, mais surtout la moindre évolution va nécessiter de nombreuses modifications dans le code.

Soyons clairs tout de suite : l'utilisation du copier-coller pour écrire du code est manifestement une mauvaise idée. Cette prescription est représentée par l'acronyme DRY : *Don't Repeat Yourself.*

On pourrait traduire ceci par « Ne vous plagiez pas ! » Or forcément, quand il y a copier-coller, et même si on adapte la copie, il y a répétition et donc duplication. Le démon du copier-coller est une addiction dont vous devez absolument vous débarrasser pour produire du code de bonne qualité.

Lorsqu'on rencontre une duplication, on doit évaluer la possibilité de faire émerger une abstraction.

Bien sûr, comme la plupart des principes liés au Clean Code, celui de réduction de duplication n'est pas absolu : dans certains cas, il est préférable de s'en abstenir. La duplication offre des avantages, principalement la possibilité de faire évoluer un morceau de code librement, indépendamment du reste (les autres morceaux de code lui

1. Martraire, C. *Living Documentation*, Addison Wesley, 2018.

ressemblant). Lorsqu'on rassemble plusieurs morceaux de code en apparence semblables en une unique abstraction, on crée un couplage entre eux : chaque modification impactera ensuite chaque utilisateur de cette abstraction. C'est la question qu'on doit se poser lorsqu'on veut éliminer une duplication : est-ce que les morceaux de code sont liés à la même problématique ? Est-ce qu'ils ont toutes les raisons du monde d'évoluer de concert ? Dans ce cas, on réduira la duplication. Sinon, il est préférable de laisser la duplication pour permettre à chacun d'évoluer en toute liberté.

Comme souvent, tout est une question de conserver un bon équilibre entre la liberté d'évoluer individuellement liée à la duplication, mais à laquelle s'associe plus de difficulté pour maintenir le code, et le risque d'introduire du couplage. Certaines heuristiques peuvent aider à faire le choix de conserver ou non la duplication :

- ✓ Quelle est la nature de la connaissance portée par le morceau de code ? Si c'est de la connaissance métier, on cherchera à retirer la duplication : en effet, chaque connaissance métier ne devrait apparaître qu'une seule fois dans le code.
- ✓ Sur quel périmètre s'étend la duplication ? Est-elle limitée à une seule classe, ou une seule méthode ? À l'inverse, est-elle étalée sur plusieurs composants ou modules ? Plus le périmètre est restreint, et plus il est conseillé de réduire la duplication, parce que la portée du couplage introduit reste limitée. Il est généralement conseillé de réduire la duplication lorsque le périmètre est petit, et de la conserver quand le périmètre est étendu.

6. LA PROPRETÉ DE CODE AUSSI POUR LES TESTS

On a souvent tendance à mettre beaucoup d'efforts dans la qualité du code qui va s'exécuter en production, et à laisser le code des tests en jachère. C'est une erreur, pour de multiples raisons. Les tests constituent, pour beaucoup de nouveaux arrivants sur un projet, le point d'entrée sur le code : ils décrivent (sous réserve d'être suffisamment exhaustifs) le comportement attendu pour les différentes fonctionnalités de l'application. De la même manière, nombre de développeurs abordant une revue de code commencent par lire les tests pour essayer de comprendre de quoi il retourne.

Vus sous cet angle, les tests sont la vitrine du code, et leur qualité se doit d'être exemplaire. Il est donc vital de mettre autant d'effort, voire plus, sur la propreté du code de test que sur celle du code de production. N'oublions pas que le rôle des tests n'est pas seulement de vérifier le comportement de l'application, ils ont aussi la responsabilité d'en fournir une documentation sous forme exécutable. L'intention doit donc être exprimée avec clarté dans les tests, en bénéficiant des techniques que nous venons de voir : nommage, organisation du code, réduction de la duplication, etc. Il faut également s'assurer que les tests seront faciles à maintenir lorsque les fonctionnalités sous-jacentes nécessiteront des évolutions.

7. CONCLUSION

Dans ce chapitre nous avons précisé l'importance d'écrire du code de qualité, facilement lisible et maintenable par les autres développeurs. Nous avons également souhaité montrer que ce ne sont pas tant les techniques qui importent que le fait de se poser les bonnes questions sur la façon de révéler au mieux l'intention, notamment à travers les axes du nommage approprié et de la bonne organisation du code.

Le chapitre 5, « L'importance des techniques de refactoring », traite des techniques plus poussées pour améliorer le design du code de façon continue, par transformations successives. En effet, l'écriture de code de qualité ne se fait pas en un seul jet, c'est un processus itératif par la pratique du refactoring.

3 Les spécifications agiles avec le développement dirigé par le comportement (BDD)

Dans la boîte à outils du craft, l'approche de développement dirigé par les comportements (Behavior-driven development ou BDD[1]) vise spécifiquement à améliorer l'efficacité de la collaboration entre les spécialistes impliqués, afin de construire de meilleurs logiciels au meilleur coût.

Construire un logiciel demande généralement les compétences de plusieurs personnes qui doivent collaborer. De la qualité de cette collaboration dépend la qualité du logiciel résultant.

Un cas fréquent consiste à associer les compétences de personnes qui savent « quoi » construire et de personnes qui savent « comment » construire.

Dans le premier rôle figurent des spécialistes d'un domaine métier comme l'assurance, la vente ou une spécialité médicale, souvent avec un titre de Responsable Produit ou de « Product Owner ». Dans le second rôle figurent les personnes qui savent coder et utiliser les technologies informatiques, dans des équipes de développement.

En plus de ces deux rôles, il est aussi fréquent d'avoir le concours de responsables « Assurance Qualité » ou de testeurs pour aider à trouver des problèmes tout au long du cycle de développement.

1. Dan North a proposé l'approche BDD en croisant les approches de développement dirigé par les tests (TDD) et la conception dirigée par le métier (DDD). Alors qu'il enseignait TDD, il encourageait ses élèves à rédiger les tests exclusivement en langage du domaine métier, mais sous forme de code. Cette approche s'est ensuite popularisée avec des outils qui permettaient d'écrire les scénarios littéralement en langage métier tel que JBehave, porté ensuite par Liz Keogh.

1. LES 3 AMIGOS (TRES AMIGOS)

La première technique de BDD consiste à assurer la présence simultanée de trois types de rôles, qu'on nomme les « tres amigos » (en référence à un célèbre film humoristique du même nom mettant en scène des cow-boys justiciers mexicains (*¡Three Amigos!* de John Landis, 1986)) pour discuter des fonctionnalités à construire :

- ✓ une personne capable de représenter le besoin, typiquement le Responsable Produit ou « Product Owner » ;
- ✓ une personne capable de représenter la mise en œuvre, typiquement un développeur (ou une développeuse) ;
- ✓ une personne capable de challenger les deux autres, typiquement un testeur ou une testeuse.

2. DES RÔLES COMPLÉMENTAIRES

Chacun des trois rôles contribue à la qualité du résultat par trois approches différentes :

- ✓ le premier représente la recherche de valeur pour les utilisateurs ou l'organisation ;
- ✓ le deuxième représente la faisabilité technique de la mise en œuvre, par exemple par la réduction du coût et la préservation de la cohérence d'ensemble ;
- ✓ le troisième remet en question les arguments des deux autres pour trouver au plus tôt des failles de raisonnement ou des problèmes dans l'expression du besoin.

La présence simultanée des trois rôles permet d'optimiser les échanges, dans une communication franche et instantanée, et surtout dans une posture de co-construction, d'égal à égal.

Ce dernier point est important. Il arrive ainsi souvent qu'un rôle profite d'une relation de dominance sur les autres, par exemple un Product Owner qui impose ses idées, ou une développeuse qui veut faire selon ses idées en refusant les suggestions des autres.

3. 3+ AMIGOS

Il est à noter que quand un besoin fait intervenir un enjeu particulier, par exemple une exigence élevée de qualité d'expérience utilisateur (UX), il est opportun d'inviter, le temps des échanges, un amigo supplémentaire avec une expertise en la matière. On pourra de même inviter une experte sécurité, un juriste ou un représentant de la production si l'enjeu correspondant est particulièrement aigu pour le besoin considéré.

On parle ainsi de 3+ amigos, les trois de base plus une personne invitée complémentaire. Il vaut mieux ne pas dépasser quatre personnes, voire cinq dans un cas extrême, afin d'éviter de compliquer les échanges. Il s'agit de préserver le côté léger, rapide et informel de ces ateliers, surtout pas de les transformer en réunions formelles, intimidantes ou avec des jeux de domination politique.

4. LES ATELIERS DE SPÉCIFICATIONS

Dans l'idéal, trois personnes, chacune dans son rôle, se retrouvent pour des ateliers de spécifications autour d'une ou plusieurs user stories.

Chaque personne amène ses contributions lors de simples conversations d'égal à égal, dans le but d'aboutir à un consensus.

Un cas classique est que la personne représentant le besoin explique sa vision des choses, tandis que les deux autres interlocuteurs reformulent leur compréhension et posent des questions de clarification ou de doute. La personne représentant la mise en œuvre propose des aménagements ou alternatives qui aident la réalisation. La personne représentant la qualité pose des questions dérangeantes sur les limites du cas d'usage, les situations extrêmes ou contradictoires, et comment vérifier que la proposition est la bonne.

Mais toutes les autres configurations existent. Parfois le besoin est exprimé en une phrase laconique, et les conversations visent à trouver une façon économique de la mettre en œuvre dans un existant contraint, à moindre risque. D'autres fois, les développeurs et testeurs connaissent mieux les règles métiers existantes, et la personne représentant le besoin les questionne pour trouver une façon de livrer plus de valeur dans ce contexte.

Il est important de rappeler qu'aucun rôle n'est subordonné à un autre, c'est un jeu de co-construction.

5. EXEMPLES CONCRETS

Quand on communique, un piège classique est de croire que l'autre a compris alors que ce n'est pas véritablement le cas.

Pour aider la communication entre les trois rôles, et pour s'assurer que chacun partage la même compréhension, les trois participants s'obligent régulièrement à exprimer le besoin sous forme d'exemples concrets, dans les conversations.

Cela peut amener à des dialogues comme le suivant :

— « Je crois que nous sommes tous en accord, mais pour en être absolument certains, nous devrions exprimer un scénario concret.

— OK, si j'ai bien compris, si Serge est le chauffeur du camion 23 et qu'il a la carte d'essence 722, et en supposant que le camion 23 a un réservoir de carburant de 120 L, alors si on reçoit une transaction d'achat de 140 L de carburant de la carte d'essence 722, alors, alors... on fait quoi déjà ?

— Alors on doit lever une Anomalie Carburant sur la carte d'essence 722 !

— OK là vous parlez en litres, mais on doit aussi gérer les pays en gallons, non ?

— Oui bien sûr, mais c'est pareil !

— Oui, mais qu'est-ce qui se passe si un camion avec un réservoir en gallons voyage dans un pays en litres et achète du carburant là-bas ?

— Ah oui... mince, on n'y avait pas pensé. On convertit ?

— Oui on saurait faire, mais ce n'est pas urgent, et on peut sortir cela dans une story ultérieure, si le besoin est confirmé. »

Dans le dialogue précédent, peu importe qui amène quelle idée, l'important est la variété et la complémentarité des perspectives, afin d'arriver à un consensus sur des décisions de qualité. Cette conversation, bien que courte, fait émerger plusieurs concepts et problématiques : la capacité du réservoir, la carte d'essence, les Anomalies Carburant en cas de dépassement de capacité, le fait que les volumes de carburant puissent être exprimés selon des unités différentes. On aboutit aussi à une forme de priorisation.

Certaines personnes sont capables de jouer chacun des trois rôles, mais en pratique il est très difficile de les représenter en même temps, raison pour laquelle il est plus efficace de réunir plusieurs personnes, chacune prenant une casquette principale.

6. DES EXEMPLES EXPRIMÉS DANS LE LANGAGE DU MÉTIER

Les exemples sont étudiés au travers de conversations et de croquis le cas échéant. Un point d'attention particulier est de n'utiliser que des mots du langage métier, tel que des experts du métier le parleraient entre eux.

Par exemple :

- ✓ Sur un besoin de vente de livres en ligne : Si un visiteur a ajouté les volumes 1, 2 et 3 du *Seigneur des Anneaux* de l'édition de poche, alors quand il consulte son panier il voit une remise intitulée « Remise Intégrale Poche » de 5 %.
- ✓ Sur un besoin de devis de réparation automobile : En supposant que les taux horaires d'entretien sont de 20 €/h pour les travaux simples et de 40 €/h pour les travaux complexes, alors une réparation estimée à 1 h et de complexité intermédiaire apparaît à 30 € sur le devis.

L'utilisation du langage métier exige une attention particulière, car il est facile d'utiliser des termes techniques par habitude ou par goût pour la technologie, comme dans les deux contre-exemples suivants :

- ✓ Quand l'utilisateur clique sur le bouton « soumettre » alors un pop-up apparaît avec le texte « Remise Intégrale Poche » de 5%.
- ✓ Si la table TARIF_HORAIRE est chargée avec le dataset « config1.xml », alors la page Devis_reparation affiche 30 dans le champ d'ID : « montant_devis ».

L'attention au langage est un aspect déterminant du succès de BDD : cela encourage tous les participants à vraiment penser métier et permet une vraie collaboration sur la définition des comportements métiers. Et par la suite cela permet la transmission de la compréhension qui en résulte sous une forme lisible, autrement dit on obtient une véritable documentation.

6.1 Des exemples avec des détails concrets

Vous avez remarqué les chiffres, leurs unités et les chaînes de texte dans les exemples précédents, qui rendent l'exemple concret et facile à comprendre. De plus, ces chiffres et chaînes de texte révèlent très souvent des failles et des oublis dans les réflexions.

Préciser des détails concrets demande un effort supplémentaire par rapport à se contenter de rester sur des cas abstraits, mais les avantages en retour le justifient amplement.

Ainsi sur l'exemple des ventes groupées de livres, pour définir les livres concernés par une édition on pourrait se contenter de dire « trois volumes d'une même série », mais la remise en fait ne s'applique qu'aux livres en édition de poche, et seulement sur des intégrales, c'est-à-dire si les trois volumes forment un tout.

L'important est que s'efforcer de donner des détails concrets accélère la découverte des parties implicites du besoin et permet de lever un certain nombre d'ambiguïtés, en plus d'assurer leur bonne compréhension par tous.

En revanche, il ne s'agit surtout pas de donner des détails concrets qui ne seraient pas strictement nécessaires au comportement considéré, sinon cela compliquerait la compréhension au lieu de l'aider.

Préciser la référence complète de chaque livre n'apporterait rien d'utile dans l'exemple précédent. Au contraire, les lecteurs se poseraient en vain la question du rapport entre cette référence precise et le reste de l'exemple.

Choisir judicieusement le juste niveau de langage entre trop concret ou trop abstrait demande de l'expérience et s'améliore avec le temps de pratique, pour autant qu'on y prête attention.

Pour aller plus loin...

Pour aller plus loin sur l'art de mieux formuler les exemples, nous conseillons les livres (en anglais) *Discovery* et *Formulation* de Seb Rose et Gáspár Nagy (https://bddbooks.com/).

6.2 Des exemples auto-suffisants

Dans les exemples qui précèdent, vous avez sans doute remarqué le soin apporté à la définition de l'état préliminaire du monde (autrement dit, le contexte) avant de considérer une action. L'exemple de calcul du prix de réparation commence ainsi par définir le barème en vigueur des taux horaires. Cela ne signifie pas que ce barème est celui réellement en vigueur en production, ce n'est qu'un exemple sur lequel on s'appuie pour en tirer des conséquences.

L'avantage majeur de cette pratique est de rendre les exemples pérennes. Quelles que soient les variations de barèmes ultérieures, l'exemple reste vrai dans ses propres hypothèses et il ne nécessite ainsi aucune maintenance, ce qui est appréciable !

6.3 Quelques scénarios-clés

Dans les conversations, tous les exemples mentionnés sont aussi appelés « scénarios » car ils décrivent bien ce qui se passe de façon précise, à la manière des dialogues de cinéma. Mais tous ces exemples ou scénarios n'ont pas la même importance.

Dans un souci d'économie, on cherche ainsi à identifier un petit nombre de scénarios suffisants pour bien se comprendre. On les appelle des scénarios-clés. Et on laisse de côté tous les autres scénarios évoqués à d'autres fins (par exemple la couverture de tests).

6.4 Formalisation des exemples concrets

Quand les tres amigos arrivent à un consensus sur un besoin, alors l'essentiel est déjà atteint : la compréhension est partagée et vérifiée jusque dans les détails. La mise en œuvre pourra donc se faire sur des bases solides.

Il est souhaitable ensuite de conserver des notes de ces discussions sous forme écrite. Que ce soit sur une page d'un cahier ou par e-mail, dans un document partagé ou dans un ticket d'outil de planification, peu importe le choix du support. Et peu importe aussi la personne qui consigne ces notes parmi les participants.

L'important est que les notes restituent les conversations fidèlement, au nom de tous.

Il ne s'agit donc absolument pas de demander à la personne représentant le besoin de rédiger des spécifications pour les passer aux autres rôles en vue de l'exécution. Toute l'idée de BDD est précisément l'opposé, c'est de la co-construction collégiale.

Les testeurs et les développeurs sont ainsi tout à fait à même de consigner les notes des ateliers de spécifications. Ces notes étant concises, pour une large part sous forme d'exemples concrets, elles peuvent même être écrites directement en séance, puis partagées par un moyen électronique.

7. APRÈS LES ATELIERS DE SPÉCIFICATIONS

L'idéal est d'avoir des ateliers de spécifications brefs mais fréquents, par exemple 30 minutes tous les jours. En présence de contraintes de disponibilité, il peut être nécessaire de les grouper, par exemple deux heures chaque semaine. L'important est de rester dans un flux contenu de petits incréments de spécifications. Par analogie avec la vidéo à la demande, il s'agit de faire du streaming d'incréments de spécifications, et non du téléchargement d'une spécification complète en une fois.

À l'issue de chaque atelier de spécifications, chacun de son côté prolonge le travail effectué ensemble selon son expertise propre :

- ✓ la personne dans le rôle « Produit » étudie d'autres besoins en vue du prochain atelier ;
- ✓ les développeurs mettent en œuvre ce qui a été convenu, et notent les questions ou problèmes éventuels pour le prochain atelier (ou avant selon l'urgence) ;
- ✓ les personnes dans le rôle de testeurs préparent des scénarios additionnels afin d'assurer une couverture de test de non-régression plus étendue, au-delà des scénarios-clés ;
- ✓ le cas échéant, les développeurs et testeurs collaborent sur l'automatisation des tests qui s'y prêtent, selon l'approche retenue par l'équipe.

Ce dernier point mérite une attention particulière, car BDD ouvre la porte vers une large automatisation des tests, en s'appuyant précisément sur la notion de scénarios concrets et grâce à de l'outillage judicieux.

Si cette automatisation est précieuse, il ne faut pas oublier que la valeur principale de BDD reste dans la collaboration avec des exemples concrets. Il est donc possible de pratiquer BDD avec succès sans automatiser les scénarios.

8. AUTOMATISATION DES SCÉNARIOS

Les scénarios concrets dans le langage du métier ont en outre l'avantage de particulièrement bien se prêter à l'automatisation dans des outils de test. En effet, les scénarios bien définis sont en langage métier, avec tous les détails concrets pertinents, et auto-suffisants en termes de données prérequises.

Jusqu'à présent, nous avons veillé soigneusement à utiliser les termes « exemples » ou « scénarios », et surtout pas « tests », car l'objectif était la collaboration, la découverte et la compréhension des besoins entre des humains.

Cela n'empêche pas, consécutivement aux ateliers de spécifications, de profiter du travail effectué pour, cette fois, l'utiliser pour automatiser les tests de non-régression, comme un formidable bonus.

8.1 La syntaxe Gherkin

Les scénarios-clés, ainsi que les scénarios additionnels élaborés par les équipes de testeurs, peuvent dans la foulée être rédigés d'une façon un peu plus formelle dans la syntaxe nommée Gherkin (oui, cela signifie bien « cornichon ») au sein de fichiers texte nommés les « fichiers de features » (*feature files* en anglais). Chacun de ces fichiers correspond à un thème précis, par exemple les comportements concernant les remises client sur les livres en Europe.

Le fichier est organisé avec une première rubrique `Feature` qui décrit l'intention générale, au format typique des user stories :

```
Feature: Offrir des remises aux clients fidèles
   Afin d'encourager les clients à revenir acheter,
   En tant que vendeur de livres,
   Je souhaite offrir des remises de prix aux clients fidèles
```

Cette première rubrique n'est qu'indicative, à but de documentation. Elle est souvent utilement complétée de paragraphes décrivant les règles métiers et tout ce qu'il faut savoir pour bien appréhender la feature, là encore à la seule destination des lecteurs humains.

Pour l'essentiel, le reste du fichier comprend une succession d'exemples, chacun selon une syntaxe normée pour être interprétée par des outils (voir paragraphe suivant).

La syntaxe est la suivante (attention, les deux points font partie des mots-clés) :

```
Example: Aucune remise en deçà de 50 € d'achat
   Given un panier avec 2 articles pour un total de 49 €
   When le client consulte son panier,
   Then le total n'inclut aucune remise
```

Bien entendu ce scénario sera complété d'autres scénarios, comme :

```
Example: Remise de 5 % à partir de 50 € d'achat
   Given un panier avec 2 articles pour un total de 50 €
   When le client consulte son panier,
   Then le total inclut une remise de 5 % soit "-2,50 €"
```

La syntaxe débute donc par le mot-clé `Example:`, suivi de plusieurs lignes, qu'on appelle les *steps*, chacune débutant par l'un des mots-clés suivants : `Given`, `When`, `Then` (ainsi que `And` et `But`).

Typiquement, les steps qui débutent par `Given` définissent les prérequis pour la suite, les steps qui débutent par `When` définissent les actions, tandis que les steps qui débutent par `Then` vérifient des assertions.

Si vos scénarios sont en français, alors il est possible de configurer les outils afin d'utiliser des mots-clés en français aussi. `Given` devient `Soit` ou `Sachant que` ou `Etant donné que` ; `When` devient `Quand` ou `Lorsque`, tandis que `Then` devient `Alors` ou `Donc`.

Si cette syntaxe se lit comme du langage naturel, elle est en fait très formelle, et les développeurs ou des testeurs d'automatisation sont souvent les plus compétents pour les écrire, toujours à partir des scénarios-clés définis collectivement et des scénarios de couverture fournis ensuite par les testeurs.

Ces feature files sont ensuite ajoutés au contrôle de sources, par exemple Git, dans la même version que le code correspondant à la même fonctionnalité.

8.2 Les outils

L'intérêt du formalisme Gherkin est qu'il peut être interprété par des outils pour exécuter les scénarios sous forme de tests automatisés.

Les premiers outils qui ont défriché ces idées étaient FitNesse puis JBehave, mais les outils les plus populaires aujourd'hui sont Cucumber[1], Specflow, Behat et Robot Framework.

Ces outils analysent chaque ligne de chaque exemple de chaque fichier de feature, et, pour chaque ligne, ils déclenchent des portions de code correspondantes, que l'on appelle *step definitions*.

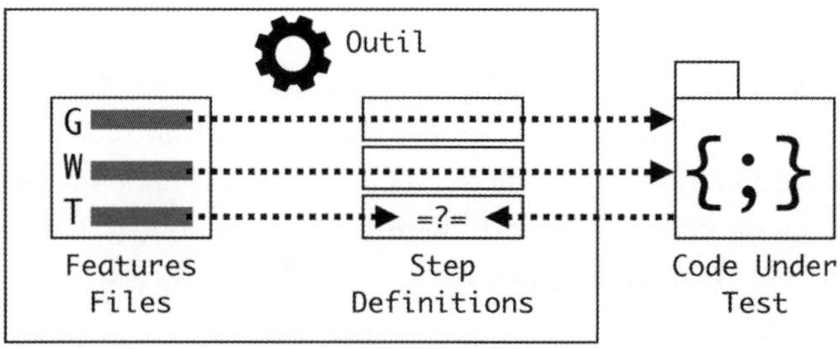

Les scénarios Gherkin deviennent des tests qui éprouvent le code.

En pratique dans le code, chaque *step definition* est une méthode, qui prend en général des paramètres, qui stocke des données à utiliser par la suite, qui délègue des actions au code à tester ou qui vérifie des assertions pour déterminer que le résultat est tel qu'attendu.

L'annotation `@Given` sur la définition de step déclare à l'outil, ici Cucumber, que cette définition de step correspond à une ligne de scénario (un step) débutant par `Given`, ou un équivalent français tel que `Sachant que` selon la configuration.

```
package com.example;
import io.cucumber.java.en.Given;

public class StepDefinitions {
    @Given("le taux horaire de réparation est de {int}€/h")
    public void le_taux_horaire_de_reparation_est_de_x_euro_h(int taux) {
        //… stocker le taux horaire pour la suite du scénario
    }
}
```

1. Cucumber est un outil successeur de JBehave qui s'est imposé notamment par sa facilité d'installation, comparé à JBehave. Son auteur initial, Aslak Hellesoy, raconte qu'après avoir fait sa première version il a demandé à son épouse une idée de nom ; comme elle était en train d'éplucher du concombre, c'est le nom qui a été donné à l'outil. Puis, une fois populaire, d'autres outils sont apparus en conservant la même syntaxe, qui a donc été nommée Gherkin, comme « cornichon », au sens de « la famille des concombres ». Dans cette même logique, quand notre ex-collègue Arnauld Loyer a écrit un outil pour exporter les fichiers de features en PDF, il l'a tout naturellement nommé Tzatziki, car « c'est une recette à base de concombre ».

Typiquement, une définition de step de vérification est annotée par `@Then` et fait appel à une librairie d'assertions, ici une simple assertion Junit :

```
package com.example;
import io.cucumber.java.en.Then;
import static org.junit.Assert.*;

public class StepDefinitions {
    @Then("le montant de main d'oeuvre estimé est de {int}€")
    public void le_montant_de_main_doeuvre_estime_est_de(int attendu) {
        assertEquals(attendu, reel);
    }
}
```

Ces méthodes de steps sont regroupées dans des classes qui jouent le rôle d'adaptateurs entre l'outil qui interprète les fichiers de features (par exemple Cucumber) et le code de production à tester. L'outil extrait les paramètres des phrases d'exemple, les convertit le cas échéant dans le type attendu, puis appelle la méthode de step correspondante avec ces paramètres.

Le tout s'exécute dans un outil d'exécution de tests classiques qui séquence les suites de cas, collecte les résultats (succès ou échec) et produit un rapport de synthèse, généralement à chaque lancement du pipeline de promotion de code (à chaque build).

Cette interprétation des exemples littéralement comme des tests munis d'assertions permet de détecter aussitôt un comportement inattendu du code. C'est utile de deux façons :

- ✓ En phase de développement initial, lorsque le code ne correspond pas encore au comportement décrit dans les exemples d'un fichier de feature, alors l'exemple sert de **critère d'acceptation**. On accepte que le développement du code soit terminé précisément lorsque l'exemple qui décrit son comportement attendu s'exécute avec succès.
- ✓ Ultérieurement, lorsque des exemples décrivant le comportement attendu s'exécutent en échec, alors cela signifie que le code souffre d'une régression. Les exemples servent alors de **tests de non-régression**.

8.3 Living documentation

Les fichiers de features groupent des scénarios correspondant à une même feature, et ces fichiers à leur tour sont idéalement groupés dans des répertoires par zone fonctionnelle homogène, tels que des répertoires `/vente/remises/` ou `/vente/fraisLivraison/`. L'intention de chaque feature, chaque exemple concret et toutes les autres descriptions éventuelles sont exprimés en langage métier.

Les répertoires et leurs sous-répertoires constituent ainsi des chapitres d'une documentation rédigée en langage métier.

Mais surtout, l'automatisation des exemples directement comme des tests avec des assertions permet de détecter aussitôt que le comportement du code ne correspond plus au comportement attendu. Certaines régressions signalent alors, aussitôt, l'oubli de mise à jour des exemples correspondants dans le fichier de features. C'est donc bien un moyen de garantir que ces exemples automatisés sont une documentation vivante et à jour, tant que les résultats de tests sont tous en succès.

Il s'ensuit que l'ensemble de ces moyens constitue de fait non seulement l'expression des spécifications, mais surtout une documentation complète et à jour des comportements du code. Dans un monde où toute documentation tend à périmer très vite, c'est remarquable, et c'est un parfait exemple des approches de documentation vivante (Living Documentation).

Pour profiter au mieux des avantages d'une telle documentation, il est conseillé de définir des étiquettes (tags) pour annoter les scénarios. Cela permet ensuite de rechercher ou d'exécuter des scénarios selon leurs étiquettes, en fonction de vos besoins.

Enfin, comme les fichiers des features sont dans des outils de contrôle de source, ils ne sont pas forcément très accessibles par des non-développeurs, ce qui est un problème car, rappelons-le, toute la démarche vise justement à faciliter la collaboration entre tous.

Il convient alors d'ajouter des outils pour rendre les features et les résultats d'exécution accessibles, par exemple, sous forme de rapports ou de site web interactif. Pickles (http://www.picklesdoc.com/) est un excellent outil pour exposer les features en site web interactif, avec même un moteur de recherche dans la page, tandis que Tzatziki (https://github.com/Arnauld/tzatziki) permet de produire un document à télécharger au format PDF, tel un document traditionnel de spécifications, à ceci près qu'il est totalement généré automatiquement à chaque fois.

9. UN EFFORT, BEAUCOUP DE BÉNÉFICES

En récapitulatif de tout ce qui précède, il s'avère qu'*une seule et même activité*, qui consiste à avoir des conversations concernant les besoins entre 3+ amigos, en langage métier, avec des exemples concrets et auto-suffisants, complétée de son automatisation, apporte à l'équipe **à la fois** :

- ✓ la compréhension partagée entre tous ;
- ✓ les critères d'acceptation pour déterminer l'avancement des développements ;
- ✓ les tests de non-regression avec une bonne couverture fonctionnelle ;
- ✓ la documentation vivante, évolutive et garantie toujours à jour si les tests sont en succès.

C'est donc une pratique avec un retour sur investissement attractif ; le temps investi dans la mise en œuvre et dans le soin appliqué aux scénarios se retrouvera largement rentabilisé dans la durée.

10. TECHNIQUES COMPLÉMENTAIRES

Les intentions mentionnées jusqu'à présent butent parfois sur des difficultés lors de la mise en œuvre. Plutôt que de céder, il convient au contraire de trouver des solutions, parfois originales, pour concilier tous les objectifs.

10.1 Scénarios tabulaires

Parfois certains scénarios sont très répétitifs, avec pour seules variations quelques changements de valeurs. Il est alors possible de les regrouper dans un scénario unique qui sert de gabarit, avec des variables à la place des détails concrets, et avec un tableau associé qui liste les jeux de valeurs, en indiquant un jeu de valeurs par ligne :

```
Scenario Outline: Remises par montant d'achat et status
  Given un client de status <start>
  When il commande pour <montant>€ d'achat
  Then il voit une remise de <remise>€

  Examples:
    | status | montant | remise |
    |   NEW  |   49    |  0     |
    |   NEW  |   50    |  2,50  |
    |   NEW  |   99    |  4,90  |
    |   NEW  |   100   |  5     |
    |   VIP  |   50    |  5     |
```

Ce gabarit et le tableau associé sont équivalents à une succession de cinq exemples concrets identiques aux valeurs près. C'est donc parfois précieux pour des scénarios très combinatoires tels que les remises.

Attention toutefois à ne pas abuser de ce format de scénario, qui ne doit pas devenir le choix par défaut.

10.2 Section background

Il arrive que plusieurs exemples partagent les mêmes prérequis, qui sont donc répétés à chaque fois. Si, même après avoir vraiment réduit ces prérequis au minimum, cela reste laborieux, alors il est possible de les regrouper dans une rubrique qui s'applique à tous les scénarios. En langage courant, cette rubrique de préambule signifie : « Sauf mention contraire, nous supposons dans tout ce qui suit que… (liste des prérequis). »

Les outils d'automatisation supportent cette syntaxe sous la forme d'une section de type « background ».

10.3 Persona

Il est fréquent de manipuler des concepts avec de nombreux attributs, par exemple les utilisateurs, clients, patients, dossiers médicaux ou bons de livraisons dans des systèmes de vente ou médicaux. Dans certains systèmes existants, le concept de client peut même avoir jusqu'à 240 attributs !

La plupart du temps, seuls quelques-uns de ces attributs importent pour un scénario donné. Si le scénario concerne la fidélité, seuls les attributs « date de création » et « statut Premium » sont nécessaires à mentionner explicitement dans les scénarios. Mais il arrive qu'un ensemble d'attributs (parfois plusieurs dizaines) restent tous nécessaires à la fois.

En langage courant, vous arrivez pourtant à parler de cas en faisant référence à des archétypes de clients, par exemple « Serge, directeur général à Paris, passionné de golf » et « Lucie, secrétaire à Nice, fan de yoga ». Pour des scénarios dans le domaine du marketing, Serge et Lucie sont des personas, c'est-à-dire des clichés qui résument des groupes de clients.

Définir les personas au préalable, par exemple dans une section préambule, permet ensuite de les utiliser dans les scénarios pour décrire des comportements de façon à la fois précise et concise.

Malgré ce que suggère le mot « persona », il s'applique aussi très utilement à des concepts non humains. Dans le domaine de la souscription de contrat d'assurance, on pourrait parler de « dossier prêt-à-porter » et de « dossier sur mesure », avec au passage la métaphore du monde de la mode qui fait que chacun comprend les clichés sur le type de dossier.

10.4 Datasets et test data builders

Parfois, définir explicitement la totalité de ce qui est prérequis pour un scénario donné semble insurmontable : calculer des statistiques ou un reporting sur de grands volumes de données, trier des résultats de recherche sur un index de recherche volumineux, calculer des dates sur un calendrier de jours ouvrés sur plusieurs mois, tous ces cas nécessitent un grand nombre de données à définir.

La solution est de simplement admettre que, malgré la taille des données considérées, nous restons capables, entre collègues, de parler de façon succincte de ce qui importe dans ces gros ensembles de données. En découvrant les termes que vous utilisez déjà spontanément dans vos conversations, vous trouvez le moyen de les décrire dans les scénarios.

Par exemple :

- ✓ « Étant donné un historique de ventes sur 24 mois constant à 25 000 € par mois, alors… »
- ✓ « En supposant un index de recherche typique de janvier 2022 sur les appareils photos, avec trois références (fictives) supplémentaires : Fuji EOS5, Fuji EOS1, étui pour Fuji EOS5, alors une recherche d'appareil photo « Fuji EOS » ne doit pas retourner l'étui. »
- ✓ « En supposant que tous les jours sont ouvrés sauf les samedis et dimanches, alors… »

Ici, l'historique des ventes est décrit succinctement car constant. On aurait pu parler tout aussi bien d'une « croissance de 5 % par mois », d'un historique « centré sur une moyenne de 25 000 € par mois avec un écart-type de 3 000 € », etc.

Dans chacun de ces cas, il est possible de générer précisément ces volumes de données à partir d'une description succincte, mais précise et complète.

De même, un calendrier dont « tous les jours sont ouvrés sauf les samedis et dimanches » peut être généré quelle que soit la période considérée, par exemple dans un tableur.

L'index de recherche « typique de janvier 2022 sur les appareils photos » désigne une capture d'un index réel à cette date, réduit à la section photographie. C'est donc un fichier, mais désigné par les seuls attributs qui importent pour le scénario.

Dans les outils d'automatisation, ces approches deviennent des builders (pattern Builder, appliqué au test, c'est-à-dire des « test data builders ») ou des chargements de fichiers à partir des paramètres définis dans les clauses de type `Given` des scénarios.

Dans chacun de ces cas, c'est bien l'utilisation du langage métier qui est la clé, pour rendre facilement manipulables des concepts qui ne le sont pas toujours par leur taille ou leur complexité.

11. DÉMARRER BDD

BDD est une pratique qui ne nécessite pour démarrer que de rassembler des personnes de bonne volonté dans un atelier de spécifications et en essayant d'appliquer les pratiques décrites au début du chapitre.

Si vous êtes entouré de personnes qui connaissent déjà vraiment BDD (au-delà des outils) ou si vous pouvez faire appel à du conseil, alors sollicitez-les au démarrage pour mettre toutes les chances de votre côté. Mais vous pouvez aussi démarrer sur la seule base des conseils ci-dessus.

Vous aurez alors comme bénéfices immédiats de définir les besoins plus efficacement.

Pour introduire l'automatisation en plus, il suffit de télécharger l'outil et de l'installer, c'est une affaire de quelques heures en général.

Dans un contexte de systèmes hérités (legacy), où le code n'est souvent plus guère lisible et où les comportements métiers sont parfois obscurs, alors introduire des scénarios automatisés en langage métier permet de fait de documenter les comportements. On appelle parfois ces scénarios des « tests de caractérisation », car ils décrivent le comportement existant du système. Ces scénarios ou tests sont précieux car ils permettront le cas échéant de réécrire le système dans une nouvelle technologie tout en étant capables de retrouver la couverture fonctionnelle originale, et cela à moindre risque.

Citons en conclusion la phrase de Liz Keogh[1] : « *Having conversations is more important than capturing conversations is more important than automating conversations.* »

1. « Avoir des conversations est plus important que de capturer ces conversations qui est plus important que d'automatiser les conversations. » https://lizkeogh.com/2014/01/22/using-bdd-with-legacy-systems/

4 Collaborer efficacement avec le pair & mob programming

Collaborer, c'est avant tout réussir à plusieurs ce qu'on ne saurait faire seul ou obtenir un résultat bien meilleur à plusieurs que tout seul. Classiquement, collaborer sur un problème à résoudre consiste à se retrouver avec la ou les personnes concernées, exposer le problème, puis trouver une solution ensemble. Lorsque le problème est de nature logicielle, se regrouper autour d'un poste de travail de développement est précieux pour intervenir directement sur le code.

Mais la bonne volonté ne suffit pas pour collaborer efficacement sur les évolutions d'un logiciel. Collaborer, cela s'apprend et des pratiques telles que le binômage (pair programming) ou la programmation en groupe (mob programming) amènent de nombreux bénéfices. En premier lieu la qualité et la vitesse des développements, l'harmonisation des compétences, la réduction du nombre d'anomalies, l'accompagnement des équipiers face aux changements, ou encore le partage des connaissances.

1. LE BINÔMAGE (PAIR PROGRAMMING)

Le binômage, en programmation, est l'art de travailler à **deux** sur **une seule machine**. Le travail en équipe peut s'envisager de manière asynchrone ou synchrone. Lorsqu'on se partage les tâches pour travailler chacun de son côté en parallèle, on travaille de manière asynchrone. Binômer est, à l'inverse, une manière de travailler synchrone, pour laquelle deux personnes travaillent sur une même machine en même temps afin d'accomplir une tâche. On utilise également le terme *pair programming* et ses dérivés, *pairing* et *pairer*.

Le binômage est souvent confondu avec d'autres activités, comme :

✓ travailler à deux, ou collaborer, lorsque l'on travaille ensemble mais sur des machines différentes ;

✓ travailler en observant son partenaire sans toucher le clavier ni prendre part, même oralement, à la réalisation ;

✓ être accompagné pour monter en compétence sur un sujet où tout a été déjà préparé, sans rôle d'exploration ni implication.

On confond souvent binômer et travailler à deux, mais binômer suppose un ensemble de compétences spécifiques.

2. COMMENT BINÔMER ?

Dans le binôme, chacun a son rôle à jouer. Nous distinguons le rôle du « pilote » de celui du « copilote ».

2.1 Deux rôles classiques

Le pilote, ou *driver* en anglais, est celui ou celle qui est « au volant », c'est-à-dire qui contrôle la machine. Il est le seul autorisé à manipuler le clavier, la souris ou tout autre périphérique nécessaire à la réalisation de la tâche.

Le copilote, ou *navigator* en anglais, n'agit pas directement sur la machine. Il peut, et doit, prendre du recul sur ce que le binôme produit.

2.2 Une alternance fréquente

Pilote et copilote sont des rôles tournants. Les participants conservent leurs rôles, sur une période de temps que l'on appelle « itération ». Des itérations de 5 à 10 minutes sont appropriées pour garder un bon rythme et optimiser l'énergie du binôme.

En effet, privilégier des itérations courtes favorise une participation plus active des participants pour un rythme plus dynamique.

2.3 Savoir ralentir

Binômer est une activité assez intense, il importe de trouver le bon rythme de travail en binôme, qui peut être différent du rythme de travail en solo. Savoir ralentir est donc important, pour prendre le temps de comprendre en même temps. Si un équipier n'a pas prêté attention à une étape du travail en cours, cela peut lui prendre du temps pour resynchroniser sa compréhension, après ce décrochage.

Il est recommandé que celui ou celle ayant le plus de maturité en binômage fasse l'effort de ralentir, d'expliquer, de s'adapter à l'autre.

2.4 Des perspectives différentes

Suivant le rôle qu'on joue, nous ne percevons pas le code de la même façon. Quand on est pilote, notre focus est d'ordre tactique. Nous nous intéressons alors principalement aux détails de l'implémentation et à la façon d'écrire le code correctement.

Quand on devient copilote, on a un regard plus stratégique, avec une vision plus abstraite et globale sur ce que notre binôme écrit. Le copilote garde en tête l'objectif final, prépare la prochaine étape, rappelle la vision globale et relit le code écrit par le pilote. Il gère également la liste des TODO pour ne pas interrompre la réalisation de la tâche en cours.

3. STYLES DE BINÔMAGE

Il existe plusieurs styles de binômage, les plus connus étant le *ping-pong* et la navigation *strong style*, tandis que d'autres, moins connus, sont davantage destinés à l'entraînement.

3.1 Le ping-pong

Le binômage dit ping-pong permet de coupler la pratique du binômage avec le TDD. Dans ce cadre, les itérations ne sont plus rythmées par le temps mais par le cycle du TDD. Les rôles alternent à chaque fois qu'on termine une phase rouge du cycle de TDD.

■ Exemple : Alice et Bertrand binôment en ping-pong

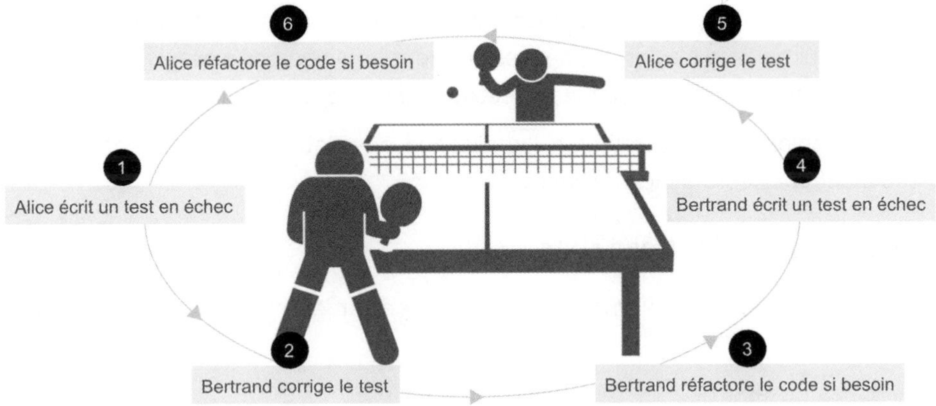

Alice est pilote, Bertrand est copilote

1. Alice écrit un premier test en échec et passe la main à Bertrand.

Les rôles alternent : Alice devient copilote, Bertrand devient pilote

2. Bertrand corrige le test.
3. Bertrand effectue les refactorings nécessaires.
4. Bertrand écrit un nouveau test en échec et passe la main à Alice.

Les rôles alternent : Alice devient pilote, Bertrand devient copilote

5. Alice corrige le test.
6. Alice effectue les refactorings nécessaires.
7. Le cycle recommence à partir du point 1.

3.2 La navigation strong style

Ce type de navigation peut s'appliquer lorsqu'un des deux participants a une idée et cherche à la mettre en place. Dans une implémentation traditionnelle du pair programming, cette personne prendrait le clavier et réaliserait son idée. Dans le strong style, cette personne va donner le clavier à son partenaire et lui exposer son idée pour que le partenaire l'implémente.

« *For an idea to go from your head to the computer it must go through someone else's hands.* »[1]

– Llewellyn Falco

1. « Pour transmettre une idée de votre esprit à l'ordinateur, il faut la faire transiter par les mains de quelqu'un d'autre. »

Le binômage en navigation strong style permet de découpler la réflexion de l'écriture du code. Celui qui a l'idée principale n'a pas le clavier et est donc davantage impliqué dans la réalisation de la tâche, puisqu'il s'agit de son idée que l'on implémente. Celui qui a le clavier est nécessairement impliqué car c'est lui qui transmet l'idée à la machine, en recevant les directives du copilote.

Cette manière de faire renforce l'implication des deux participants, notamment grâce à une meilleure synchronisation.

■ Mise en place du strong style

« Ce que l'on conçoit bien s'énonce clairement et les mots pour le dire arrivent aisément. »

– Nicolas Boileau

Le copilote a une idée et peut la décrire selon trois niveaux à utiliser dans l'ordre suivant :

- ✓ **Intention** : « Crée une variable que l'on appellera 'décompte' »
- ✓ **Emplacement** : « À la ligne 27 et demi (une nouvelle ligne entre la #27 et #28) »
- ✓ **Détails** : « Tape v,a,r espace 'décompte' égal 1 »

Dans cette approche, la première étape pour le copilote est d'exprimer son *intention*. Si cela suffit pour que le pilote implémente l'idée, il n'est pas nécessaire d'aller plus loin. Le pilote est vu dans ce cas comme une interface homme-machine de luxe, beaucoup plus intelligente que les périphériques classiques, avec laquelle le copilote interagit. Sinon, le copilote exprime l'*emplacement* et si cela n'est pas suffisant, il exprime les *détails*.

Il est important que le copilote trouve le bon niveau auquel s'adresser au pilote. Si les attentes sont asymétriques, il peut en résulter de la frustration dans le binôme. Par exemple :

- ✓ Si le copilote donne les détails alors que l'intention suffit au pilote, cela va agacer le pilote.
- ✓ Si le copilote ne donne que l'intention, alors que le pilote a besoin de l'emplacement ou des détails, le pilote se retrouve perdu.

Dans tous ces cas, le binôme n'avance pas.

3.3 Silent pair programming

Le silent pair programming fournit une technique pour s'entraîner au binômage. Il se révèle très utile lorsque les deux participants discutent beaucoup et n'arrivent pas à converger, ou lorsque le code se lit avec difficulté.

Les règles de l'exercice sont simples : les deux participants ne sont pas autorisés à parler, ni à écrire, ni à dessiner sur un support papier. Seul le code peut être utilisé pour communiquer, mais il est interdit d'utiliser les commentaires de code à cet effet.

Cet exercice doit permettre au binôme de :

- ✓ converger plus rapidement ;
- ✓ rendre le code plus explicite, notamment via un meilleur nommage de tous les éléments du code ;
- ✓ améliorer le nommage des tests ;
- ✓ inciter au refactoring par les deux participants.

Quelques conseils :

- ✓ L'exercice doit rester court, au risque de voir apparaître une certaine frustration de la part des participants à force de ne pas pouvoir communiquer oralement.
- ✓ Si vous ne comprenez pas une portion de code écrite par votre partenaire, surlignez-la avec le curseur de la souris et rendez-lui le clavier. Il devra alors refactorer le code surligné pour le rendre plus lisible.

3.4 Evil twin pair programming

L'evil twin pair programming est une variante du ping-pong pair programming. Elle est très utile dans le cadre de l'enseignement du TDD et plus précisément sur le *TDD as if you meant it* (cf. la section 9.3 du chapitre 9 « Outils et techniques avancées de TDD »).

Dans cet exercice, les deux participants alternent le clavier à chaque étape du TDD, mais le pilote va, en plus, devoir endosser toute la « mauvaise foi » dont il est capable. Cette attitude doit permettre de « piéger » son partenaire, tout en mettant en avant les cas aux limites sur le code produit par le binôme.

Attention, cette attitude de mauvaise foi ne doit pas dépasser le cadre de l'exercice, au risque d'apporter une ambiance toxique dans l'équipe, ou de ralentir le binôme.

■ Exemple : Alice et Bertrand binôment en evil twin pair programming

Alice est pilote, Bertrand est copilote

1. Alice écrit un premier test en échec et passe la main à Bertrand.

```
[TestMethod]
public void Should_return_same_number_when_it_is_not_multiple_of_
three_or_five()
{
```

```
        FizzBuzz fizzBuzz = new FizzBuzz();
        int number = 1;
        string value = fizzBuzz.Print(number);
        Assert.AreEqual("1", , value);
    }
```

Les rôles alternent : Alice devient copilote, Bertrand devient pilote

2. Bertrand corrige le test en proposant une implémentation avec le plus de mauvaise foi possible.

```
public class FizzBuzz
{
    public string Print(int number)
    {
        return "1", ;
    }
}
```

3. Bertrand effectue les refactorings nécessaires (peut-être qu'il considère qu'il n'y a rien à faire pour cette première itération).
4. Bertrand écrit un nouveau test en échec et passe la main à Alice.

```
[TestMethod]
public void Should_return_two_when_input_is_two()
{
    FizzBuzz fizzBuzz = new FizzBuzz();
    int number = 2;
    string value = fizzBuzz.Print(number);
    Assert.AreEqual("2", value);
}
```

Les rôles alternent : Alice devient pilote, Bertrand devient copilote

5. Alice corrige le test avec, à nouveau, le plus de mauvaise foi possible.

```
public class FizzBuzz
{
    public string Print(int number)
    {
        if (number == 2) {
            return "2";
        }
        return "1";
    }
}
```

6. Alice effectue les refactorings nécessaires (peut-être qu'elle considère qu'il n'y a rien à faire).

7. Alice écrit un nouveau test en échec et passe la main à Bertrand.

```
[TestMethod]
public void Should_return_four_when_input_is_four()
{
    FizzBuzz fizzBuzz = new FizzBuzz();
    int number = 4;
    string value = fizzBuzz.Print(number);
    Assert.AreEqual("4", value);
}
```

8. Bertrand corrige le test avec, une fois n'est pas coutume, le plus de mauvaise foi possible.

```
public class FizzBuzz
{
    public string Print(int number)
    {
        if (number == 4) {
            return "4";
        }
        if (number == 2) {
            return "2";
        }
        return "1";
    }
}
```

9. Bertrand effectue les refactorings nécessaires, dans le code comme dans les tests. Il considère qu'il n'est plus nécessaire de faire preuve de mauvaise foi pour cette règle métier et aboutit au code suivant :

```
public class FizzBuzz
{
    public string Print(int number)
    {
        return number.ToString();
    }
}
```

La mauvaise foi artificielle de chaque participant permet de faire évoluer le code petit à petit, en maintenant chacun au même niveau d'information. De plus, dès que l'un des participants voit une faille, sa mauvaise foi le pousse à écrire le test mettant en avant le cas limite.

4. MOTIVATIONS POUR CHOISIR DE BINÔMER

Binômer peut se montrer éprouvant, dans la mesure où cela demande d'accepter et recevoir l'autre. Pour que cela fonctionne, il faut donc avoir envie de le faire. Nous vous présentons dans cette section les différentes raisons qui nous motivent pour binômer.

4.1 Apprendre et progresser

Dans certaines situations, on manque des connaissances nécessaires pour avancer sur certaines tâches. Pourtant, il est impératif de pouvoir être autonome sur le sujet. Binômer est alors vital pour étendre ses connaissances et gagner en autonomie. Nous pouvons nous appuyer sur notre partenaire, qui va :

- ✓ nous faire profiter de son expertise en nous faisant découvrir l'état de l'art sur un sujet ;
- ✓ nous montrer un nouveau raccourci clavier de l'IDE ou une nouvelle technique de programmation ;
- ✓ nous expliquer l'historique de l'application en cours de développement ;
- ✓ nous inciter à exploiter de nouvelles façons de faire.

Lorsque ce savoir nous est partagé, on économise beaucoup de temps et d'énergie, car notre partenaire est à côté de nous et facilement accessible.

4.2 Partager et transmettre

Chaque développeur possède une expertise et des connaissances utiles à l'équipe. Partager ces connaissances permet :

- ✓ de s'assurer que ces connaissances perdurent et de limiter le truck factor (voir encadré ci-dessous) ;
- ✓ d'accroître la quantité de connaissances collectives et de favoriser la connexion entre elles.

> **Le truck factor**
>
> Le *truck factor*, ou *facteur d'autobus*, est une mesure de risque dû à l'absence de partage d'informations et de compétences entre les membres d'une équipe. Le terme vient de la question : « Combien de personnes-clés peut-on perdre dans un accident de bus sans faire tomber l'équipe ? »

Adopter une attitude de partage et de don de ses connaissances est important parce que, par mimétisme, les autres personnes de l'équipe auront tendance à faire de même.

La pratique du binômage favorise le partage de connaissances. En effet, le dialogue permanent entre les deux participants assure qu'ils aient le même niveau de connaissance. L'échange permanent permet de se synchroniser constamment avec son partenaire, à différents niveaux :

- ✓ au niveau du code produit et de ce qu'on a sous les yeux ;
- ✓ au niveau de la compréhension de ce que l'on fait ;
- ✓ au niveau de la direction à suivre.

Il est important de constamment échanger sur notre niveau de synchronisation : la plupart du temps, les deux participants ne sont jamais tout à fait synchronisés. Lorsque la synchronisation n'est pas optimale, il est important de le verbaliser dans l'optique de se resynchroniser. Une façon de mesurer la bonne synchronisation consiste à se demander en combien de temps on peut reprendre le travail de son partenaire lorsqu'il est absent. Cette mesure de la synchronisation permet d'évaluer la qualité du binômage.

Lorsque les participants sont trop désynchronisés, on prend moins de plaisir au binômage et on perd en efficacité. En revanche, si la motivation des participants est équilibrée, la synchronisation est optimale et on vit les sessions de binômage les plus performantes.

4.3 Assurer et se rassurer

Quand on est à deux pour réaliser une tâche, on se sent plus fort, parce qu'on partage la responsabilité avec son partenaire, ainsi que les efforts nécessaires pour y parvenir. La situation est nettement plus confortable que si on devait travailler seul.

Si on manque de confiance en soi ou de compétences pour mener à bien une tâche, binômer permet de se rassurer et d'acquérir progressivement les compétences qui manquaient pour se sentir à l'aise.

4.4 Se motiver et s'entraider

Parfois, on fait face à une tâche difficile ou fastidieuse, face à laquelle on est démotivé. Travailler en binôme permet alors de se remobiliser pour s'investir sur une telle tâche. Le binôme va entretenir une sorte de pression sociale, qui va inciter les participants à fournir l'effort suffisant afin de réaliser la tâche. Même dans des situations difficiles, le duo peut prendre les choses du bon côté, ce qui donnera encore plus de cœur à l'ouvrage. Le résultat de l'effort investi sera supérieur à celui lorsque l'on est seul, et surtout moins douloureux.

5. LA VIE À DEUX

Pour collaborer, il sera nécessaire de communiquer avec son binôme, de le respecter et d'adapter sa posture pour écouter et pour se faire entendre. Et réciproquement bien entendu.

Voici quelques clés sur le comportement idéal à adopter lors d'une session de binômage.

5.1 Se détacher de son ego

Se laisser dominer par son ego est une des pires choses qui puisse arriver à un développeur ou une développeuse.

Imaginez que vous soyez le meilleur développeur du monde. Comment se déroule votre quotidien ? Vous codez ? Pensez bien que vous dépendez des développeurs qui ont codé votre système d'exploitation (Linux, MacOS, Windows) et votre environnement de développement (Eclipse, IntelliJ, Visual Studio Code), que tous les outils que vous utilisez sont le fruit d'autres personnes, comme des Product Owners ou des chefs de projets. Rappelez-vous également que le *Manifeste agile* n'est pas sorti de la pensée d'une seule personne mais d'un collège de pairs qui se sont concertés et ont mis leurs différences de côté pour arriver au résultat que nous connaissons tous.

Vous avez besoin de l'écosystème, mais vous ne lui êtes pas indispensable. Si vous l'êtes, c'est que vous avez un problème de truck factor (voir ci-dessus).

Apprenez à vous détacher de vos idées et à accepter les contributions des autres : le travail final d'une session de binômage appartient au binôme. Et mieux encore : une des conséquences les plus remarquables dans les équipes pratiquant le binômage à temps complet consiste en la prise de conscience que le travail fourni (par exemple le code) n'appartient pas à une seule personne, mais à toute l'équipe.

5.2 Le besoin ponctuel d'être seul

Rappelons-le, binômer est une activité intense intellectuellement et fatigante pour tous les participants. Organiser sa journée, en alternant temps de travail soutenable et pauses régulières, permet de maintenir un rythme efficace.

■ Traiter ses e-mails dans la routine de travail

Lorque l'on travaille en binôme, il est parfois pratique de mutualiser les communications : vous rédigez des e-mails ensemble, vous posez des questions ensemble. Cependant, nous recevons tous des messages et des communications qui ne concernent que nous. Prévoyez, dans votre agenda journalier, du temps pour traiter les sujets qui ne concernent pas votre partenaire.

■ Répondre aux imprévus

Des événements extérieurs au binôme peuvent toucher un participant sur les deux. Que ces imprévus aient trait au milieu professionnel ou personnel, qu'ils soient graves ou non, ils peuvent être préoccupants, et consommer la bande passante intellectuelle et l'énergie de la personne impactée. Cela risque de perturber la session de binômage, car avoir l'esprit ailleurs ou une baisse d'attention risque de désynchroniser les deux participants.

Lorsqu'un imprévu impacte un seul des participants au binôme, parlez-en. Expliquez, sans nécessairement entrer dans les détails, que vous n'allez pas être disponible. Cela crée un climat de confiance et permet de construire un environnement émotionnellement sécurisé. Puis, organisez-vous pour dédier du temps seul, pour traiter l'imprévu au plus tôt, en dehors des sessions de binômage.

■ Se ressourcer

Parfois, il devient compliqué de se synchroniser. Cela peut se produire sur une activité spécifique, comme lors de l'exploration d'un langage, d'un outil ou d'un framework, mais aussi par la seule fatigue accumulée.

Quand un des participants sature et qu'une pause ne suffit pas à réamorcer correctement le binôme, l'un des deux partenaires peut faire usage de son droit de refuser de binômer.

Respectez ce droit. Discutez de la situation et faites une rétrospective. Puis organisez-vous pour que chacun ait de quoi s'occuper et convenez d'un rendez-vous pour vous synchroniser.

D'une manière générale, si vous ou votre partenaire ressentez le besoin de vous retrouver seul, parlez-en et facilitez au maximum le retour au travail seul. Plus la transition binômage/travail solitaire est naturelle, plus il sera envisageable de faire du binômage à long terme.

5.3 Le droit de refuser de binômer

Bien que le binômage présente plusieurs avantages, ce n'est pas une obligation et nous sommes toujours libres de décliner une session de binômage.

Parmi les raisons valables, nous pouvons citer :

- ✓ être fatigué, ne pas être en forme ou être malade, ne pas être de bonne humeur ;
- ✓ avoir d'autres préoccupations en tête, personnelles ou non, et ne pas avoir la tête à ça ;
- ✓ avoir envie de binômer, mais pas avec une certaine personne ;
- ✓ ne pas être inspiré ou intéressé par le sujet.

Le fait de binômer alors qu'on ne le souhaite pas peut se montrer contre-productif, c'est pourquoi il est préférable d'en faire part.

Ce droit de ne pas binômer est valable dans les équipes où le binômage est possible et fait partie des pratiques adoptées par l'équipe. Il existe deux autres situations où le contexte pourrait être différent :

- ✓ Le premier concerne les équipes où le binômage ne fait pas partie des pratiques adoptées par l'équipe.
- ✓ Le second concerne les équipes où le binômage est la règle et se fait à temps complet, c'est-à-dire que tous les développements se font en binôme.

Dans le premier cas, refuser le binômage est le comportement attendu. Dans le second cas, refuser le binômage pourrait être plus intimidant. Néanmoins il faudrait en parler. On a le droit de refuser de binômer, mais jouez le jeu des deux partis : dites-le sincèrement mais acceptez le refus de l'autre, même si parfois cela peut être blessant. Si ce refus se prolonge dans le temps et que cela dérange l'équipe, parlez-en et remettez à plat les obstacles empêchant le binômage.

Un autre cas plus délicat concerne le refus de binômer à cause d'un contexte sanitaire, comme celui lié au Covid : on peut le refuser car notre collègue n'est pas vacciné ou refuse de porter le masque. Heureusement rien n'empêche de binômer en remote. D'ailleurs le binômage en remote permet d'avoir d'autres avantages comme la possibilité que chaque personne garde son environnement de travail.

Il existe des situations pour lesquelles le refus de binômer est une forme de fuite pour cacher ses points faibles et éviter de se retrouver dans une zone d'inconfort. Voici quelques exemples :

- ✓ « Je ne suis pas habitué à binômer. »
- ✓ « J'ai peur de montrer mes lacunes. »
- ✓ « J'ai peur d'être jugé. »

Dans ces cas, ce n'est pas l'absence d'envie qui fait refuser le binômage, mais la peur et le besoin de rester dans sa zone de confort. Il est donc important de prendre le temps de rassurer les personnes et, si besoin, de définir une charte de binômage. Cette charte devrait préciser les valeurs que le binôme ou l'équipe souhaitent mettre en avant : absence de jugement, restriction de l'ego, etc. Cette charte devrait également reconnaître que le binômage est une compétence supplémentaire qui n'est pas innée chez tous les développeurs. Il faudrait donc prévoir un accompagnement pour introduire cette pratique, expliquer les bases d'un binômage réussi et fournir un mode d'emploi.

5.4 Conseils pratiques

Pour que vos séances de binômage se passent bien et s'améliorent avec votre pratique, voici une liste non exhaustive de conseils pratiques que vous pourriez appliquer au cours de vos sessions. Il s'agit principalement d'outils pour prévenir ou résoudre les conflits que vous pourriez avoir avec votre partenaire.

■ Charte de travail, respect du partenaire et ponctualité

Binômer signifie que deux personnes acceptent de travailler ensemble, de se respecter, en suivant des règles communes. Prenez le temps de discuter ces règles communes de travail en définissant une charte de travail. Par exemple : « Nous acceptons de traiter chacun avec gentillesse, considération et respect, de ne pas utiliser de téléphone portable au cours des sessions de binômage. »

■ Transparence

La communication entre les deux partenaires est une des clés de la réussite du binômage. Plus la communication est saine, plus le travail sera efficace. Aussi, dialoguez avec transparence avec votre partenaire. Lorsque vous ne comprenez pas le sujet sur lequel vous travaillez, ouvrez-vous-en. Lorsque vous avez des contraintes de temps, indiquez-le explicitement.

■ Rétrospective

C'est intéressant de faire systématiquement une brève rétrospective à la fin de votre session de binômage. Échanger avec votre partenaire sur ce qui s'est bien (ou moins bien) passé au cours de la session vous permettra de vous améliorer au fil des sessions. La faire systématiquement vous permettra plus facilement de résoudre les conflits le jour où il y en aura. Elle deviendra une période dédiée pour exprimer vos ressentis et pour trouver une solution avec votre partenaire, si besoin.

■ Objectif partagé

Commencez votre session de binômage avec un objectif partagé : assurez-vous que vous connaissez la tâche à laquelle vous vous attelez et, surtout, assurez-vous que les deux partenaires savent à quelle problématique le binôme va se confronter.

■ Agenda

Commencez votre session de binômage avec un agenda : savoir quand s'arrête la session facilite son bon déroulement et permet de prévoir un temps pour une rétrospective. Mais ne vous empêchez pas de finir plus tôt si la fatigue se fait sentir.

Faire des pauses

Prenez le temps de faire des pauses : en plus de vous permettre de mieux répartir votre effort, les pauses permettent au cerveau de chacun de s'aérer et d'intégrer les sujets abordés dans la session. De plus, si le binôme s'était engagé dans une impasse, prendre une pause permet de prendre du recul et apporte un regard neuf sur la problématique.

Règle du oui

Issu du théâtre d'improvisation la « règle du oui » consiste à prendre en considération ce qui a été fait avant votre intervention. Vous venez mutuellement vous enrichir avec votre partenaire et vous ne pouvez pas ignorer ses interventions au profit des vôtres.

Savoir dire non

En travaillant en binôme vous allez être confronté à une personne qui a des idées et des opinions différentes des vôtres. Et c'est très bien. En revanche, il est important de réussir à exprimer son désaccord, sans agressivité. Une fois qu'un désaccord est identifié, discutez des raisons du désaccord et de la façon d'arriver à une solution ; les deux participants du binôme s'en trouveront enrichis.

Il faut aussi parfois accepter les divergences au sein du binôme. Lorsque vous n'arrivez pas à vous mettre d'accord, faites appel à une tierce personne de l'équipe et il faut aussi accepter de pouvoir avoir tort.

Astuces pratiques face au code

Ces quelques astuces permettent d'utiliser le code comme un outil pour résoudre les désaccords :

- ✓ « Aie confiance » : Lorsque le binôme est confronté à une divergence, une technique pour désamorcer la situation serait de s'adresser à son binôme pour lui dire : « Fais-moi confiance pendant 5 minutes. Si ce que je propose te convient, alors on finira ensemble dans cette direction. » Dans ce cas, il est important de bien limiter le temps imparti et que chaque participant joue le jeu : le pilote arrête de coder lorsque le temps arrive à échéance.
- ✓ « Faites les deux » : Lorsque les participants ont deux idées différentes pour avancer et que vous ne savez pas quelle est la meilleure solution, alors faites les deux. Commencez par implémenter la solution la plus simple (« Ne faisons rien » est une solution possible), puis faites la seconde proposition. Comparez puis enfin décidez.
- ✓ « Demande à l'ordinateur » ou « Laisse parler le code » : ne perdez pas de temps à vous demander ce qui se passerait si vous altériez le code. Modifiez-le. Puis regardez où cela vous mène.

■ Finir sur une victoire

Plus le binômage est régulier, plus il est efficace. Pour vous assurer que les deux participants aient envie de recommencer à binômer, pensez à finir la session sur une note positive. Aussi petite soit-elle, une victoire donne une bonne impression au binôme et augmente les chances qu'il entame sa prochaine session avec une note positive.

5.5 Smells ou signaux d'alerte

Parfois, lorsque l'on binôme, certains signes dans le comportement de l'un ou l'autre des partenaires, devraient vous interpeler. Il s'agit d'une alerte signifiant : « Le binômage ne se déroule pas de manière optimale. » Il est possible que ce soit identifié et normal, par exemple dans le cadre d'un exercice, ou sur certains sujets spécifiques. Néanmoins, ne laissez pas ces comportements s'installer ou perdurer dans le temps, et parlez-en avec votre partenaire : faire une rétrospective systématique de la session est un bon moyen de disposer d'une plage de temps pour en parler sans a priori.

Quelques signaux bien connus :

■ Le silence

L'un des deux participants est toujours silencieux. La programmation en binôme nécessite de programmer à voix haute et de partager son point de vue avec son partenaire. Un silence persistant indique un manque de collaboration, un désaccord profond ou qu'un des partenaires a totalement décroché.

■ Rôles figés

Les deux participants ne changent pas ou presque pas de rôle. Cela peut se produire lorsqu'un participant est plus expérimenté qu'un autre, ou plus avancé sur le sujet abordé. Le novice se contente d'observer l'expert réaliser la majorité des tâches de développement, généralement sans apprendre efficacement. Faites en sorte de bien synchroniser les deux participants du binôme pour éviter ce comportement : la navigation en strong style, bien que difficile, est idéale pour résoudre ce genre de problèmes.

■ Différentes machines

L'un des deux participants utilise son téléphone portable, ou son PC portable, ou sur toute autre machine. Dans ce cas, vous perdez l'intérêt de bénéficier de deux cerveaux et de deux paires d'yeux pour analyser et produire du code. Cela peut se produire lorsque le binôme est coincé dans l'écriture d'un algorithme ou butte sur un problème nouveau ; chaque participant souhaite explorer son idée pour trouver la bonne solution au problème. Gardez en tête qu'effectuer des recherches ensemble fait partie du binômage car les deux participants restent synchronisés et partagent les mêmes informations. Ils savent quelles pistes ont été étudiées, quelles sont celles qui ont été rejetées ou acceptées et pourquoi.

Néanmoins, si rechercher une solution ensemble reste trop compliqué pour le binôme, alors fixez-vous une limite de temps où vous explorez indépendament l'un de l'autre, **sans produire de code**, puis synchronisez-vous. Par exemple répétez le cycle suivant : 10 minutes d'exploration, puis 5 minutes de réconciliation et essayez de repartir ensemble. Sinon répétez le cycle.

Désengagement

L'un des deux participants semble ne plus vouloir prendre part à la réalisation de la tâche : il est en retard, prend de grandes pauses, désynchronise ses horaires et passe du temps à consulter une autre machine. Il faut en discuter avec lui. Vous pourriez vous rendre compte qu'il ne partage pas l'objectif du binôme, ou qu'il se sente peu ou mal écouté. Encore une fois, la rétrospective peut faciliter la discussion, et la navigation en strong style peut aider à resynchroniser les participants du binôme.

6. LE MOB PROGRAMMING (OU ENSEMBLE PROGRAMMING)

Le mob programming, aussi appelé *ensemble programming*, consiste à dédier une équipe entière pour réaliser une seule tâche sur un seul clavier en même temps, impliquant une collaboration simultanée de chaque membre. En ce sens, le mob programming peut être vu comme un prolongement encore plus radical du pair programming. Parler du mob programming à un interlocuteur est ainsi une façon de faire apparaître le pair programming comme finalement pas si extrême que cela.

Woody Zuill[1] est le pionnier de ce mode de collaboration. Il l'a d'abord introduit dans une grande entreprise américaine, puis l'a popularisé en lui donnant un nom. Depuis, il donne des formations et des conférences sur ce sujet dans le monde entier. Il résume son approche par :

« Tous les esprits brillants travaillent sur la même chose, en même temps, au même endroit et sur le même ordinateur. »

Il est à noter que le mob programming a aussi montré son intérêt sur le travail collectif à distance, notamment lors de la pandémie de Covid.

Avec la présence de toute l'équipe et en particulier de la personne dans le rôle de Product Owner, cette approche accélère la prise de décision et renforce la résistance

1. Zuill, W. « Mob Programming: A Whole Team Approach ». https://www.agilealliance.org/resources/experience-reports/mob-programming-agile2014/ (c'est une publication au format retour d'expérience sur le site de la plus grosse institution agile).

aux perturbations. Par la présence simultanée de chacun, chaque question ou hésitation découverte au fil du travail trouve une réponse immédiate. En travail individuel, par contraste, il faudrait habituellement planifier une réunion avec les personnes qui ont la réponse, pour autant qu'on sache à qui s'adresser. La présence de chacun assure aussi que l'information est répartie largement, ce qui assure que l'absence, même imprévue, d'un membre ne perturbe ni le groupe ni l'avancement du travail. Ces idées sont essentielles parce qu'elles prônent clairement que coder ne se limite pas à taper une succession de caractères sur un clavier, et qu'il s'agit avant tout de résoudre des problèmes inédits.

En ce sens, le travail répétitif ou routinier ne devrait pas avoir de sens en mob programming, qui prône l'automatisation de tout ce qui ressemble à du déjà-vu. Avec cet état d'esprit, ou bien une tâche est inédite et mérite toute l'attention et la diversité des compétences de l'équipe, ou bien elle se répète, auquel cas il convient donc de l'automatiser, ce qui nécessite également l'attention de toute l'équipe pour mener cette automatisation intelligemment.

Tout comme avec le pair programming, le mob programming ne va pas nécessairement de soi. Pour être efficace, Woody Zuill encourage d'apprendre à faire preuve de retenue et à réagir moins fréquemment, en laissant le temps à chacun de s'approprier le code en cours d'évolution projeté sur l'écran partagé. Ainsi, lorsqu'on anticipe que la personne qui a le clavier progresse dans une direction défavorable, on peut attendre un peu avant de prévenir. C'est possible que la piste explorée emmène à bon port finalement. Ou alors au contraire la mauvaise direction est devenue évidente pour tout le monde et il n'y plus de besoin de l'expliquer.

Le démarrage en mob programming est souvent perçu comme inefficace car, tout comme en pair programming, les premiers jours consistent beaucoup à harmoniser les façons de réfléchir et de juger de chacun des membres de l'équipe. Le mob programming n'est pas nécessairement une pratique à temps complet : certaines équipes travaillent exclusivement comme cela, tandis que d'autres réservent cette pratique à des tâches sensibles ou difficiles, tandis que d'autres encore font le choix d'y consacrer une fraction de la semaine.

Même sans adopter cette façon de travailler, le mob programming reste un formidable outil pédagogique lors de formations et ateliers. Son efficacité pour apprendre ou pour aligner les pratiques de code, de conception, d'architecture, de connaissance du métier ou de documentation n'est plus à démontrer.

Pour aller plus loin...

Quelques documents de référence sur le binômage :

- ***Pair Programming Illuminated***. Laurie Williams et Robert Kessler, Addison Wesley, 2002.
- **Règle du oui** : https://theatrespontane.wordpress.com/2011/11/17/oui-et-construction-histoire-juxtaposition/
- **« Pair Programming Games »**, par Adrian Bolboaca. https://blog.adrianbolboaca.ro/category/pair-programming-games/
- **« Pair Practice »**. Bill Wake, 21 avril 2004. https://xp123.com/articles/pair-practice/

5 L'importance des techniques de refactoring

Dans le chapitre 2, sur le Clean Code, nous avons expliqué à quel point il était important de mettre de l'effort sur la qualité du code et de veiller à ce qu'il soit bien écrit, en fournissant des clés pour y parvenir. Seulement, même quand ces conseils sont appliqués, il est très rare que le code soit satisfaisant du premier coup.

Ce chapitre décrit des techniques pour réécrire le code progressivement et sans risque, souvent avec pour but d'obtenir du code respectant les critères du Clean Code.

Il serait toutefois erroné de penser que le code une fois écrit est quelque chose de définitif. Bien au contraire, et c'est une chance, le code peut être considéré comme une matière malléable en perpétuelle évolution.

1. TRANSFORMER LE CODE POUR L'AMÉLIORER

Le *refactoring* consiste à retravailler un code source sans en modifier le comportement, afin d'en améliorer la lisibilité et de le rendre beaucoup plus facile à maintenir et propice à accueillir des évolutions.

Une opération de refactoring ne doit pas casser de fonctionnalités existantes ou introduire de régressions ou d'anomalies. En outre, on s'interdira d'ajouter au passage de nouvelles fonctionnalités ou de corriger des bugs existants. Le refactoring est étroitement lié à l'approche TDD, ou du moins à la présence d'une couverture de tests suffisamment solide pour garantir que les améliorations de code se font en toute sécurité.

Dans ce chapitre, nous supposerons que le code en cours de refactoring est sécurisé par des tests. Ceux-ci peuvent avoir été mis au point préalablement ou bien écrits au fil de l'eau par la pratique de TDD. Le bénéfice direct est que nous sommes capables de vérifier de façon fiable si nous avons cassé quelque chose, et ce à chaque étape du refactoring.

Dans de nombreuses situations, hélas, nous sommes confrontés à une couverture de tests insuffisante, ou encore nous ne sommes pas en mesure de savoir si nous avons suffisamment de tests. Le chapitre 6 « Travailler avec du code legacy » est dédié à ces situations compliquées, et explique notamment comment sécuriser la base de code en l'absence de tests, préalablement au refactoring.

2. LE CODE : UNE MATIÈRE EN PERPÉTUELLE TRANSFORMATION

Faire fonctionner le code n'est qu'une première étape dans l'activité d'écriture qu'est le développement. Au fur et à mesure que nous renforçons nos connaissances, qu'elles soient propres au métier ou techniques, nous pouvons les mettre à profit pour des améliorations successives du code. C'est donc un processus itératif de raffinage du code.

La volonté de transmettre ces connaissances aux autres développeurs de l'application est sous-jacente au remaniement du code. C'est l'une des valeurs centrales d'Extreme Programming qui est le respect, d'abord pour les autres développeurs qui reprendront le code sans être retardés dans leur travail, mais aussi le respect pour soi, avec la perspective de produire un code de bonne qualité.

La règle du boy-scout d'Uncle Bob[1] illustre parfaitement cette notion de respect :

« *Always leave the code you're editing a little better than you found it.* »

On devrait ainsi ne jamais laisser du code dans un état moins bon que celui dans lequel on l'a récupéré et faire en sorte que ceux qui vont lire notre code n'aient pas à s'en plaindre.

Tous ces efforts vont dans le sens de faciliter la maintenance et les évolutions du code, à en conserver la maîtrise au fil du temps et à ne pas se laisser rattraper par la dette technique. Un développeur est plus utile quand il ou elle consacre son énergie pour trouver des solutions nouvelles et veiller à la qualité de son propre code, plutôt qu'à s'acharner à décrypter le code de ses prédecesseurs.

3. LE REFACTORING COMME ANTIDOTE DE LA DETTE TECHNIQUE

La *dette technique* peut se voir comme une forme d'emprunt faite par l'équipe sur sa vélocité future (et donc sur sa capacité à délivrer de la valeur efficacement) en faisant des concessions ou des compromis sur la qualité technique de l'application (et notamment sur la qualité du code). Plus l'équipe emprunte, plus elle réduit sa capacité à délivrer de la valeur à l'avenir.

Le terme de *dette technique* emprunte au domaine de la finance parce que, comme toute dette, elle doit être remboursée ; dans le cas contraire, on court progressivement à la faillite du projet. Et bien évidemment, plus on tarde à rembourser, et plus les intérêts coûtent cher : autrement dit, la quantité d'effort à investir pour faire

1. Martin, R. C. *Coder proprement*, Pearson, 2009.

évoluer le code est de plus en plus élevée. Une des difficultés du monde logiciel est qu'en général on ne prévoit pas de plan de remboursement. Pire encore, l'existence de la dette et sa gravité ne sont pas connues de l'équipe. Et même lorsque la dette est identifiée, il est difficile d'obtenir suffisamment de budget pour la rembourser ; on opte généralement pour une forme de fuite en avant.

Une des meilleures stratégies pour maîtriser sa dette est de ne pas la laisser s'accumuler, et la pratique régulière et continue du refactoring offre un moyen efficace de la contrôler. Mais même en sachant cela, il est fréquent d'observer des réticences à la pratique du refactoring.

4. LES FREINS AU REFACTORING

L'activité de refactoring est souvent considérée comme un poste de coût par le client final d'un projet. C'est une vision court-termiste qui empêchera les développeurs d'avancer dans de bonnes conditions, en laissant s'accumuler la dette technique. Cependant, il arrive que les blocages soient intrinsèques aux développeurs eux-mêmes.

La peur de provoquer des régressions reste un des freins principaux au refactoring, d'autant qu'on se trouve face à une opération potentiellement risquée, sans gain immédiat. C'est particulièrement vrai pour les bases de code qui ne sont pas ou peu testées. Il apparaît comme une évidence qu'une bonne couverture de tests automatisés, garantie notamment par une application scrupuleuse de l'approche TDD, aidera fortement à lever ce verrou.

Parfois, les équipes s'interdisent de faire du refactoring, afin de ne pas perdre de temps sur un effort invisible pour le client, qui ferait mécaniquement passer moins de temps à satisfaire ses exigences. Cela a pour conséquence de délivrer de moins en moins efficacement sur le moyen et le long terme, en laissant la dette technique s'accumuler. Il sera donc important de sensibiliser le client sur la dette technique et ses conséquences.

Dans certaines équipes, la culture de qualité du code est tout simplement absente, et chacun se complaît à travailler sur du code ignoble. Dans de rares cas, faire basculer les mentalités et les pratiques est trop difficile : le risque de s'épuiser ou de stagner est très important, et il ne faut alors pas s'interdire de voguer vers de nouveaux horizons.

Il arrive enfin que ce soit le manque d'envie de faire l'effort, ou tout simplement le manque de connaissances ou de savoir-faire sur le refactoring qui limite sa pratique. L'objet du présent chapitre est de permettre une montée en compétences sur ce thème, tout en montrant que le refactoring n'est pas nécessairement pénible : c'est même une activité qui, avec suffisamment de pratique, et en disposant des meilleurs outils, peut devenir une seconde nature et se révéler très plaisant.

5. UN PRINCIPE FONDATEUR : EXPRIMER L'INTENTION

L'activité de refactoring est au service de la propreté de code, et, à ce titre, elle vise notamment à exprimer l'intention au mieux.

À la lecture du code, on ne devrait pas avoir à deviner ce que les contributeurs précédents ont cherché à faire. Lorsque c'est le cas, nous sommes face à un déficit d'expression de l'intention. Il est donc crucial de s'assurer que l'intention est bien exprimée, et, lorsque ce n'est pas le cas, de veiller à la renforcer, au moyen des refactorings.

L'impression (souvent confirmée par la réalité) que tout est mélangé, que le code fait plein de choses en même temps, ou que chaque morceau de code est trop lié aux autres, constitue également une difficulté majeure dans la compréhension d'une base de code à laquelle on répondra souvent par des refactorings.

6. PRINCIPES MÉTHODOLOGIQUES DE REFACTORING

Pour refactorer efficacement et en toute sécurité, on s'appuiera à la fois sur notre savoir-faire ainsi que sur les outils appropriés (selon l'adage que les bons artisans s'équipent des meilleurs outils).

Une pratique efficace et pertinente du refactoring nécessite de :

- ✓ savoir reconnaître quand un refactoring est nécessaire : cela passe par une maîtrise des principes du Clean Code (SOLID, loi de Demeter, KISS, YAGNI, etc.) et une capacité à identifier leurs violations, ainsi qu'à reconnaître les « mauvaises odeurs » (*code smells*) les plus fréquentes ;
- ✓ connaître les patterns de refactoring les plus courants : renommage, extraction (classes, méthodes, variables, etc.) pour le découpage, inline et combinaison extract-inline, déplacement, changement de signature ; à l'inverse, savoir reconnaître quand un refactoring peut se montrer contre-productif ou prématuré ;
- ✓ maîtriser les outils et notamment l'IDE : connaître ses possibilités et différentes astuces offertes pour gagner en fluidité, en productivité et en robustesse de la pratique.

6.1 Les tests comme prérequis à tout refactoring

On n'insistera jamais assez sur ce point : un refactoring doit se dérouler avec un maximum de sécurité. Et qui dit code sécurisé dit code couvert par suffisamment de tests pour travailler en confiance. Les tests doivent être suffisamment rapides pour offrir un feedback précoce en cas d'échec.

6.2 Transformer par petits pas sûrs

Pour être efficace, une phase de refactoring nécessite une succession de petites actions offrant suffisamment de sécurité pour ne casser ni la compilation ni les tests. Les bénéfices sont multiples :

- ✓ les étapes sont petites, ce qui libère de la charge mentale ;
- ✓ en cas d'échec, signalé grâce aux tests, on peut défaire facilement ce qu'on vient de modifier.

Pour travailler de cette façon, il est important de comprendre et de maîtriser les différents patterns de refactoring (Martin Fowler en propose une analyse détaillée dans son livre *Refactoring*[1]). Ces patterns restent néanmoins difficiles à mettre en œuvre si on utilise un simple éditeur de texte. Heureusement, les IDE les plus évolués (IntelliJ, Rider, Eclipse, Visual Studio Code) automatisent directement la majorité de ces patterns. On ne le répétera jamais assez : les bons artisans, pour travailler de façon propre et efficace, doivent se doter des meilleurs outils, et surtout en apprendre la maîtrise. Connaître les raccourcis de l'IDE, ses capacités en termes de refactoring et les gains de productivité offerts constitue un atout indispensable.

Afin de progresser dans une pratique fluide et efficace du refactoring, il est important de s'imposer la règle essentielle des *changements non cassants*, c'est-à-dire tout changement qui permet au code de continuer à fonctionner. Autrement dit, le code doit rester compilable et les tests doivent continuer à être valides. On pourra ajouter un certain nombre de contraintes, comme ne pas écrire de code manuellement ou s'interdire l'utilisation du copier-coller.

Le challenge imposé par ces règles aide à améliorer petit à petit la pratique du refactoring, en obligeant à transposer les réécritures souhaitées sous la forme d'une succession de patterns de refactoring. L'adoption de ces contraintes peut se révéler maladroite en nous ralentissant dans un premier temps. Mais à force de pratiquer, elles nous feront gagner beaucoup de temps et nous permettront d'affiner notre technique. De plus, ces contraintes apportent un aspect ludique non négligeable.

7. PATTERNS DE REFACTORING : LA BOÎTE À OUTILS

7.1 Renommage

Si on ne devait conserver qu'un seul pattern de refactoring, ce serait celui-ci. C'est certainement le soin apporté au nommage qui apporte le plus de valeur à une base de code. Il peut s'appliquer à l'ensemble des éléments nommés du code : classes, variables, constantes, attributs, méthodes, paramètres.

1. Fowler, M. *Refactoring : comment améliorer le code existant*, Dunod, 2019.

À l'inverse, le code non nommé tel que les expressions, les blocs de code ou encore les fonctions anonymes ou autres lambdas ne sont pas directement éligibles à ce pattern : il faudra au préalable procéder à une extraction (voir plus loin).

Ce pattern est assez facile à utiliser d'un point de vue technique. La grande difficulté, comme nous avons pu le voir dans le chapitre 2, dédié au Clean Code, restera dans le choix de noms appropriés. Un renommage s'effectue en suivant les étapes suivantes :

✓ identifier l'élément à renommer ;

✓ chercher toutes les occurrences de cet élément dans la base de code ;

✓ modifier le nom de l'élément et de toutes ses occurrences ;

✓ relancer les tests.

Les trois premières étapes, fastidieuses et propices aux erreurs, sont heureusement gérées automatiquement par la grande majorité des IDE. Ce pattern, bien qu'anodin en apparence, comporte malgré tout quelques risques : il faut s'assurer que l'élément renommé n'est pas référencé à l'intérieur d'une chaîne de caractères (par exemple lorsqu'on pratique l'invocation dynamique) ou dans un commentaire.

7.2 Extraction

L'extraction de code répond à de multiples besoins :

✓ découper le code en unités plus petites ;

✓ offrir une opportunité de nommer un bloc de code ;

✓ renforcer les abstractions ;

✓ réduire la duplication (lorsque le code extrait apparaît à de multiples reprises).

L'ensemble contribue à améliorer l'expression de l'intention et à rendre le code plus évolutif.

L'extraction se décline sous les formes suivantes : fonctions/méthodes, variables, attributs, constantes.

Concernant le nommage, il est crucial de faire attention à ce qui est proposé par l'IDE, c'est dans la plupart des cas très naïf et pas nécessairement approprié. Même chose pour les noms de paramètres proposés, ils sont bien souvent trop spécifiques car issus du contexte local à l'extraction.

Dans certains cas, ce pattern s'applique de façon progressive : une expression qui en premier lieu est extraite en variable, puis en méthode, puis en classe. Cela contribue au respect du Principe de Responsabilité Unique[1] : d'abord on réduit la taille de la méthode, puis de la classe initiale en créant une nouvelle classe.

Cas de code dupliqué

Dans toute base de code, il est fréquent de retrouver des portions de code dupliquées, c'est-à-dire identiques entre elles ou très ressemblantes. Face à une telle situation, il faut se poser la question suivante : « Si je dois changer la logique du code à un endroit, faut-il la changer également dans les autres occurrences de ce code ? » Si la réponse est oui, alors il est probablement nécessaire de refactorer le code pour réduire la duplication.

Le refactoring « Extract » avec l'option de « Remplacer toutes les occurrences » permet de retirer cette duplication instantanément.

D'une manière générale, quand une règle de logique métier apparaît à de nombreux endroits dans le code, ce n'est pas bon signe : s'il n'y a pas de raisons que la règle métier puisse être différente dans ces différents emplacements, la duplication n'est pas justifiée. D'une manière générale, toute parcelle de connaissance métier ne devrait être décrite qu'une seule fois dans le code.

À l'inverse, on pourrait être tenté de refactorer du code technique apparaissant fréquemment en le généralisant. C'est souvent utile, mais il faut veiller à ne pas pousser les abstractions trop loin : trop de généricité peut, d'une part, rendre le code moins facile à comprendre, et, d'autre part, le rendre moins évolutif parce qu'il devient utilisé par beaucoup trop de monde.

Enfin, il est important de faire attention à ce qui ressemble à de la duplication mais n'en est pas vraiment. Parfois, deux morceaux de code ne sont pas identiques mais similaires, et leurs comportements présentent de subtiles différences. En éliminant la duplication, on risque d'introduire un bug. D'autres fois, les fragments de codes sont identiques mais opèrent dans des contextes ou à des niveaux d'abstraction différents. Les réunir dans une unique méthode a alors peu de sens, risquant surtout de rendre l'ensemble moins compréhensible. Le but n'est pas de réduire le plus possible la duplication pour éliminer des lignes de code, mais de rendre l'ensemble plus compréhensible et évolutif.

Cas particulier : magic value (string / number)

Le code ne devrait pas utiliser directement des littéraux numériques ou textuels pour lesquels on risque de perdre l'intention. Le code suivant mentionne ainsi un nombre `40` sans expliquer ce que cela représente :

---

1. Ce principe, connu sous l'acronyme SRP (pour *Single Responsibility Principle*) enjoint de limiter les responsabilités d'une classe à une seule. Il fait partie des principes SOLID, décrit dans le chapitre 10 « Techniques de conception ».

```
if (label.length() > 40) {
  // handle error
}
```

Remplacer cette valeur magique par une constante qui porte un nom permet d'exprimer ce que représente la valeur :

```
if (label.length() > MAX_LABEL_LENGTH) {
  // handle error
}
```

Le refactoring automatisé « Extract Constant » permet d'effectuer cette transformation aisément.

L'intention derrière la valeur numérique 40, à savoir la longueur maximale pour le texte du libellé, est ici clairement exprimée et ne nécessite pas d'être devinée à l'aide du code environnant. On aurait pu extraire la valeur magique dans une variable ou une méthode, en fonction de la portée et la réutilisabilité souhaitée.

7.3 Inversion de lignes

Intervertir l'ordre des lignes remplace avantageusement un couper-coller. Cela permet aussi de réunir des lignes de code qui sont liées, et cela va faciliter :

- ✓ le découpage en regroupant les lignes de code par unités logiques, préalablement à une extraction par exemple ;
- ✓ le renommage en affinant la compréhension du rôle de certaines variables.

L'*inversion de méthodes* est une version plus évoluée, qui permet de réorganiser l'ordre des méthodes dans une classe, pour en faciliter la lecture façon table des matières (en accord avec le Clean Code).

7.4 Réécriture d'instructions conditionnelles

Les possibilités de réécriture d'instructions conditionnelles sont variées :

- ✓ en inversant la condition et les deux branches du `if` ;
- ✓ en transformant un `if/else` en expression ternaire, ou inversement ;
- ✓ en s'appuyant sur l'algèbre de Boole (notamment les lois de De Morgan) pour améliorer les conditions complexes ;
- ✓ en fusionnant plusieurs `if` en un seul, en cas de duplication dans les blocs de `if/else` ;
- ✓ en faisant évoluer une succession de `if` vers un `switch` lorsque c'est possible.

Ces transformations, automatiques dans certains IDE, sont motivées par le gain en lisibilité et plus spécifiquement par les raisons suivantes :

- ✓ maintenir un seul niveau d'indentation ;
- ✓ échouer ou renvoyer une valeur le plus tôt possible (principe du *fail fast*) ;
- ✓ réduire la duplication.

7.5 Réécriture de boucles

Les algorithmes de traitement des collections, lorsqu'ils sont écrits dans un style procédural, offrent peu de lisibilité :

```
List<Student> students = studentRepository.findAll();
List<String> masterStudentNames = new ArrayList();
for(Student student : students) {
    if (student.getGrade() == Grade.MASTER) {
        masterStudentNames.add(student.getName());
        }
    }
return masterStudentNames;
```

On se retrouve avec plusieurs niveaux d'indentation, on a besoin d'une variable intermédiaire et les responsabilités entre le parcours, le filtrage et la transformation sont mal délimitées. Dans un style plus fonctionnel on aurait le code suivant :

```
studentRepository.findAll().stream()
    .filter(student -> student.getGrade() == Grade.MASTER)
    .map(Student::getName())
    .collect(Collectors.toList());
```

On exprime ici ce qui doit être fait (filtrer les étudiants titulaires d'un master et projeter leur nom), autrement dit l'intention, plutôt que comment on le fait (parcours de boucle dans la version initiale).

Dans certaines situations, toutefois, le code impératif d'une boucle ne se prête pas à une réécriture plus déclarative : le code peut être trop long et provoquer des effets de bord. La présence de la boucle reste malgré tout une indication sur la nécessité d'extraire le bloc à l'intérieur de la boucle dans une nouvelle méthode : on distingue l'opération unitaire de l'opération sur un ensemble. À noter que le code d'une boucle ne s'y prête pas toujours, notamment lorsque chaque itération modifie plusieurs états (auquel cas on cherchera à renforcer la cohésion d'ensemble en les regroupant dans un seul objet).

7.6 Changement de signature

Parce qu'elle définit le contrat d'utilisation d'une méthode, une signature comporte beaucoup d'informations sur les interactions avec d'autres classes. Le soin qui est apporté aux signatures de méthodes est déterminant pour l'évolutivité et la compréhension du code. De ce fait, le changement de signature constitue un élément important dans l'arsenal des crafters. Les opérations les plus courantes sont les suivantes :

- ✓ revoir l'ordre des paramètres pour améliorer la lisibilité : du plus essentiel au plus optionnel, du plus significatif au moins important ;
- ✓ homogénéiser l'ordre des paramètres sur plusieurs appels imbriqués pour réduire la charge mentale à la lecture ;
- ✓ regrouper les paramètres en fonction de la cohésion fonctionnelle, en créant si nécessaire des abstractions sous la forme de nouveaux types.

Les signatures trop complexes rendent la moindre action de réécriture trop coûteuse. Une nouvelle fois, les IDE les plus performants sont d'une aide précieuse pour faire évoluer les signatures.

7.7 Déplacement (Move)

Son rôle est de redéfinir les responsabilités des classes en déplaçant certaines de leurs méthodes et propriétés. Si une classe a plusieurs responsabilités, on peut la séparer en deux classes et déplacer les méthodes d'une classe à l'autre. On peut aussi définir une classe mère qui pourra être réutilisée et déplacer les propriétés de la classe fille vers la classe mère.

7.8 Inlining

Ce pattern peut être considéré comme l'opération inverse de l'extraction, et consiste à réinsérer un morceau de code référencé (qu'il s'agisse d'une méthode, d'une variable ou d'une constante) aux endroits qui y font référence. Ainsi, les occurrences de la référence au code seront substituées directement par le code référencé.

8. REFACTORING VERS DES DESIGN PATTERNS

Il n'est pas rare de refactorer du code avec un design pattern comme cible. Par exemple une succession de conditions suffisamment nombreuse (`if` ou `switch`) peut se refactorer vers le pattern Strategie, des boucles peuvent se refactorer vers le pattern Composite, et des vérifications de non-null peuvent se refactorer vers le pattern Null Object. Ces techniques plus avancées sont détaillées dans la deuxième partie de cet ouvrage, à la section 5 du chapitre 10.

9. COMBINAISON DE PATTERNS

Les refactorings automatisés ne sont pas à considérer isolément, mais comme étapes dans des combinaisons plus longues. Les techniques de refactoring automatisées permettent de changer notre rapport au code, qui devient comme une sorte de matière brute et facilement malléable. Il devient facile et rapide d'expérimenter, même pour parfois revenir en arrière. La succession de refactorings aide à faire évoluer notre perception mentale du code, jusqu'à lui donner progressivement une forme plus satisfaisante. C'est donc aussi un bon moyen d'apprentissage.

Voici quelques stratégies et combinaisons associées parmi les plus fréquentes :

9.1 Un refactoring pour préparer le suivant

Extraire des variables locales, nommées, permet de préparer le terrain pour l'IDE qui va proposer d'emblée la signature la plus pertinente pour une extraction de méthode.

Rassembler tous les `return` d'une méthode dans une variable locale temporaire afin de permettre un Extract Method par l'IDE, avant de finalement effacer cette variable locale.

9.2 Dégrader pour améliorer

Le refactoring c'est aussi être capable d'accepter de dégrader temporairement le code pour offrir de nouvelles opportunités de l'améliorer ensuite. Dégrader le code permet de le considérer sous une perspective différente, avec une compréhension nouvelle.

■ Inline + extract method

La combinaison classique de refactoring « inline + extract method » en est un exemple représentatif : l'étape « inline » dégrade le code, en rassemblant tout le code dans un même fragment trop gros et avec trop de responsabilités ; mais cela permet justement de faire facilement l'inventaire de toutes ces responsabilités afin de mieux les extraire dans l'étape « extract ».

■ Extraction de fonction / inlining

Lorsqu'il s'agit de réécrire des occurrences multiples d'un même code, cette combinaison offre une alternative plus sécurisée et efficace que le rechercher / remplacer[1]. Elle consiste à :

- ✓ identifier le code à remplacer ;
- ✓ extraire toutes les occurrences de ce code dans une méthode ;
- ✓ retravailler le code dans la méthode ainsi extraite ;
- ✓ une fois terminé, « inliner » la méthode en remplaçant toutes les occurrences.

L'extraction fournit en quelque sorte un buffer temporaire de réécriture du code plus sûr que le rechercher / remplacer (qui travaille directement au niveau textuel, ce qui peut se révéler dangereux). Avec une combinaison « extraction + inline », on travaille au niveau du modèle logique du code, ce qui garantit une réécriture correcte d'un point de vue sémantique.

10. SITUATIONS NÉCESSITANT DU REFACTORING

Les refactorings ayant pour but d'améliorer le code sans changer sa fonctionnalité, ils sont d'autant plus nécessaires que le code nécessite d'être amélioré. Les *code smells* (littéralement « le code qui sent mauvais ») sont autant d'indicateurs qu'un refactoring est nécessaire : méthode trop longue, code trop complexe, trop de paramètres d'une méthode ou trop de données membres d'une classe, etc. Ces code smells sont détaillés dans la deuxième partie de cet ouvrage, au chapitre 10.

11. SITUATIONS IMPROPRES AU REFACTORING

11.1 Code dans le code

Il peut arriver que notre code, écrit dans un langage objet (par exemple Java ou C#) embarque, sous forme de chaîne de caractères, du code issu d'un autre langage. C'est ce qui arrive notamment quand on veut envoyer une requête en base de données, avec la présence de script SQL (ou d'un langage de plus haut niveau d'abstraction comme Linq ou HQL) dans le code objet.

L'IDE n'est pas à l'aise avec cet autre langage à gérer et considère son code comme du vulgaire texte, excluant toute possibilité de refactoring automatique. S'ajoute à cette difficulté l'absence fréquente de tests (code qui mobilise des ressources externes comme la base de données et par nature difficile à mocker).

1. Les plus virtuoses de la ligne de commande désignent cette approche sous le nom sulfureux des *50 nuances de Grep*.

On essaiera dans la mesure du possible de limiter au strict nécessaire les inclusions d'autres langages, en se tournant vers les possibilités offertes par notre langage principal (par exemple en utilisant correctement les fonctionnalités de mapping objet-relationnel).

11.2 Code avec modification d'état

Un code qui modifie une ou plusieurs variables extérieures (paramètres d'entrée, attributs d'une classe, variables globales) peut être considéré comme un code avec modification d'état. Ce code ayant des interactions avec l'extérieur, il est plus difficile de prévoir les impacts d'une réécriture. Au contraire un code qui est écrit comme une fonction pure, c'est-à-dire que pour chaque ensemble de paramètres en entrée on attend une valeur en sortie bien déterminée, est beaucoup plus facile à tester et donc à réécrire.

La difficulté est d'autant plus élevée qu'on multiplie le nombre de variables extérieures et que ces dernières sont éloignées entre elles. Pour avancer, on cherchera dans un premier temps à rapprocher leur définition de l'endroit où elles sont réellement utilisées. On pourra aussi rendre leur périmètre plus local, en en faisant une copie dans une variable locale, ou encore regrouper les variables dans un objet de contexte qui pourra être passé en paramètre. L'objectif est de rendre le code plus propice à l'extraction de méthodes.

12. REFACTORER AUSSI LE CODE DE TEST

Le code de test est au moins aussi important, voire plus, que le code de production. Le code de test est ce qui va servir de point d'entrée pour tout nouvel arrivant, et il peut offrir une valeur documentaire élevée. Si le code de test est bien fait, on arrive à comprendre facilement les fonctionnalités proposées par l'application.

Il est important d'y mettre au moins le même effort que sur le code de production, c'est aussi un code qui va être amené à être refactoré fréquemment. On peut se focaliser sur les objectifs suivants :

- ✓ renforcer la clarté de l'intention du test ;
- ✓ délimiter des parties du test suivant la trilogie `Arrange/Act/Assert` ;
- ✓ faciliter la maintenabilité du test.

En lisant rapidement le test, on doit pouvoir comprendre facilement quel cas d'usage et quelle règle de gestion il vérifie. Pour cela, le nom du test est primordial, et des noms tels que `test1()` sont à proscrire. D'une manière générale, une user story est représentée dans le nom de la classe de test, alors que les noms de méthodes décrivent la règle de gestion voire l'exemple testé.

Une fois encore, les techniques habituelles de refactoring nous aident à :

- ✓ bien nommer les tests ;
- ✓ ne pas faire des tests trop gros (ou qui testent trop de choses d'un coup) ;
- ✓ éviter de mélanger les niveaux d'abstraction lors de l'écriture des tests ;
- ✓ favoriser la réutilisation (notamment pour initialiser le contexte) ;
- ✓ maîtriser l'IDE pour nous faciliter la tâche et notamment générer les classes et méthodes du code de production au fil de l'eau.

13. CONCLUSION

Les refactorings sont absolument incontournables dans une approche craft. Une fois acquis, la majorité des changements de code se font par refactoring automatisé et non par modification directe du code comme séquences de caractères.

Pratiquer le refactoring n'est pas douloureux tant que la pratique est régulière, c'est une forme d'hygiène du code. Garder en tête de procéder par petites étapes, en s'appuyant sur des patterns éprouvés, avec des tests comme soutien indispensable pour pratiquer en toute sécurité.

Avec l'habitude, reconnaître les code smells permet d'engager aussitôt des actions de refactoring appropriées.

6 Travailler avec du code legacy

Lorsqu'on demande à un groupe de définir ce qu'est du code *legacy*, les opinions sont souvent multiples. Dans les réponses les plus fréquentes, le code legacy est désigné comme un code qui commence à sérieusement dater, très mal écrit, et perclus de bugs. La base de code reflète les atroces souffrances des multiples générations de développeurs, plus ou moins doués, qui se sont succédé, et nul ne souhaite être condamné à maintenir une telle monstruosité.

Une définition, de plus en plus proposée, et portée historiquement par Michael Feathers[1], met l'accent sur le fait que le code legacy est tout simplement un code ne disposant pas de tests. En effet, en l'absence de tests, il est très difficile de savoir ce que du code est supposé accomplir. Et modifier un tel code sans risquer d'introduire de régressions devient une gageure. Cette définition nous intéresse à double titre :

- ✓ d'une part, elle fournit un critère objectif : on peut facilement déterminer si du code est legacy ou non en regardant si des tests sont présents. L'âge de l'application n'entre plus en compte (malheur aux applications récentes développées sans écrire de tests, elles sont déjà legacy) ;
- ✓ elle donne un point de départ pour travailler sur le code legacy : pour commencer, on va fournir les tests qui manquent à l'appel.

Les projets legacy constituent un paradoxe : la souffrance qu'ils engendrent les rend impopulaires et leur manque de qualité fait qu'ils sont considérés avec dédain. Pourtant, et c'est un point extrêmement important, ces projets sont la plupart du temps les plus sensibles sur le plan financier, dans la mesure où ils font fonctionner ce qui est critique pour le business. Les projets legacy sont généralement ceux qui ont le plus de valeur pour le métier et donc ceux qui rapportent le plus d'argent. Pour ces raisons, il est impensable de s'en débarrasser, et la sensibilité de ces projets nécessite un soin et une expertise aigus. La moindre erreur d'appréciation peut faire perdre des sommes colossales à l'entreprise. Quiconque a eu le malheur de provoquer une régression grave sur une application critique de finance de marché en garde un souvenir cuisant : celui du souffle chaud du chef des traders dans la nuque jusqu'à la correction du problème. Il est donc crucial de faire en sorte que le projet legacy puisse continuer à être une source de profit.

1. Feathers, M. *Working Effectively With Legacy Code*, Addison-Wesley, 2004.

Même si le legacy est majoritairement vécu comme une punition ou quelque chose de cauchemardesque, l'objectif de ce chapitre est de vous donner différentes clés pour travailler en toute sécurité sur un projet de cette nature.

Laura Craft, Archéologue du code

1. L'ENFER DU LEGACY

Les raisons qui donnent une image pénible du travail en environnement legacy sont multiples. Le code est bien souvent volumineux, confus, structuré comme un plat de spaghettis. Les impacts sont difficiles à évaluer : classes trop grosses, composants trop couplés, la base de code ressemble à un jeu de Mikado ou de Jenga, ou encore à un château de cartes, chaque modification menaçant de faire s'écrouler l'édifice.

Le pire, c'est que si on casse tout, on ne sera alerté que bien trop tard, lorsqu'une horde d'utilisateurs furieux se mettra à vociférer dans notre open space. Il faut donc travailler avec d'infinies précautions, un peu comme un démineur face à un engin explosif, la goutte de sueur au front, et en tremblant comme une feuille lorsque viendra le moment de déployer le code en production.

On pourrait ajouter la mauvaise considération que les gens des métiers, dépités de rencontrer tant de problèmes et de ne pas bénéficier d'une application stable, éprouvent à l'égard des développeurs, avec des relations constamment tendues. Tout le monde souffre, pour des raisons différentes.

Ce type de contexte ne donne pas envie. Et pourtant, ce genre de situation est rarement irréversible et peut même offrir un challenge intéressant et gratifiant. On peut commencer par se demander comment on en est arrivé là : le code mal écrit et l'absence de tests démontre que le code a été écrit dans un contexte où les pratiques craft étaient inexistantes. L'approche TDD aurait permis d'avoir des tests, de même qu'une pratique régulière et constante du Clean Code aurait apporté un code plus lisible. Ce sont donc des choses que nous pouvons apporter sur un projet legacy, et qui peuvent aider petit à petit à rendre notre situation plus favorable. À terme, il est même tout à fait envisageable de regagner la confiance des utilisateurs.

2. APPRIVOISER LE CODE LEGACY

2.1 Méthodologie globale

Lorsqu'on est confronté à du code legacy, il est nécessaire de procéder avec méthode pour ne pas se perdre et limiter les risques. Pour commencer, on va adopter le bon état d'esprit pour mettre de côté la peur et les a priori associés au legacy. On essaye de restreindre l'effort à fournir en délimitant soigneusement notre périmètre d'intervention.

Ensuite, on dresse un état des lieux du code pour déterminer la marche à suivre : le code compile-t-il ? Des tests sont-ils présents ? Couvrent-ils suffisamment le périmètre sur lequel nous souhaitons intervenir ? Cette étude permet de recenser les tests à écrire de façon à travailler en totale sécurité. Lorsqu'on écrit des tests pour du code legacy, deux stratégies sont possibles :

- ✓ chercher à comprendre le métier comme point d'appui des tests ;
- ✓ observer et capturer le comportement du code dans un *golden master* (détaillé plus loin) autour duquel articuler nos tests.

Lorsque l'écriture des tests a posteriori se fait dans la douleur, c'est que le code, en l'état, ne s'y prête pas vraiment. La meilleure option dans ce cas est de modifier légèrement le code afin de le rendre testable.

Enfin, une fois les tests écrits, nous pouvons attaquer le refactoring à proprement parler.

Cette méthodologie est résumée dans le diagramme de la page suivante.

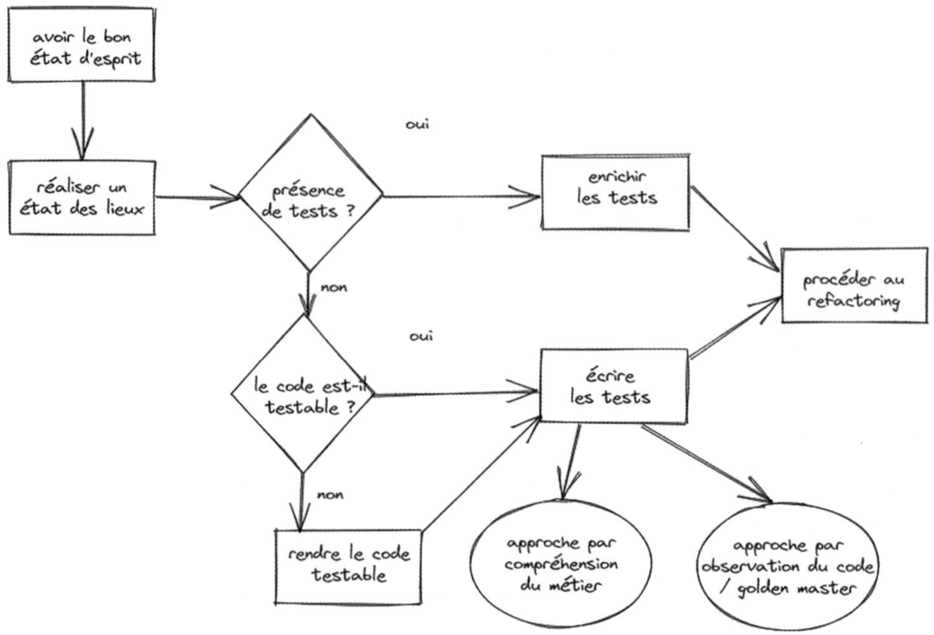

2.2 Adopter le bon état d'esprit

Garder son calme

Face à un code legacy, on peut être confronté à des émotions antagonistes : soit se retrouver pris d'une crise de panique devant le code, ou à l'inverse être pris d'un enthousiasme irrépressible pour tout réécrire.

La peur face au code legacy peut amener de la paralysie : on va rester pendant des heures à regarder le code, sans savoir par où commencer et sans rien oser entreprendre. Cette peur n'est toutefois pas complétement irrationnelle, les conséquences en cas d'erreur pouvant être lourdes. Dans un registre différent, comment un alpiniste gravit-il une montagne en confiance ? En sécurisant son ascension avec l'équipement approprié (baudrier, cordes, mousquetons) et en ouvrant la voie. Avec du code legacy, la sécurisation du parcours s'obtient en écrivant les tests qui manquent.

Rester focus

À l'inverse, partir la fleur au fusil pour essayer de tout réécrire d'un coup n'est pas mieux : il ne faut pas oublier qu'un refactoring est une opération à la fois coûteuse et risquée, on doit donc se demander si elle va être vraiment rentable. Il faut bien choisir ses combats : même si remettre toute la base de code au propre est tentant, la valeur apportée est souvent moindre qu'escomptée (en dehors de la satisfaction personnelle). Si l'application n'a pas besoin d'évoluer, le code existant est certainement suffisant pour tourner en production. Avant de refactorer un code legacy, il faut donc se demander quel objectif on poursuit : fournir une évolution ? Corriger une anomalie ? Réduire un aspect de dette technique encombrant pour des fonctionnalités à venir ?

Le remaniement de code legacy pouvant se montrer risqué et onéreux, il est important de se concentrer sur les réécritures qui apportent une réelle valeur. Le refactoring de code legacy apporte son lot de risques, alors autant répondre à des problématiques qui justifient la prise de risque.

Une fois qu'on a bien identifié où mettre de l'effort, il importe de rester focalisé sur un problème à la fois, pour ne pas se disperser et ne pas augmenter le risque de provoquer des erreurs. En tentant d'attaquer plusieurs améliorations en même temps, en se laissant distraire d'une amélioration en cours par une autre qui paraît facile à réaliser, on s'expose à un effet tunnel (c'est-à-dire mettre beaucoup d'effort sans direction précise et sans idée très claire de l'état d'avancement). Il est décisif de rester focalisé sur une tâche à la fois, de procéder par petites itérations, et de relancer les tests à chaque modification. Le piège classique est de se disperser et de se retrouver dans un état instable qui va nous obliger à mettre toutes les modifications à la poubelle.

Lorsqu'en cours de modification on détecte d'autres améliorations possibles, il est préférable d'en garder une trace quelque part, au moyen de commentaires dédiés, ou dans une todo-list à côté faisant office de backlog des tâches à traiter. Après chaque tâche, on pourra piocher la tâche suivante dans ce backlog, et le mettre à jour (en éliminant par exemple les tâches rendues caduques par des tâches déjà réalisées).

En nous appuyant sur notre savoir-faire et en suivant la méthodologie appropriée, nous pouvons faire en sorte de travailler sereinement, avec beaucoup de maîtrise, et peut-être même vivre une expérience qui se révèle en fin de compte plaisante.

2.3 S'imprégner du code

On s'efforce de ne pas tout attaquer de front et on s'interdit dans un premier temps de toucher la moindre ligne de code. On a le droit d'utiliser le clavier, mais il ne nous sert qu'à naviguer dans le code. L'idée est de procéder à une sorte d'état des lieux.

■ Le code est-il exécutable ?

Autrement dit, sommes-nous en capacité de compiler le code et de démarrer une application, ou un serveur ? Quels sont les moyens d'interagir avec l'application et d'observer des effets ? Une documentation est-elle fournie ?

■ Des tests sont-ils présents ?

Ça n'a l'air de rien, mais si des tests existent déjà, le travail va être grandement facilité. Il faut évidemment s'assurer qu'on peut lancer les tests (ce n'est pas toujours le cas, parfois on se rend compte que les tests ont été annotés comme *ignorés*, ou pire encore que leur code a été mis en commentaire pour empêcher son exécution).

Il est primordial de vérifier qu'il s'agit de vrais tests, en particulier qu'ils sont éprouvés par des assertions sensées.

Quand les tests peuvent être exécutés, certains passent et d'autres non. S'ils passent, c'est potentiellement une bonne nouvelle : ils décrivent une partie du comportement du code (à condition qu'ils soient à la fois bien écrits et vérifiés par des assertions pertinentes). Pour les tests qui ne passent pas, on ne peut pas déterminer grand-chose à part qu'il faudra probablement prendre la décision de les mettre à la poubelle. Ils ne sont plus en phase avec la réalité du code et décrivent des comportements qui ont toutes les chances d'être faux. Le code, contrairement aux tests en échec, représente ce qui se passe réellement en production, et c'est donc dans le code que la vérité réside.

■ Se faire une idée générale du code

Nous avons d'abord besoin d'identifier le périmètre d'intervention sur le code. On peut le faire à partir de tests potentiels, d'un endpoint d'API identifié ou encore à partir d'une recherche de mot-clé dans le code.

Ensuite, on procède à un état des lieux : on peut recenser les structures de données, les concepts qui sont manipulés, pour commencer à construire un modèle mental. On peut se servir de l'IDE pour réduire le bruit, par exemple en repliant l'affichage des méthodes, pour ne rendre visibles que les signatures.

C'est le moment de commencer à noter ce qui ne va pas (par exemple détecter des code smells), et, à la manière du travail en TDD, de noter sur un mini-backlog les améliorations et refactorings à fournir. On s'entraîne aussi à remarquer des patterns dans le code (par exemple des `if` sur une même condition qui reviennent souvent), et à repérer de la duplication.

Mais on s'interdit toujours initialement de toucher au code. Au plus s'autorise-t-on à baliser le code avec des commentaires tels que `//FIXME` ou `//TODO`.

■ Écrire les tests qui manquent

C'est une étape incontournable que nous détaillons dans la suite de ce chapitre. L'enjeu est de permettre d'apporter des modifications effectives au code en toute sécurité.

3. TESTER LE CODE LEGACY

3.1 Poser un premier test

Arnaud Lemaire résume avec brio une des réalités du code legacy[1] :

« Ce qui est important n'est pas ce que le code est supposé faire mais ce qu'il fait réellement. »

1. Lemaire, A. *Le projet Legacy : quelles stratégies pour s'en sortir ? — ATBDX 2020.* https://speakerdeck.com/lilobase/le-projet-legacy-quelles-strategies-pour-sen-sortir-atbdx-2020

Avec l'approche TDD, le comportement attendu est déjà connu et permet d'énoncer les tests. Le code de production qui sera écrit sera forcé de se conformer aux tests. Dans un contexte legacy avec des tests lacunaires, la situation est inversée : **c'est au code des tests ajoutés de se conformer au comportement du code de production**.

L'approche à appliquer pour mettre en place ces nouveaux tests va essentiellement dépendre de la clarté relative du code :

- ✓ Lorsque le code n'est pas trop mal écrit et qu'on se sent capable de le comprendre, on peut essayer d'identifier des règles de gestion qui serviront de fondation à nos tests ; c'est l'approche par *compréhension du code*.
- ✓ Lorsque le code se montre trop énigmatique, une option possible est de se tourner vers une approche en boîte noire, en stimulant le code (c'est-à-dire en le forçant à produire un comportement) et en capturant son comportement réel ; c'est l'approche par *observation du code*.

Il est également important d'affiner le périmètre du code testé : teste-t-on un module ? Une classe ? Une fonction ? Les entrées-sorties sont-elles bien identifiées ? Quels sont les éventuels effets de bord produits ? Quelles sont les erreurs possibles et comment les gérer ? Parfois il est nécessaire au préalable de réorganiser le code de production (en découpant le code, en modifiant des signatures, ou la visibilité de certaines fonctions / attributs). Ces modifications doivent se faire en connaissance de cause et en prenant un minimum de risques, au moyen des fonctionnalités appropriées de l'IDE.

3.2 Approche par compréhension du code

■ Face à un code plutôt clair

Lorsque le code que nous avons sous les yeux est peu volumineux et ne semble pas trop obscur, on peut essayer de construire progressivement des tests basés sur notre compréhension du code. La question qui se pose rapidement est de déterminer par où commencer. Quel comportement souhaitons-nous tester en premier ?

Sandro Mancuso, lorsqu'il réalise le kata de refactoring **Trip Service**[1], nous prodigue un conseil intéressant[2] :

« Tester en premier les branches les moins profondes du code, refactorer en premier les branches les plus profondes. »

L'heuristique fournie est donc de commencer à tester les branches les moins profondes, c'est-à-dire les plus directement accessibles. L'idée est que si on teste

1. Le code du kata Trip Service de Sandro Mancuso est disponible ici : https://github.com/sandromancuso/trip-service-kata
2. Mancuso, S. *Testing and Refactoring Legacy Code.* https://www.youtube.com/watch?v=_NnElP05BU0

d'abord le chemin le plus direct, on s'exposera à moins de difficultés dans l'écriture du test, en limitant la complexité du jeu de données en entrée, ou en réduisant le nombre de dépendances à gérer. On se base ainsi sur un cheminement dans le code beaucoup plus simple que l'entièreté de la fonction à refactorer, et qui permet d'en ignorer temporairement la complexité globale. C'est un pari qui fonctionne dans de nombreux cas, et si on ne sait pas par où commencer, c'est un bon point de départ.

Le code initial (dans la version Java) du kata Trip Service est le suivant :

```
  public List<Trip> getTripsByUser(User user) throws
UserNotLoggedInException {
    List<Trip> tripList = new ArrayList<Trip>();
    User loggedUser = UserSession.getInstance().getLoggedUser();
    boolean isFriend = false;
    if (loggedUser != null) {
      for (User friend : user.getFriends()) {
        if (friend.equals(loggedUser)) {
          isFriend = true;
          break;
        }
      }
      if (isFriend) {
        tripList = TripDAO.findTripsByUser(user);
      }
      return tripList;
    } else {
      throw new UserNotLoggedInException();
    }
  }
```

Le chemin le moins profond, et donc le plus direct, est le suivant :

```
  public List<Trip> getTripsByUser(User user) throws
UserNotLoggedInException {
    List<Trip> tripList = new ArrayList<Trip>();
    User loggedUser = UserSession.getInstance().getLoggedUser();
    boolean isFriend = false;
    if (loggedUser != null) {
      // ...
    } else {
      throw new UserNotLoggedInException();
    }
  }
```

On peut plus aisément déduire la règle de gestion associée et la représenter dans un test : une exception spécifique doit être levée quand l'utilisateur n'est pas connecté.

On remarque aussi que la ligne suivante n'est pas utile pour le chemin testé :

```
boolean isFriend = false;
```

C'est une indication que le scope de définition de cette variable est certainement trop large (la déplacer à l'intérieur du bloc `if` serait plus pertinent). Les tests n'étant pas encore présents, il est trop tôt pour toucher au code de production, mais il est utile de noter cette idée dans le backlog, pour plus tard.

Remarque : Parfois des experts du domaine peuvent nous aider, mais il faut garder en tête que leurs connaissances peuvent être en décalage avec la réalité du code. Rappelons-le une fois de plus, le code a finalement toujours raison.

3.3 Approche par observation du code

■ Face à un code cryptique

Dans de nombreux cas, le code semble inexpugnable de prime abord. C'est le cas avec la portion de code suivante, extrait du kata **Gilded Rose**[1] :

```
public void updateQuality() {
  for (int i = 0; i < items.length; i++) {
    if (!items[i].name.equals("Aged Brie")
        && !items[i].name.equals("Backstage passes to a TAFKAL80ETC
concert")) {
      if (items[i].quality > 0) {
        if (!items[i].name.equals("Sulfuras, Hand of Ragnaros")) {
          items[i].quality = items[i].quality - 1;
        }
      }
    } else {
      if (items[i].quality < 50) {
        items[i].quality = items[i].quality + 1;

        if (items[i].name.equals("Backstage passes to a TAFKAL80ETC
concert")) {
          if (items[i].sellIn < 11) {
            if (items[i].quality < 50) {
              items[i].quality = items[i].quality + 1;
            }
          }
          if (items[i].sellIn < 6) {
            if (items[i].quality < 50) {
              items[i].quality = items[i].quality + 1;
            }
```

1. Le code de ce kata conçu par Emily Bache est disponible dans plusieurs langages à l'adresse suivante : https://github.com/emilybache/GildedRose-Refactoring-Kata

```
              }
            }
          }

        }

        if (!items[i].name.equals("Sulfuras, Hand of Ragnaros")) {
          items[i].sellIn = items[i].sellIn - 1;
        }

        if (items[i].sellIn < 0) {
          if (!items[i].name.equals("Aged Brie")) {
            if (!items[i].name.equals("Backstage passes to a TAFKAL80ETC
concert")) {
              if (items[i].quality > 0) {
                if (!items[i].name.equals("Sulfuras, Hand of Ragnaros")) {
                  items[i].quality = items[i].quality - 1;
                }
              }
            } else {
              items[i].quality = items[i].quality - items[i].quality;
            }
          } else {
            if (items[i].quality < 50) {
              items[i].quality = items[i].quality + 1;
            }
          }
        }
      }
    }
```

Le code du kata Gilded Rose est volontairement très confus (mais est hélas assez représentatif de beaucoup de projets tournant en production actuellement). On peut noter, à première vue, plusieurs choses qui ne vont pas et sont en désaccord avec les principes du Clean Code :

- ✓ le corps de la méthode est beaucoup trop long ;
- ✓ on trouve beaucoup de `if`, avec un nombre élevé de niveaux d'indentation (jusqu'à six niveaux).

Lorsqu'on donne ce kata en dojo de programmation, il est fréquent de voir les participants prendre une feuille de papier et de commencer à modéliser les différentes branches du code, pour essayer d'en déduire les règles de gestion. Cette approche aboutit en général à pas grand-chose, à part un bon mal de crâne et une perte de temps.

Construction d'un golden master

Avec un code si cryptique, il est nécessaire de sortir des sentiers battus et de partir sur une approche contre-intuitive. Il faut se baser sur l'idée-force que le code, bien que cryptique, tourne en production, fait ce qui est attendu et représente donc une vérité absolue. Comme chercher à comprendre ce code en l'analysant est vain, nous allons plutôt chercher à observer (et à tracer) son comportement. Pour cela, nous allons stimuler le code et enregistrer les effets produits (par exemple dans un fichier de référence).

On désigne un tel enregistrement, qui capture l'ensemble des comportements de l'existant, par le terme de *golden master*. On peut considérer le golden master comme une forme de tests de caractérisation, autrement dit des tests qui appellent le code existant sans le modifier pour observer comment il se comporte. Le golden master enregistre tous les résultats attendus pour chacun des jeux de valeurs en entrée.

Notons que l'approche est asymétrique dans le temps : on est producteur du golden master dans une première phase de capture des valeurs de référence. Puis, dans les phases suivantes, on est consommateur du golden master en le comparant systématiquement avec les résultats du code legacy actionné par les tests. Plus ce dernier est étoffé et plus il offre un filet de sécurité efficace contre d'éventuelles régressions.

Choix des données de test en entrée

Il n'est pas toujours évident de trouver comment stimuler le code efficacement. La méthode `updateQuality()` est facile à appeler, mais constituer des jeux de données efficaces est assez difficile. Nous sommes aidés dans le kata avec un exemple de jeux de données en entrée couvrant l'ensemble des comportements du code :

```
Item[] items = new Item[] {
  new Item("+5 Dexterity Vest", 10, 20),
  new Item("Aged Brie", 2, 0),
  new Item("Elixir of the Mongoose", 5, 7),
  new Item("Sulfuras, Hand of Ragnaros", 0, 80),
  new Item("Sulfuras, Hand of Ragnaros", -1, 80),
  new Item("Backstage passes to a TAFKAL80ETC concert", 15, 20),
  new Item("Backstage passes to a TAFKAL80ETC concert", 10, 49),
  new Item("Backstage passes to a TAFKAL80ETC concert", 5, 49)
};
```

En situation réelle, les choses ne sont pas si simples. On peut regarder un peu en surface dans le code, et dans notre cas se baser sur les noms d'items utilisés dans les conditions. On peut aussi se tourner vers le métier et leur demander de nous fournir ou de nous aider à élaborer des cas d'exemples réalistes.

Construction itérative du golden master

On essaye d'être le plus naïf et paresseux possible dans l'écriture du test :

```
@Test
public void updateQualityOnce() {
  GildedRose gildedRose = new GildedRose();
  assertThat(gildedRose.items).extracting("quality").containsExactly(0);
}
```

Ce test, exécuté en l'état, va échouer, mais c'est voulu. On pourrait tirer des plans sur la comète et essayer de prévoir les nouvelles valeurs pour `quality`. Mais pourquoi s'embêter alors que notre framework d'assertions va nous mâcher le travail ? :

```
java.lang.AssertionError: [Extracted: quality]
Actual and expected should have same size but actual size was:
  <9>
while expected size was:
  <1>
Actual was:
  <[20, 0, 7, 80, 80, 20, 49, 49, 6]>
Expected was:
  <[0]>
```

Il ne reste plus qu'à modifier l'assertion en recopiant les valeurs attendues pour faire fonctionner le test :

```
  assertThat(gildedRose.items).extracting("quality")
    .containsExactly(20, 0, 7, 80, 80, 20, 49, 49);
```

Ensuite on procède de même pour les valeurs de `sellIn` et de `name`. Le test devient finalement :

```
@Test
  public void updateQualityOnce() {
    GildedRose gildedRose = new GildedRose();
    assertThat(gildedRose.items).extracting("name")
      .containsExactly(
        "+5 Dexterity Vest",
        "Aged Brie",
        "Elixir of the Mongoose",
        "Sulfuras, Hand of Ragnaros",
        "Sulfuras, Hand of Ragnaros",
        "Backstage passes to a TAFKAL80ETC concert",
        "Backstage passes to a TAFKAL80ETC concert",
        "Backstage passes to a TAFKAL80ETC concert");
    assertThat(gildedRose.items).extracting("quality")
```

```
        .containsExactly(20, 0, 7, 80, 80, 20, 49, 49);
    assertThat(gildedRose.items).extracting("sellIn")
        .containsExactly(10, 2, 5, 0, -1, 15, 10, 5);
}
```

C'est un bon point de départ dans la constitution de notre golden master.

Exhaustivité du golden master

Disposer de ce premier test est-il suffisant pour se lancer dans le refactoring ? Ce test a le mérite d'exister et pourra détecter, avec un peu de chance, certaines régressions. Sa limite réside cependant dans le fait qu'il exécute une seule itération de `updateQuality()`. Tester avec des nombres différents d'itérations semble donc une bonne solution. On peut alors ajouter un test avec deux itérations, puis un test avec trois itérations. La question qui va progressivement se poser est la suivante : à partir de quel moment pouvons-nous nous estimer confiants et nous arrêter d'écrire des tests ?

Principe de la couverture de test

Intuitivement, on peut s'imaginer que plus nous ajoutons des cas de test, plus nous réduisons l'espace des régressions non détectables. L'enjeu est de mesurer si le code testé est suffisamment couvert par les tests. Pour cela, on peut s'appuyer sur un outil de *couverture de tests*. Son rôle consiste à mesurer le taux de couverture du code de production par les tests, en observant si le code de production est exécuté, et à mettre en évidence les lignes de code qui ne sont pas couvertes. Ainsi, on peut se concentrer sur ces lacunes pour orienter les tests suivants.

La plupart des IDE offrent une fonctionnalité de couverture de tests : bien souvent, elle se présente sous la forme d'un troisième mode de lancement des tests venant compléter l'exécution simple et le débogage.

Dans l'idéal, on va chercher à atteindre une couverture optimale, la plus proche possible de 100 %. Tout nouveau test augmentant le score de couverture se montrera pertinent. On ne cherche pas nécessairement à atteindre 100 % de couverture, surtout si ça représente un effort considérable. Il faut savoir rester pragmatique, en se souvenant qu'au départ les tests étaient absents : même si la couverture n'est pas exhaustive, elle nous place dans une situation bien plus favorable qu'au départ. Cependant si la couverture de tests est faible, ça traduit qu'il y a forcément un souci et qu'il faut engager plus d'efforts dans l'écriture de tests additionnels.

Importance des assertions

La couverture de tests comporte une faiblesse importante : elle mesure seulement les lignes de codes qui sont exécutées par les tests, indépendamment du résultat. Ainsi, une ligne de code exécutée par un test, peu importe qu'il réussisse ou qu'il échoue, sera considérée comme couverte. De façon bien plus grave, la présence d'assertions n'a pas d'impact sur la couverture : le score de couverture peut alors être amélioré par des tests dénués d'assertions, sans pour autant apporter la moindre sécurité (étant donné que sans assertions il ne peut pas échouer). De fait, il n'est pas rare de tomber sur des projets qui trichent : les « tests » sont présents à seule fin d'augmenter la couverture de code et de faire plaisir au manager cherchant à se glorifier de Key Performance Indicators, mais ils ne vérifient rien et ne détecteront aucune régression.

Pour pouvoir se reposer sereinement sur la couverture de tests, il est important d'être soigneux sur les assertions : vérifier qu'elles sont pertinentes et s'assurer qu'elles échouent au moins une fois en écrivant le test (en apportant volontairement une régression sur le code testé, par exemple).

Couverture de tests et approche TDD

La couverture de test fournissant un outil puissant, il peut sembler surprenant que ce sujet ait été gardé sous silence dans le chapitre 1, traitant du développement piloté par les tests. La raison est la suivante : le respect scrupuleux du TDD qui n'autorise à écrire que du code testé (les tests étant écrits a priori) garantit une couverture totale (c'est-à-dire de 100 %). L'utilisation d'un outil de couverture de tests se révèle alors superflue.

Fiabilité de la couverture de tests

La couverture de tests identifie les lignes de code qui sont exécutées par le code, pas plus. Ainsi, face à un code très linéaire (sans instructions de branchements telles que des `if`), il est très facile d'obtenir une couverture de 100 % dès le premier cas de test. Et pourtant nous ne devrions pas avoir confiance dans cet unique test.

Même si nous parlons ici d'un cas extrême et que la couverture de tests constitue un outil satisfaisant dans la grande majorité des cas, il est important de noter qu'il existe des techniques permettant d'éprouver davantage la robustesse des tests.

En particulier, les outils de *mutation testing* utilisent des algorithmes pour modifier (provoquer des mutations) à la volée certaines lignes du code testé. Si au moins un test échoue, cela veut dire que le comportement de la ligne modifiée était suffisamment testé. Au contraire, si les mutations ne provoquent aucun échec des tests, il est temps de se poser des questions : la ligne mutée peut être soit incorrectement testée, soit complètement inutile.

■ Aspect fastidieux du golden master

Constituer un golden master exhaustif, en d'autres termes constituer un jeu de données de tests suffisamment complet, peut nécessiter beaucoup trop d'efforts et se montrer décourageant.

Dans l'exemple de Gilded Rose, il faut tester distinctement quelques dizaines d'itérations pour obtenir une couverture fiable. Cette opération peut prendre quelques heures de travail, pour renseigner toutes les valeurs attendues dans les assertions des tests.

Pour se faciliter la vie, on pourrait décider de ne tester que le résultat de la dernière itération : on pourrait se dire qu'après tout le code aura tourné assez de fois pour être suffisamment couvert. Seulement, faire ce raccourci empêcherait de détecter des régressions pouvant s'annuler sur des itérations intermédiaires. Ne pas tester le résultat de toutes les itérations est donc dangereux.

Outiller la génération du golden master

Au lieu d'écrire toutes ces assertions spécifiques à la main, on peut décomposer l'écriture du golden master en deux étapes :

- ✓ une première étape qui enregistrera les comportements observés du code initial dans un fichier (dans le cas de Gilded Rose, l'état des articles pour chaque itération), qui sera inclus dans les ressources de test ;
- ✓ une seconde étape d'écriture de test qui exécute le code et recherche les valeurs attendues dans le fichier de référence avant de les appliquer sur une assertion générique.

Cette approche est asymétrique : une fois le fichier de référence construit, on pourra rejouer le code de test autant de fois qu'on le souhaite à mesure que le refactoring progresse.

Certains frameworks, tels qu'ApprovalTests[1] pour Java et JUnit, gèrent automatiquement l'enregistrement du golden master et son intégration dans les tests.

■ L'exécution parallèle, une alternative au golden master

Devant le caractère fastidieux de construction d'un golden master, on peut changer de point de vue, et admettre ce fait : ce n'est pas le résultat précis de chaque itération qui nous intéresse vraiment. Ce qui est réellement important, c'est que le code refactoré continue à avoir un comportement identique au code initial.

Au lieu de générer un fichier de référence, on va garder une copie du code initial, qui sera exécutée *en parallèle* du code en cours de refactoring. Les assertions de test n'auront plus qu'à vérifier à la volée que les résultats obtenus pour la version legacy et pour la version refactorée sont identiques. De fait, c'est la version legacy du code qui devient le golden master.

On veillera toutefois à ce que la version legacy du code ne soit jamais livrée en production : pour éviter cela, on isole cette version legacy en la déplaçant dans le code de test. Cette approche est plus facile à mettre en place lorsque le code à refactorer est très regroupé et ne s'étale pas sur plusieurs composants ; dans le cas contraire,

1. Cette librairie peut se télécharger à l'adresse suivante : https://github.com/approvals/ApprovalTests.Java

on est obligé de dupliquer de nombreux composants, ce qui multiplie les risques d'erreurs d'inattention et de confusion, et complexifie la configuration des tests.

Le caractère éphémère du golden master

Un golden master, une fois constitué, n'a pas vocation à durer : il est juste présent le temps de procéder au refactoring du code. Il faut le voir comme un échafaudage sur lequel on s'appuie pour réécrire le code en sécurité. Dès que possible, il faut le remplacer par des tests qui représentent réellement le comportement métier. Le refactoring opéré, en rendant le code de production nettement plus compréhensible, permet d'en dégager plus facilement les règles de gestion. Cela facilite l'écriture de tests orientés métier, se substituant aux tests basés sur le golden master, et offrant ainsi une bien meilleure valeur documentaire.

Ensuite, nous sommes libres d'effectuer ce que nous étions supposés faire initialement : corriger une anomalie ou apporter une évolution. Nous pouvons repartir en approche TDD, en écrivant un test reproduisant l'anomalie ou décrivant le comportement attendu de l'évolution demandée.

3.4 Les tests en tant que filet de sécurité

Une bonne couverture de tests n'a que peu d'impact sur la difficulté du refactoring pour rendre le code legacy plus maintenable : avec ou sans tests, le code avant refactoring sera à peu de choses près le même. La présence de ces tests procure néanmoins un atout majeur : celui de travailler par la suite avec suffisamment de sécurité, et donc en toute sérénité.

La couverture optimale de tests représente un filet de sécurité appréciable qui permet, en libérant l'esprit du risque de régression, d'expérimenter et de tenter des actions de refactoring plus audacieuses. Après tout, si on casse quelque chose, on en sera averti immédiatement et on pourra facilement revenir en arrière. À l'inverse, on osera avancer davantage dans la réécriture de code que lorsque l'épée de Damoclès de la régression pesait sur notre tête.

4. RENDRE TESTABLE LE CODE LEGACY

Tester du code legacy ne se fait pas toujours dans les meilleures conditions. Le fait que parfois le test qu'on veut écrire n'arrive pas à son terme, en déclenchant une erreur en cours de traitement, constitue une difficulté récurrente. Lorsqu'on cherche à en déterminer la cause, on se heurte souvent à une des problématiques suivantes :

- ✓ le code dépend d'un accès à une ressource externe ;
- ✓ le code dépend d'une certaine configuration de l'environnement ;

- ✓ le code dépend de conditions changeantes et difficiles à prévoir ;
- ✓ le comportement du code n'est pas facilement observable ou capturable.

Dans la majorité des cas, le problème est que le code dépend de quelque chose : nous sommes donc face à des dépendances, qu'elles soient explicites ou bien quasi invisibles. Et ces dépendances ont pour effet de rendre le code de production impossible à tester, du moins en l'état. Dans d'autres cas, la vérification des effets produits par le code est difficile (ce point est détaillé plus loin). Il est alors nécessaire de modifier le code existant, de « l'attendrir » pour le rendre testable, en ne modifiant que le strict nécessaire.

4.1 Dépendances retorses

Les dépendances constituent un des principaux adversaires du testeur de code legacy. Elles entraînent des configurations de tests compliquées voire impossibles. Par exemple, un service dépendant d'un accès à une base de données distante ne pourra pas être testé directement dans un environnement ne bénéficiant pas de connexion réseau. En effet, le test échouera mais pour des mauvaises raisons : pas à cause d'une régression dans le code testé, mais à cause de l'environnement d'exécution dans lequel la ressource requise est inaccessible.

Les dépendances gênent fortement le maintien des caractéristiques FIRST des tests[1], en premier lieu le côté *répétable* : un test doit produire les mêmes résultats quel que soit le contexte dans lequel il s'exécute. Il est donc indispensable de minimiser l'impact des dépendances sur nos tests.

> **Remarque :** Si le test est répétable dans un environnement local, c'est déjà une bonne chose. C'est un point de départ acceptable pour commencer le refactoring, à condition d'atteindre une couverture correcte. Il faudra par la suite s'astreindre à faire le nécessaire pour que les tests respectent les caractéristiques FIRST.

■ Identification des dépendances

Les dépendances pernicieuses peuvent revêtir plusieurs formes, et certaines savent se faire plutôt discrètes, rendant leur identification difficile. Savoir les reconnaître offre un atout majeur pour entreprendre les actions permettant de s'en affranchir.

Dépendance vers une ressource externe

Dépendance la plus fréquente, la dépendance externe se situe à la lisière de l'application, sous forme de système extérieur avec lequel notre application interagit. Il

1. Les caractéristiques FIRST des tests sont expliquées plus loin, dans le chapitre 8, dédié aux principes avancés de tests.

peut s'agir d'une base de données, d'un gestionnaire d'authentification ou de n'importe quel autre service distant. L'accès à ces composants nécessite des prérequis qui ne sont pas disponibles partout, tels qu'une connexion réseau et les autorisations nécessaires. Il faut également veiller à ne pas accèder directement aux environnements de production de ces dépendances depuis nos tests, sous peine d'entraîner des modifications dommageables.

En général, on travaille sur des copies de tests des dépendances, parfois sous forme de conteneurs, mais leur mise en place peut se montrer assez lourde. On manque également de maîtrise sur leur comportement dans la mesure où ces copies peuvent évoluer dans le temps, avec les données qu'elles contiennent, et peuvent faire échouer des tests de manière imprévue.

Dépendances multiples

Certains composants se retrouvent couplés à beaucoup d'autres dépendances. Cela traduit évidemment un problème de design dont la manifestation immédiate est la difficulté à écrire les tests, leur initialisation devenant rapidement très laborieuse.

Dépendance vers des calculs non déterministes

Certaines dépendances font preuve de sournoiserie, ne sautant pas aux yeux de prime abord et préférant laisser un faux sentiment de sécurité avant de faire échouer les tests de façon imprévisible. Il s'agit essentiellement des appels à des fonctions dont le retour peut varier, même si les paramètres d'entrée ne changent pas. Ces dépendances rendent les tests non déterministes et donc non répétables ; le côté insidieux réside dans le fait qu'on ne s'en rend pas compte immédiatement.

Dans les exemples les plus courants, on trouve la récupération de la date et de l'heure courante, ou l'utilisation de génération aléatoire. Souvent, on verra rapidement les tests échouer, mais dans certains cas plus insidieux, comme l'utilisation de la date du jour, l'échec se manifestera bien plus tard. Plus à la marge, l'accès à des données pouvant être mises en cache peut également être problématique, parce que le comportement du premier appel sera différent des suivants. L'utilisation de données spécifiques à l'environnement d'exécution n'aide pas non plus : cela arrive lorsqu'on se base sur des propriétés du système ou des variables d'environnement.

Dépendance vers un état global partagé

Bien qu'il soit la grande star des entretiens techniques de recrutement, le design pattern Singleton se montre particulièrement capricieux lors de l'écriture de tests. L'état d'un singleton survit au test qui l'utilise, ce qui fait que n'importe quel test en dépendant a un impact potentiel sur les tests suivants : le comportement peut être différent selon l'ordre dans lesquels ils s'exécutent, et on perd au passage le côté indépendant de FIRST. Cette problématique n'est pas spécifique au singleton et se rencontre dès qu'on manipule un état global partagé entre différents composants.

Ensuite, tout dépend de la façon dont le singleton a été implémenté. Si c'est sous forme d'instance gérée au niveau de l'application de façon qu'elle soit unique, pas de problème, la plupart des frameworks modernes (tels que Spring) fournissent un tel mécanisme sans efforts. Mais lorsque le singleton a été implémenté à l'ancienne, sous forme de classe statique gérant une seule instance, c'est plus compliqué :

- ✓ les accès se font au moyen de méthodes statiques, ce qui rend certains frameworks de mocking impuissants (ou du moins rend leur utilisation moins directe) ;
- ✓ l'état du singleton est partagé entre tous les tests de la suite ; c'est sans conséquence pour des méthodes utilitaires (fonctionnant comme des fonctions pures) mais devient compliqué lorsque l'état du singleton peut évoluer (par exemple, la gestion d'un compteur). Il faut alors prévoir de quoi réinitialiser le singleton, ce qui nécessite d'ajouter du code de production pour faciliter l'écriture de tests, ce qui n'est pas vraiment souhaitable.

Isolation des dépendances

Une fois la dépendance repérée, on peut chercher à minimiser son existence en l'isolant. L'idée principale est d'introduire une abstraction entre le code à tester et la dépendance, pour faire tampon entre notre code et la dépendance réelle. Ainsi, la dépendance est repoussée en marge du code à tester, ce qui limite fortement ses effets néfastes sur notre capacité à tester.

Pour y parvenir, nous nous appuyons sur les techniques vues dans les chapitres précédents, notamment celles qui sont liées au refactoring.

Prenons comme exemple une dépendance permettant de déterminer l'utilisateur connecté. En coulisse, elle fait appel à un gestionnaire d'authentification externe. Notons également qu'elle est proposée sous forme de singleton, dont l'accès se fait de manière statique. Ce singleton étant particulièrement gênant, nous choisissons de l'isoler dans une autre méthode, en procédant à une extraction de méthode.

Ainsi :

```
User loggedUser = UserSession.getInstance().getLoggedUser();
```

devient :

```
User loggedUser = getLoggedInUser();
```

avec la méthode extraite suivante :

```
protected User getLoggedInUser() {
  return UserSession.getInstance().getLoggedUser();
}
```

Une autre possibilité consisterait à introduire la valeur fournie par la dépendance sous forme de paramètre. La signature suivante :

```
public List<Trip> getTripsByUser(User user) throws UserNotLoggedInException {
```

peut se réécrire ainsi :

```
public List<Trip> getTripsByUser(User user, User loggedUser) throws
UserNotLoggedInException {
```

Ceci permet alors de supprimer la ligne suivante :

```
User loggedUser = UserSession.getInstance().getLoggedUser();
```

On ne se contente pas de déplacer le problème, ces transformations en apparence insignifiantes offrent des possibilités nouvelles pour écrire les tests.

Les seams

Par cette opération, nous nous sommes malgré tout autorisés une liberté : celle de modifier le code legacy sans qu'il ne soit au préalable couvert par des tests. En réalité, nous n'avions pas vraiment le choix, à part celui de rester bloqué. Lorsqu'il n'existe pas d'autre possibilité viable, on peut s'octroyer la permission d'effectuer les modifications minimales sur le code de production pour le rendre testable. Bien sûr, on limite cette approche aux modifications qui ne présentent pas de danger relatif à un éventuel changement de comportement du code. Les endroits sur lesquels on peut intervenir sont ceux que Michael Feathers appelle des *seams* :

« *A Seam is a place to alter program behavior without changing the code.* »

Seam se traduit par « couture » : on cherche à identifier des coutures dans le code, c'est-à-dire des points précis où on peut intervenir sans modifier significativement le code de production.

Dans notre exemple avec le singleton, le seam, c'est-à-dire le point d'incision, réside dans la possibilité d'extraire l'appel statique dans un appel non statique par extraction de méthode. Cette modification mineure offre la possibilité de surcharger cette méthode dans un substitut de test, et donc de ne plus être embêté par cet appel au singleton.

Une autre approche possible consiste à introduire un nouveau paramètre dans la méthode appelant le singleton : ainsi on déplace l'appel au singleton vers une méthode de plus haut niveau, et on définit directement la valeur souhaitée dans le test. Cette approche est plus impactante dans la mesure où elle concerne tous les appelants de la méthode que l'on souhaite tester, et est donc à manier avec davantage de précautions.

Substitution des dépendances dans les tests

Le travail d'isolation des dépendances nous donne beaucoup plus d'autonomie et de possibilités pour l'écriture des tests, en particulier la mise en œuvre de notre panoplie de doublures de tests[1]. Ces derniers vont nous permettre de contrôler finement le comportement des dépendances dans chacun de nos tests.

Si la dépendance a été isolée sous forme de paramètre, on peut aisément fournir la valeur souhaitée depuis le code de test.

Dans le cas où une méthode a été extraite, on peut s'appuyer sur les tests doubles, en proposant par exemple un stub, c'est-à-dire une classe dédiée aux tests proposant une implémentation factice pour la méthode extraite :

```
private class TestableTripService extends TripService {
  @Override
  protected User getLoggedInUser() {
      return loggedInUser;
  }
}
```

Cette implémentation est ensuite utilisée par le test plutôt que l'implémentation réelle de TripService.

Injection des dépendances

Les étapes précédentes permettent de progresser rapidement dans l'écriture des tests. Lorsque la couverture de tests devient satisfaisante, il convient de gérer les dépendances plus proprement. Encapsuler les dépendances extraites dans des composants injectables (en se basant sur le principe d'inversion de dépendance) est une bonne solution pour y parvenir.

4.2 Effets difficilement observables

Il arrive que les effets produits par le code que nous souhaitons tester ne soient pas facilement accessibles ou observables, et même dans certains cas ne puissent être connus. On se retrouve en difficulté parce que, soit on ne sait pas quoi vérifier, soit on ne sait pas accéder à l'état qu'on veut vérifier. Voici quelques exemples d'effets difficilement testables :

- ✓ écriture dans une base de données ;
- ✓ envoi de messages asynchrones sur un bus d'événements ;
- ✓ gestion d'interface graphique ;
- ✓ modification d'un état interne non accessible (comme l'état interne d'un objet non exposé publiquement) ;
- ✓ écriture dans la sortie standard.

1. Les doublures de tests sont elles aussi abondamment décrites dans le chapitre 8, dédié aux principes avancés de tests.

Dans ces différents cas, nous sommes confrontés à des effets de bord provoqués par le code : les fonctions testées modifient autre chose que les paramètres d'entrée et ne renvoient pas de valeur.

Pour contourner cet écueil, on peut changer de perspective. Ce qui importe le plus, c'est la modification en elle-même, pas l'endroit où elle se produit. Il faut donc trouver un moyen d'intercepter la modification et de récupérer la valeur écrite (qui servira dans les assertions). Une possibilité consiste à introduire une abstraction en façade de l'effet de bord.

Prenons pour exemple un code dont tous les effets sont écrits dans la sortie standard (tiré du kata de refactoring Trivia Game[1] autour d'un quiz de culture générale) :

```
purses[currentPlayer]++;
System.out.println(players.get(currentPlayer)
        + " now has "
        + purses[currentPlayer]
        + " Gold Coins.");
```

Cet effet, visible dans la console, n'est pas vraiment exploitable dans des tests unitaires. Néanmoins, nous pouvons introduire une abstraction, `GameLog`, dédiée à recevoir, stocker et restituer à la demande tous les événements de la partie. Nous apportons également un peu de métier en représentant la notion de joueur et de pièces d'or de façon plus concrète :

```
gameLog.addEvent(new PlayerEarnedGoldCoinEvent(player));
```

En tant qu'abstraction nouvellement introduite sous forme de dépendance maîtrisée, l'objet `gameLog` est plus facilement accessible, mockable et vérifiable.

5. REFACTORER LE CODE LEGACY

5.1 Se méfier des optimums locaux

Quand on observe un code legacy, il est fréquent de voir beaucoup de duplications nous sauter aux yeux, ou encore de nombreux blocs de code qui pourraient être extraits dans des méthodes ou des classes dédiées. Il est alors tentant de réduire la duplication prématurément, ou de découper trop vite. Le risque, en supprimant la duplication évidente, est de se couper des opportunités pour faire apparaître de la duplication à plus haut niveau, plus insidieuse. Parfois encore, la duplication existe mais n'est pas visible à cause de la façon dont le code est écrit.

Par exemple, imaginons la présence de conditions `condA` et `condB`. À un endroit du code, nous trouvons :

```
if (condA) { ... }
```

1. Le *Trivia Game kata* de J. B. Rainsberger peut se récupérer ici : https://github.com/jbrains/trivia

Plus loin, nous avons une autre condition :

```
if (!condB) { ... }
```

Mais, en y regardant de plus près, on s'aperçoit qu'en réalité `condA` est l'opposé de `condB`, ainsi l'expression `condA == !condB` est toujours vraie. Les deux conditions peuvent donc être réécrites à l'identique. Seulement, si nous avions extrait une méthode de prédicat pour chacune des conditions, la duplication existant de facto se serait retrouvée complétement masquée et dispersée.

Une difficulté récurrente lorsqu'on réécrit du code legacy est de s'enfermer dans des optimums locaux, avec des refactorings satisfaisants au premier abord mais qui empêchent de s'aventurer plus loin. Il faut éviter de céder trop rapidement à l'appel de la facilité, et accepter parfois de défaire un peu le code quitte à se retrouver temporairement dans une position moins favorable. C'est un peu comme en alpinisme, où il est parfois nécessaire de redescendre un peu pour trouver une voie plus praticable afin d'atteindre un sommet plus haut. Ou comme lorsqu'on résout un casse-tête de type Rubik's Cube, en acceptant de défaire temporairement une face complète.

5.2 Accepter de dégrader temporairement le code

L'optimum local est un piège réel : il est très tentant de se précipiter sur les refactorings les plus évidents, et d'extraire rapidement des variables, constantes ou méthodes pour des petits morceaux de code qui paraissent redondants. En procédant ainsi, on se ferme des portes pour la suite.

En réalité, et c'est une fois de plus contre-intuitif, il est préférable de chercher à augmenter la duplication pour mieux faire apparaître les structures communes, quitte à faire augmenter le volume de code[1]. Souvent la duplication est déjà là, mais pas suffisamment explicite. Il faut arriver à faire en sorte qu'elle brûle les yeux. Parmi les outils à notre disposition :

- ✓ normer le formatage de code (par exemple mettre systématiquement des accolades pour les instructions conditionnelles) ;
- ✓ désextraire certaines portions de code (certains refactorings ont pu être faits trop tôt dans la version initiale du code) ;
- ✓ réduire la complexité des conditions.

1. Et, quelque part, ce n'est pas si éloigné de l'approche de triangulation/généralisation utilisée en TDD.

5.3 Commencer par les branches les plus profondes

Vous vous souvenez du conseil de Sandro Mancuso (« tester en premier les branches les moins profondes du code, refactorer en premier les branches les plus profondes ») pour faire face à un code legacy ? Ici, c'est la seconde partie qui nous intéresse, à savoir commencer à refactorer les branches les plus profondes. Cette idée s'appuie sur le fait que les branches profondes vont présenter un volume de code plus réduit, et pourront normalement être extraites plus facilement.

Dans Trip Service, la branche la plus profonde est représentée par le bloc de code suivant :

```
for (User friend : user.getFriends()) {
  if (friend.equals(loggedUser)) {
    isFriend = true;
    break;
  }
}
```

L'idée notée précédemment dans le backlog va se montrer utile ici, la déclaration de la variable `isFriend` pouvant être déplacée juste avant le `for`. Ce code est alors prêt à être extrait vers une méthode `isFriendWith()`, par exemple.

5.4 Savoir s'arrêter

Ne pas rechercher la réécriture parfaite, ne jamais oublier d'où on part et ce qu'on obtient a minima :

- ✓ un code plus lisible, avec des concepts et des abstractions claires et bien identifiées ;
- ✓ un code plus évolutif et maintenable ;
- ✓ la présence de tests fournissant un filet de sécurité.

Avoir le même niveau d'exigence au niveau de la propreté que pour un code obtenu par approche TDD pourrait être vain et surtout risqué. L'important est vraiment que par la suite on puisse travailler confortablement avec ce code. Il faut garder le focus sur le besoin initial qui a mené au refactoring : le fait que l'évolution demandée puisse être ajoutée et testée facilement fournit un bon indicateur de la qualité du travail accompli.

En termes de philosophie, on se rapproche de cette citation de Kent Beck[1] :

« *For each desired change, make the change easy (warning: this may be hard), then make the easy change.* »

Cette citation se base sur des nuances de la grammaire anglaise, et est difficile à traduire en français. On pourrait néanmoins la formuler de la façon suivante :

« Facilitez le changement, puis effectuer le changement facilement. »

L'idée essentielle est, lorsqu'on souhaite apporter une évolution, de mettre en place les conditions propices au changement, notamment grâce aux techniques de refactoring, et de pouvoir ainsi apporter facilement le changement souhaité.

6. POUR ALLER PLUS LOIN : L'APPROCHE SCRATCH REFACTORING

Pour des systèmes hérités vastes ou d'une certaine complexité, il est difficile d'anticiper les étapes à suivre pour améliorer le code ; l'approche de *scratch refactoring* décrite par Michael Feathers dans son livre *Working Effectively with Legacy Code* consiste alors à modifier le code avec une certaine liberté pour esquisser vite les étapes de façon concrète, tout en sachant que **le résultat ne sera jamais livré en production**. Cela permet d'avancer sans se soucier d'introduire des régressions, à seule fin de mieux se projeter dans le travail nécessaire.

En pratique le scratch refactoring se termine par la prise de notes des étapes nécessaires, qui deviendront des tâches ultérieures, avant d'annuler les modifications (ou de les garder sur une branche dédiée du contrôle de sources qui n'est pas destinée à être livrée).

7. POUR ALLER PLUS LOIN : L'APPROCHE D'AMÉLIORATION MARGINALE

Il est facile de se décourager face à un système hérité de grande taille et de qualité faible, en réalisant qu'il ne sera jamais possible de le réparer entièrement. Pourtant, il reste possible d'améliorer son quotidien avec le principe « à partir de maintenant on

1. La citation est issue d'un article de blog de Kent Beck consultable à cette adresse : https://twitter.com/kentbeck/status/250733358307500032?lang=frs

fait mieux ». Cette une idée simple mais vertueuse, qui rappelle la règle du boy-scout, et qui consiste à s'imposer un standard de qualité de code plus élevé pour tout code nouvellement écrit que pour le code existant.

Par exemple, si le taux de couverture de code par les tests du code existant est de 20 %, cela n'empêche probablement pas de définir un objectif de taux de couverture de tout nouveau code par les tests de 80 % ou plus. Certains outils de qualimétrie permettent cette approche avec l'utilisation de seuils différents pour le code existant et pour tout nouveau code.

8. CONCLUSION

L'objectif de ce chapitre est de vous préparer à aborder les projets legacy avec sérénité et rigueur. Certes, cela comporte une part de danger si on cède à la panique et qu'on ne prépare pas soigneusement son approche. L'idée majeure est de limiter les risques et de se placer dans une situation permettant de travailler en toute confiance : pour cela nous avons besoin d'ajouter suffisamment de tests pour obtenir une couverture satisfaisante. Nous avons montré comment écrire des tests, soit en cherchant à comprendre le métier, soit en observant le comportement avec l'approche en boîte noire autour du golden master. Nous avons également vu que parfois le code ne se prête pas à la mise en place de tests, notamment à cause des dépendances, et nous avons expliqué comment l'attendrir avec des modifications chirurgicales et sûres.

Une fois que la couverture du code par les tests paraît satisfaisante, nous disposons d'un filet de sécurité qui nous permet de procéder à la phase de refactoring en toute sérénité. Ici encore, nous devons garder notre calme et prendre de la hauteur, sans céder immédiatement à la facilité, et procéder par petites itérations, en appliquant les techniques de refactoring décrites dans le chapitre dédié. Le harnais de tests dont nous disposons nous autorise même certaines audaces et nous invite ainsi à expérimenter.

Enfin, l'effort à mettre sur un code legacy peut être infini, il est donc important de ne pas rechercher la perfection, de limiter les ambitions de savoir s'arrêter au bon moment.

7 Étude détaillée du kata Fraction

Ce chapitre est dédié au kata Fraction. Nous allons décrire le déroulement de ce kata en détail. Notre approche ainsi que les conseils partagés ici ne sont pas spécifiques à ce kata en particulier. Ils sont valables et applicables à tout autre kata ou exercice.

Nous avons découvert le kata Fraction sur le blog de J. B. Rainsberger (plus connu sous le nom de jbrains), qui l'utilise dans ses cours[1] pour introduire TDD. Ce chapitre s'inspire en grande partie de ce cours. Après avoir lu ce chapitre, nous vous recommandons vivement de visionner les vidéos proposées sur son site.

Dans ce chapitre, nous partagerons également notre expérience sur l'animation de ce kata consacré à différents usages que nous utilisons régulièrement en interne dans le cadre de nos trainings en entreprise ainsi que dans le cadre d'entretiens techniques pour évaluer nos futurs collègues.

1. POURQUOI LES FRACTIONS ?[1]

La fraction est une notion mathématique simple connue de tous, ce qui permet d'introduire l'exercice rapidement. Sa présentation peut se faire en moins de 30 secondes tout en restant claire et compréhensible. En dépit de sa simplicité, c'est un exercice qui est riche en problématiques intéressantes. Bien qu'il existe différents formats pour le présenter, ce kata permet de simuler un bon nombre de problématiques rencontrées dans la vraie vie et de sensibiliser à une pléthore de bonnes pratiques.

Les problématiques illustrées par ce kata incluent le recueil de besoin, les échanges avec le métier, le découpage, l'exploration des besoins ainsi que l'implémentation. Du côté des bonnes pratiques, ce kata est parfaitement adapté pour introduire les concepts suivants : TDD, baby steps, immuabilité, builders, design simple, etc.

1. Les cours de jbrains sont disponibles en ligne à l'adresse suivante : https://online-training.jbrains.ca/

2. PRÉSENTATION DU KATA FRACTION

Le kata Fraction consiste à écrire une application qui permet d'effectuer les quatre opérations mathématiques de base sur les fractions :

- ✓ l'addition,
- ✓ la soustraction,
- ✓ la multiplication,
- ✓ la division.

Le programme doit donner le résultat sous forme de fraction irréductible et donc si besoin simplifiée.

Exemples de fractions :

- ✓ 4/7 + 2/7 = 6/7
- ✓ 4/7 - 2/7 = 2/7
- ✓ 4/7 * 2/7 = 8/49
- ✓ 4/7 ÷ 2/7 = 2

Remarque : La notion de fraction n'existe pas dans les langages comme Java ou C# tandis que d'autres langages comme Smalltalk ou Haskell définissent cette abstraction comme un type de base.

Avant d'aller plus loin dans la lecture de ce chapitre, nous vous invitons à prendre le temps d'expérimenter ce kata par vous-même. Le fait de pratiquer cet exercice avant de poursuivre votre lecture vous permettra dans un premier temps d'apprendre de votre approche, puis de la comparer avec la nôtre.

3. PREMIER EXERCICE : IMPLÉMENTATION SANS CONTRAINTES

Pour ce premier exercice, pratiquez ce kata en utilisant votre style habituel de développement. Par exemple, vous n'êtes pas obligé d'utiliser TDD si vous n'en faites pas au quotidien.

Commencez par donner une estimation du temps nécessaire pour développer l'application. Allouez-vous par exemple une durée maximale de 25 minutes.

Cette contrainte n'a pas pour vocation de mesurer votre vélocité à développer. Elle sert principalement à simuler les situations assez fréquentes dans notre métier où le client requiert un nombre infini de besoins et souhaite qu'on lui livre tout dans des délais qui sont souvent trop serrés.

Préparez votre IDE préféré avec le langage de programmation de votre choix et, une fois que vous êtes prêt, démarrez votre chronomètre, et à votre clavier !

3.1 Évaluation de ce premier exercice

À la fin de votre premier exercice, évaluez-vous en répondant à ces questions :

- ✓ Avez-vous commencé tout de suite par écrire du code au lancement du chronomètre ?
- ✓ Par quelle opération avez-vous commencé ? Et pourquoi avez-vous fait ce choix ?
- ✓ Avez-vous réussi à aller jusqu'au bout et à implémenter les quatre opérations ?
- ✓ Est-ce que la fraction représentant le résultat final est représentée sous sa forme simplifiée ?
- ✓ Avez-vous pensé aux cas aux limites comme une fraction avec un dénominateur zéro ou la division par une fraction zéro ?
- ✓ Est-ce que le code à la fin de cet exercice était livrable en production ? Autrement dit, estimez-vous que vous n'aviez plus d'améliorations à faire en disposant de davantage de temps ?
- ✓ Avez-vous la garantie que tout ce qui a été livré fonctionne correctement ?

3.2 Retour des différents comportements observés

Avant de décrire le déroulement du kata pas à pas, il est nécessaire de partager avec vous les différents comportements que nous avons constatés pendant nos trainings ou entretiens. Pour rappel, cet exercice s'est déroulé dans les conditions citées ci-dessus, c'est-à-dire choix du langage et de l'IDE, sans contraintes particulières (et donc TDD non obligatoire) excepté la durée maximale de 25 minutes pour développer l'exercice.

À propos des différentes questions citées dans le paragraphe précédent, nous avons fréquemment remarqué que :

- ✓ La majorité de participants commencent directement par écrire du code. Certains vont poser des questions au fur et à mesure qu'ils avancent sur le sujet. Mais la majorité des participants choisit de partir sur des suppositions plutôt que de poser les questions directement. Ce comportement est assez proche de ce qu'on peut observer sur des vrais projets durant lesquels l'équipe de développement va souvent avancer seule avec des suppositions, sans prendre le temps de se renseigner davantage ou de se rapprocher du métier. Il est alors courant de découvrir des anomalies lors des phases de qualification, voire en production.
- ✓ Concernant le choix de la première opération à développer, les candidats vont choisir l'opération qui leur semble la plus simple à développer, tantôt l'addition, tantôt la multiplication, mais jamais l'opération de soustraction ni celle de la division.

- ✓ Le cas suivant est plus rarement rencontré : il nous est arrivé de constater que des participants arrivent à tout implémenter au bout de 15 minutes. Mais souvent, dans ce cas, ceux ou celles qui avancent à un bon rythme oublient des cas fonctionnels comme la simplification de la fraction ou les cas aux limites (dénominateur zéro, division par zéro). Par ailleurs, ils fournissent la fonctionnalité attendue, mais sans pouvoir garantir que leur code fonctionne correctement (les tests brillant par leur absence).
- ✓ Enfin, on rencontre des cas où des participants commencent le développement des quatre opérations en même temps sans parvenir à en finir correctement une seule dans le délai accordé.

4. DÉCOMPOSITION

En 1776, Adam Smith déclarait dans *Recherche sur la nature et les causes de la richesse des nations* :

« Dans chaque art, la division du travail, aussi loin qu'elle peut être portée, donne lieu à un accroissement proportionnel dans la puissance productive du travail. »

Nous ne pouvons qu'être en accord avec cette affirmation, que nous pourrions reformuler en ces termes : « Il faut diviser pour mieux régner. » Cette méthode de travail est incontournable dans notre métier étant donné la complexité des sujets auxquels nous sommes confrontés quotidiennement. En décomposant, nous divisons un problème en plusieurs sous-problèmes plus simples pouvant chacun être traité à part. Le premier avantage est de nous permettre d'avancer sur une partie du problème sans avoir à nous préoccuper de toute la complexité de sujet.

Le second bénéfice est lié à la gestion des délais. Très souvent, les clients expriment des besoins considérables et ils souhaitent qu'on leur livre le résultat de notre travail dans des délais assez serrés. Il est primordial d'entamer un dialogue avec le client pour hiérarchiser les priorités et négocier les délais de livraison.

Si on applique ce principe sur l'exercice des fractions, nous allons décomposer le kata en quatre parties différentes : une par opération arithmétique.

Pour rendre cette décomposition efficace, il faut appliquer le principe de l'abstraction ou, d'une manière plus précise, s'intéresser aux détails qui correspondent à un seul niveau d'abstraction.

Dans notre exemple, le niveau d'abstraction le plus haut est la vue d'ensemble des quatre opérations ainsi que leurs corrélations. En travaillant sur ce niveau, nous ne devons pas nous intéresser aux détails de chaque opération car ces détails sont situés à un autre niveau.

Quand on change de niveau et qu'on s'intéresse à une opération en particulier, l'addition par exemple, il faut faire l'effort d'oublier les trois autres opérations et de rester concentré sur les détails de l'addition.

À chaque fois qu'on change de niveau, il faudrait faire cette gymnastique mentale de rester concentré sur la fonctionnalité en cours et oublier les détails des autres préoccupations.

Ces deux principes de décomposition et d'abstraction vont de pair et peuvent être appliqués dans notre métier ainsi que dans d'autres domaines d'ingénierie, voire d'une manière universelle sur toutes les problématiques quotidiennes de la vie courante.

Une fois que nous avons décomposé notre application, la question importante qui se pose est de choisir par où commencer. Commencer par l'opération qui semble la plus simple est une approche raisonnable dans le rythme rapide de TDD.

Ceci étant dit, le cas le plus facile n'est pas forcément celui qui présente le plus grand intérêt d'un point de vue métier. Il est important de garder en tête que les développeurs construisent un produit destiné à un utilisateur final et répondant à des problématiques de son quotidien. Le produit développé est avant tout réalisé dans le but de faciliter ses tâches et de lui faire gagner du temps. Afin de définir avec certitude par quoi commencer, il est crucial de passer du temps en échangeant avec les utilisateurs et experts du métier. Ces derniers sauront déterminer l'opération la plus prioritaire pour eux et donc celle qui offre le plus de valeur métier.

Néanmoins, il est aussi très probable que le client ne joue pas le jeu et prétende que toutes les opérations ont la même importance et la même priorité à ses yeux. D'abord parce qu'il n'a pas nécessairement conscience des difficultés et contraintes liées au développement logiciel, ensuite parce qu'il souhaite être livré le plus rapidement possible. Entamer une discussion constructive en amont doit permettre d'établir un ordre de priorité en accord avec les attentes du client.

5. EXPLORATION

Maintenant que notre kata a été décomposé en quatre parties et que nous avons hiérarchisé lesdites parties en accord avec les attentes du client, nous avons la possibilité de commencer la phase d'exploration pour comprendre en détail le besoin sous-jacent de chaque opération. Imaginons par exemple que l'opération de l'addition soit celle qui a été retenue comme l'opération la plus prioritaire.

Pour explorer le besoin, nous allons échanger avec le client. La façon la plus efficace pour mettre en exergue les différents cas à gérer est de demander des exemples.

Des questions très basiques mais néanmoins utiles peuvent lui être posées dans ce cadre :

- ✓ « Donne-moi un exemple d'une fraction. »
- ✓ « Donne-moi un exemple de l'addition de deux fractions. »

Enchaîner avec des questions plus élaborées permettra de comprendre et d'affiner les différentes règles :

- ✓ « Pourrais-tu nous donner un cas plus simple que l'exemple précédent ? »
- ✓ « Pourrais-tu nous donner des cas plus complexes que l'exemple précédent ? »
- ✓ « Pourrais-tu nous donner des cas limites ? »
- ✓ « Pourrais-tu nous donner des exemples nécessitant une attention particulière ? »

Avec le problème de la fraction, les questions suivantes sont pertinentes :

- ✓ « Faut-il pouvoir combiner les opérations de plusieurs fractions (plus que deux) ? »
- ✓ « Dans ce cas existe-t-il des règles de priorité et comment les gérer ? »
- ✓ « Les numérateurs et dénominateurs peuvent-ils être des nombres réels (avec des décimales) ? »
- ✓ « Le résultat final sera-t-il forcément sous forme simplifiée ? »
- ✓ « Faut-il conserver le résultat original avant simplification ? »
- ✓ « Le résultat final doit-il être représenté sous forme de nombre à virgule flottante ? »

6. DÉCOUPAGE

Les échanges avec le client vont permettre aux développeurs de collecter a minima les connaissances suivantes sur les fractions :

- ✓ Une fraction est constituée d'un numérateur et d'un dénominateur.
- ✓ Numérateur et dénominateur sont des entiers relatifs.
- ✓ Si le numérateur vaut 0, alors la fraction vaut 0 quelle que soit la valeur du dénominateur.
- ✓ Si le numérateur et le dénominateur sont identiques alors la fraction vaut 1.
- ✓ Le dénominateur d'une fraction ne peut pas valoir 0. On parle d'une fraction infinie le cas échéant.
- ✓ Certaines fractions se comportent comme un élément neutre vis-à-vis de certaines opérations : toute opération d'une fraction avec l'élément neutre donne cette fraction elle-même.
- ✓ Toute fraction valant 0 est l'élément neutre pour l'addition et la soustraction.
- ✓ Toute fraction valant 1 est l'élément neutre pour la multiplication et la division.
- ✓ Pour représenter n'importe quel entier naturel, on utilisera un dénominateur valant 1.
- ✓ La commutativité[1] est vérifiée pour les opérations d'addition et de multiplication mais elle ne l'est pas pour les opérations de soustraction et de division.

1. La commutativité est une propriété d'une opération qui permet de changer l'ordre des termes sans en changer le résultat. Par exemple, l'addition et la multiplication de nombres naturels sont des opérations commutatives.

Mine de rien, cela commence à faire beaucoup de règles et donc une certaine complexité. Afin de clarifier ces règles, il est indispensable de les accompagner d'exemples. Voici les exemples fournis par le métier à propos de l'addition, dont certains font émerger de nouvelles règles :

- ✓ 3/5 + 1/3 = (3*3 + 1*5)/(5*3) = 14/15 (les dénominateurs sont différents)
- ✓ 1/7 + 4/7 = 5/7 (les dénominateurs sont identiques)
- ✓ 1/-7 + 3/7 = 2/7 (un des nombres est négatif)
- ✓ 3/1 + 4/1 = 7/1 (addition des entiers naturels sous forme de fractions)
- ✓ 1/7 + 0/1 = 1/7 (élément neutre à droite)
- ✓ 0/1 + 1/3 = 1/3 (élément neutre à gauche)
- ✓ 0 + 0 = 0 (élément neutre ajouté à lui-même)
- ✓ 1/0 + 3/7 = infini (un des dénominateurs vaut zéro)
- ✓ 1/4 + 3/4 = 4/4 = 1 (simplification de fraction)

Bien entendu, on fait ici l'hypothèse que le client a décrit les règles de calculs nécessaires pour chaque cas fonctionnel.

À ce stade, nous disposons de suffisamment de cas pour découper l'opération de l'addition en tranches assez fines, en nous basant sur les différentes règles métiers. L'idée est d'ordonner les règles de façon à construire l'addition de manière incrémentale, chaque étape apportant de la valeur. Ainsi, nous sommes à tout moment en capacité de fournir un livrable déployable en production et répondant à un certain nombre de cas. À partir des exemples ci-dessus, nous proposons le découpage suivant :

- ✓ Gestion de l'élément neutre
  - Élément neutre + élément neutre (0 + 0 = 0)
  - Élément neutre + fraction (0 + F = F)
  - Fraction + élément neutre (F + 0 = F)
- ✓ Addition des deux entiers naturels représentés par une fraction
  - Addition des numérateurs avec dénominateur à 1 : 3/1 + 4/1 = 7/1
- ✓ Addition de deux fractions avec le même dénominateur
- ✓ Addition de deux fractions avec des dénominateurs différents
- ✓ Gestion des fractions négatives
  - Cas où l'une des deux fractions est négative
  - Cas de deux fractions négatives
- ✓ Gestion de cas d'un dénominateur égal à zéro (la fraction infinie)
- ✓ Cas nécessitant une simplification

On remarque que ce découpage incrémental classe les différentes règles du cas le plus simple au cas le plus complexe même si ce n'était pas l'objectif à l'origine.

Quand ce travail de découpage est fait, l'opération de l'addition est prête à être développée. Le même travail devra bien sûr être effectué avec les trois autres opérations.

En fonction du contexte et des contraintes temporelles (ou même de l'envie de l'équipe), on se trouve face à deux options :

- ✓ passer directement à la partie implémentation,
- ✓ ou continuer à faire le même travail de décomposition, d'exploration et de découpage avec les trois autres opérations.

7. SECOND EXERCICE : IMPLÉMENTATION AVEC L'APPROCHE TDD

Pour ce second exercice, nous vous proposons de reprendre le kata ex nihilo et de mettre en œuvre tous les concepts que vous avez déjà rencontrés dans les chapitres précédents, notamment à propos de TDD, de Clean Code et de refactoring. Une fois encore, il serait dommage de céder à la tentation de poursuivre la lecture sans faire l'exercice. Vous rateriez l'occasion d'évaluer par vous-même vos connaissances et une opportunité de les comparer avec ce que nous allons vous présenter dans la suite de ce chapitre.

7.1 Phase d'implémentation en TDD

Le travail de découpage et de priorisation que nous avons déjà fait dans les paragraphes précédents va nous aider pour l'implémentation de notre kata en TDD. En effet, les différentes tranches déjà définies et priorisées dans notre découpage correspondent aux différents baby steps alimentant notre backlog. On pourra donc commencer le développement de l'opération de l'addition de deux fractions en suivant l'approche TDD telle qu'elle a été expliquée dans le chapitre dédié.

L'une des recommandations à suivre quand vous commencez un nouveau projet est d'écrire un pré-test jetable qui vérifie une instruction qui est toujours vraie ou fausse. Des instructions comme «`true == true`» ou «`false == false`» sont des bons exemples des vérifications qui sont toujours vraies. Des instructions comme «`true == false`» ou «`1 == 22`» sont des exemples des vérifications qui demeurent fausses. L'objectif de ces tests jetables est de s'assurer que l'IDE est prêt et bien configuré pour lancer les tests.

7.2 Quel sera donc le premier test à écrire ?

La majorité des développeurs vont commencer par un premier test vérifiant la structure Fraction et qui sera nommé FractionTest. Or l'inconvénient de ce choix est de tester une structure de données, et donc des détails d'implémentation, plutôt que le comportement attendu. Une meilleure approche sera de commencer par tester la nouvelle fonctionnalité qu'on souhaite ajouter à notre application. Dans notre cas, il s'agit de l'addition de deux fractions qui représente ce nouvel incrément.

7.3 Cas de l'addition de l'élément neutre zéro

Notre première classe de test serait donc `AdditionFractionTest`. L'abstraction `Fraction` va émerger assez rapidement dès la création du premier test, comme illustré ci-dessous :

```
@Test
public void zero_plus_zero_should_return_zero(){
    Fraction zero = new Fraction(0);

    Fraction sum = zero.add(zero);

    Assert.assertEquals(zero, sum);
}
```

Remarque : Pour l'écriture d'un nouveau test, nous vous recommandons de commencer par écrire ce que vous souhaitez vérifier, c'est-à-dire la partie `Assert`. Dans le test ci-dessous, on commence donc par écrire le test vérifiant que `zero` est égal à `zero.add(zero)`. Le test sera rouge, car le compilateur ne va pas reconnaître les différentes classes et méthodes, et, pour compléter notre test, on se sert de l'IDE pour extraire les parties `Arrange` ou `Given` et `Act` ou `When`.

Enfin, notons que si la classe Fraction et l'opération `add()` sont introduites, le test ne présume en rien de la structure interne de la classe. Pour l'instant nous n'en avons pas besoin donc autant éviter de faire plus de conception que nécessaire.

Dans cet exemple, des discussions intéressantes peuvent émerger notamment sur le choix des noms de variables : faut-il utiliser le terme `elementNeutre` ou simplement `zero` ? En fait, étant dans la phase rouge du cycle TDD, on s'interdit pour l'instant tout renommage et on conserve le nom qui est venu initialement, mais on peut noter la nécessité de faire ce renommage lors de la phase de refactoring.

Faire passer ce test au vert ne demande pas un effort insoutenable, il suffit de retourner l'objet passé en paramètre :

```
public class Fraction {
```

```
    public Fraction(int value) {
    }

    public Fraction add(Fraction fraction) {
        return fraction;
    }
}
```

Naturellement, avant d'écrire l'implémentation, on lance le test pour vérifier qu'il échoue, et on n'oublie pas de vérifier qu'il échoue pour la bonne raison.

Dans le cas contraire, imaginez que vous écrivez un test et que ce test échoue pour une raison différente de celle pour laquelle il est censé échouer. En écrivant l'implémentation supposée faire passer le test au vert, il existe un risque élevé qu'il ne passe pas parce qu'il échouait déjà pour une autre raison. Ce genre de confusion fait perdre beaucoup de temps avant de comprendre la vraie raison de l'échec du test. En vérifiant que le test échoue pour la bonne raison, ce risque est éliminé.

À ce stade, nous disposons d'un premier test avec son implémentation, le tout réalisé en moins de 10 minutes. Il s'agit d'un baby step qui couvre un des cas fonctionnels liés à l'élément neutre.

Une des pratiques assez efficaces quand on fait des baby steps consiste à introduire un seul concept à la fois. C'est Adrian Bolboaca[1] qui parle de cette pratique en insistant pour que les développeurs prennent une seule décision à la fois.

Nous avons déjà vu quelques développeurs écrire ce test sans instancier un objet `Fraction` et se contenter de la somme avec l'entier 0 comme étape préalable à notre cas :

```
    @Test
    public void not_zero_plus_zero_should_return_not_zero_fraction(){
        int zero = 0;
        int not_zero = 3;

        int sum = not_zero + zero;

        Assert.assertEquals(not_zero, sum);
    }
```

Ce choix rend le test complètement inutile voire contre-productif car il est hors contexte. Dans le test, on vérifie plutôt l'addition des deux entiers naturels, ce qui ne révèle pas notre intention qui est d'écrire un test qui vérifie la somme des deux fractions.

1. https://twitter.com/adibolb

Nous pouvons poursuivre ensuite avec les deux autres catégories d'exemples liées à l'élément neutre. Nous créons ainsi un test pour le cas de l'addition avec élément neutre à droite :

```
@Test
public void not_zero_plus_zero_should_return_not_zero_fraction(){
    Fraction zero = new Fraction(0);
    Fraction not_zero = new Fraction(3);

    Fraction sum = not_zero.add(zero);

    Assert.assertEquals(not_zero, sum);
}
```

Remarquons que les noms de variables choisis, `zero` et `not_zero`, véhiculent bien mieux l'intention du test que des noms génériques tels que `a` et `b` ou `fraction1` et `fraction2`. L'asymétrie formée par les opérandes dans ce cas particulier est ici exprimée clairement.

Le code qui permet de passer ce test au vert est le suivant :

```
public class Fraction {
    private int value;

    public Fraction(int value) {
        this.value = value;
    }

    public Fraction add(Fraction fraction) {
        if(fraction.value == 0){
            return this;
        }
        return fraction;
    }
}
```

Enfin, on ajoute le dernier test correspondant au cas de l'élément neutre à gauche :

```
@Test
public void zero_plus_not_zero_should_return_not_zero_fraction(){
    Fraction zero = new Fraction(0);
    Fraction not_zero = new Fraction(1);

    Fraction sum = zero.add(not_zero);

    Assert.assertEquals(not_zero, sum);
}
```

Ce test passe au vert sans avoir besoin d'ajouter du code. Ce cas de figure devrait nous alerter car ce n'est pas habituel que le test passe au vert tout de suite. Comme vu dans le chapitre 1, sur le TDD, un test écrit devrait dans un premier temps échouer pour la bonne raison. Or on peut tolérer dans notre cas que le test passe au vert avec une implémentation existante car le test implémente une règle fonctionnelle nécessaire pour la documentation.

Nous avons, à ce stade, le cas de l'élément neutre qui a été géré. Nous pouvons donc passer aux autres cas.

7.4 Cas de l'ajout de deux fractions entières

Le test suivant décrit l'addition de deux fractions représentant des entiers naturels :

```
@Test
public void not_zero_plus_not_zero(){
        Fraction wholeFraction = new Fraction(2);
        Fraction anotherWholeFraction = new Fraction(3);

        Fraction sum = wholeFraction.add(anotherWholeFraction);

        Assert.assertEquals(2 + 3, sum.getValue());
}
```

On remarque que nous n'avons pas représenté le dénominateur dans les fractions des entiers naturels dans notre exemple. On essaye d'introduire un concept à la fois. Pour cet exemple, nous avons la possibilité de choisir de gérer l'addition des deux entiers sans avoir à représenter tout de suite la notion de dénominateur.

Pour faire passer ce test, nous modifions l'implémentation de la façon suivante :

```
    public Fraction add(Fraction fraction) {
        if(fraction.value == 0){
            return this;
        }
        if(value == 0){
            return fraction;
        }
        return new Fraction(this.value + fraction.value);
    }
```

À ce stade, nous pourrions songer à refactorer le code. Mais il est un peu tôt car, pour que les tests continuent à passer, nous avons besoin de modifier les tests existants ou d'implémenter l'égalité entre deux fractions. Or la notion de dénominateur n'est pas encore implémentée.

7.5 Cas de l'ajout de deux fractions avec le même dénominateur

Voici le test représentant ce cas :

```
@Test
public void same_denominator(){
    Fraction fraction_1 = new Fraction(2, 7);
    Fraction fraction_2 = new Fraction(3, 7);

    Fraction sum = fraction_1.add(fraction_2);

    Assert.assertEquals(2+3, sum.getValue());
    Assert.assertEquals(7, sum.getDenominator());
}
```

Pour faire passer le test au vert, nous modifions la classe `Fraction` en ajoutant enfin la notion de dénominateur, l'attribut `value` prenant le rôle du numérateur.

```
public class Fraction {
    private final int numerator;
    private final int denominator;

    public Fraction(int value) {
        this.numerator = value;
        denominator = 1;
    }

    public Fraction(int value, int denominator) {
        this.numerator = value;
        this.denominator = denominator;
    }

    public Fraction add(Fraction fraction) {
        if(fraction.numerator ==0){
            return this;
        }
        if(numerator ==0){
            return fraction;
        }
        return new Fraction(this.numerator + fraction.numerator,
denominator);
    }

    public int getNumerator() {
        return numerator;
    }
```

```
    public int getDenominator() {
        return denominator;
    }
}
```

Les tests étant au vert, nous avons la possibilité de passer à l'étape de refactoring. On peut renommer le paramètre `value` en `numerator`, ce qui rend le nom de la variable plus explicite. La méthode `add` peut d'ailleurs être simplifiée en supprimant les différentes vérifications faites sur le numérateur.

```
  public Fraction add(Fraction fraction) {
    return new Fraction(this.numerator + fraction.numerator, denominator);
  }
```

Nous relançons évidemment les tests pour vérifier que notre refactoring n'a rien cassé. Ces derniers passent au vert avec l'implémentation simplifiée. Nous pouvons donc publier le code et passer à l'étape suivante.

À ce stade, nous avons les options suivantes :

- ✓ option 1 : écrire un nouveau cas fonctionnel qui concerne le cas de deux dénominateurs différents ;
- ✓ option 2 : implémenter l'égalité des fractions (nous avons retardé ce cas en attendant l'introduction de la notion de dénominateur) ;
- ✓ option 3 : implémenter la simplification des deux fractions.

Chaque option comporte ses avantages et ses inconvénients.

Une autre option est de refactorer les tests. Rappelons que la qualité des tests occupe une place importante, voire plus importante, que celle du code en production. Il faut penser à les refactorer régulièrement pourqu'ils soient durables, c'est-à-dire, facilement maintenables et testables.

7.6 Cas de l'ajout de deux fractions avec des dénominateurs différents

Pour implémenter le cas fonctionnel de deux fractions avec des dénominateurs différents, nous écrivons un test représentant ce cas :

```
    @Test
    public void different_denominator(){
        Fraction fraction_1 = new Fraction(4, 7);
        Fraction fraction_2 = new Fraction(3, 5);

        Fraction sum = fraction_1.add(fraction_2);
```

```
        Assert.assertEquals(41, sum.getNumerator());
        Assert.assertEquals(35, sum.getDenominator());
    }
```

Pour faire passer le test au vert, nous modifions la méthode `add` pour implémenter la règle d'addition de deux fractions avec des dénominateurs différents :

```
public Fraction add(Fraction fraction) {
    int numerator = this.numerator * fraction.denominator + fraction.
numerator * this.denominator;
    int denominator = this.denominator * fraction.denominator;

    return new Fraction(numerator, denominator);
}
```

7.7 Simplification des deux fractions

En mathématiques, une fraction est irréductible lorsque l'on ne peut plus la simplifier, c'est-à-dire que son numérateur et son dénominateur n'ont aucun diviseur commun autre que 1. Avant de poursuivre la lecture, prenez le temps d'analyser ce cas et votre approche pour l'implémenter.

C'est un cas intéressant car le sujet étant une évidence pour le client, il est fort probable qu'il passe très rapidement cet aspect, voire qu'il ne l'aborde pas au cours des échanges[1]. D'où l'intérêt d'accorder une écoute particulière aux différents termes qu'il emploie durant les échanges et de lui demander d'expliciter la signification des différents mots ou termes employés. Il est parfois nécessaire de faire des recherches par soi-même, sur Internet ou dans des ouvrages spécialisés sur le sujet.

La simplification d'une fraction et sa réécriture sous une forme irréductible repose sur le calcul du plus grand diviseur commun (PGCD). Le PGCD calculé, il suffit de le diviser du numérateur et du dénominateur pour obtenir la fraction simplifiée. Bien évidemment, le calcul du PGCD de deux nombres n'est pas un problème simple en soi.

Pour simplifier une fraction et la réduire sous sa forme irréductible, nous avons besoin de :

- ✓ diviser le numérateur et le dénominateur par le plus grand commun diviseur (PGCD) pour obtenir la fraction irréductible ;
- ✓ calculer le PGCD ; ce calcul se fait sur deux nombres quelconques peu importe qu'il s'agisse du numérateur et/ou du dénominateur.

Le calcul de PGCD est une fonctionnalité à part.

1. Lorsqu'on maîtrise parfaitement un sujet, on a tendance à penser que c'est une évidence pour tout le monde. On appelle ce biais cognitif la *malédiction de la connaissance*.

Cette fonctionnalité prend en entrée deux arguments de type entiers relatifs et renvoie en sortie un entier naturel qui est le PGCD.

Pour implémenter cette fonctionnalité, nous avons besoin d'ajouter un nouveau test :

```
@Test
public void different_denominator(){
    Fraction fraction_1 = new Fraction(1, 6);
    Fraction fraction_2 = new Fraction(2, 6);

    Fraction sum = fraction_1.add(fraction_2);

    Assert.assertEquals(new Fraction(1, 2), sum);
}
```

Ce test échoue car notre implémentation fournit le résultat sans simplification pour l'instant. Afin de faire passer le test au vert, nous avons besoin d'ajouter un nouveau comportement qui est le calcul de PGCD de deux entiers.

Nous devrions donc écrire un nouveau test pour vérifier le PGCD. Or nous avons déjà un premier test qui échoue. Selon ce que nous avons appris dans les premiers chapitres sur le TDD, on ne peut pas écrire un deuxième test qui échoue avant de faire passer le premier test au vert. Or, pour faire passer le premier test au vert, nous avons besoin d'avancer sur la fonctionnalité de calcul de PGCD et donc l'écriture d'un nouveau test. Nous allons voir dans le chapitre 9, sur le TDD avancé, que cela est possible avec la double boucle TDD. En résumé, avec cette double boucle TDD nous avons la possibilité d'avoir deux tests en échec :

- ✓ le premier représente le critère qui nous permet de définir notre besoin. Dans notre cas, c'est obtenir la fraction sous sa forme la plus irréductible ;
- ✓ le second nous permet d'écrire le test pour avancer sur l'implémentation de calcul de PGCD.

Nous allons donc avoir à tout instant :

- ✓ le premier test lié à la fonctionnalité principale attendue (obtenir la fraction simplifiée) ;
- ✓ un second test lié à la fonctionnalité secondaire (calcul de PGCD).

Le premier va rester en échec pendant plusieurs heures tandis que le second test va passer en vert au bout de quelques minutes. Et nous continuons à écrire les tests liés à la fonctionnalité secondaire jusqu'à l'implémenter complètement. Une fois que l'implémentation de la seconde fonctionnalité est terminée, notre premier test passe au vert.

Nous allons voir cela en détail plus tard dans le chapitre 9, dédié aux aspects avancés du TDD.

Si on revient à la fonctionnalité PGCD, nous avons plusieurs possibilités pour l'implémenter :

- ✓ développer ex nihilo en utilisant une approche TDD par exemple ;
- ✓ s'inspirer des algorithmes existants pour écrire notre propre implémentation, mais il faut néanmoins la tester ;
- ✓ regarder si le langage de programmation utilisé fournit déjà cette fonctionnalité.

Pour les deux derniers cas, on ne peut pas appliquer la démarche TDD dans le sens où le code existe déjà. On pourrait néanmoins vérifier le code en écrivant les tests a posteriori : ceux-ci sont nécessaires car ils servent à vérifier le comportement attendu. Pour le PGCD, il faudrait par exemple vérifier que celui de 0 et 1 ne soit pas 0.

Une première approche est de brancher le calcul du PGCD à la création dans le constructeur ou en utilisant un design pattern de création. Avec cette méthode, nous ne gardons que la forme irréductible de la fraction, ce qui pourrait être problématique si nous avons besoin d'avoir la forme originale. Le code ci-dessous montre un exemple pour implémenter la création d'une fraction simplifiée. On calcule le PGCD dans un premier temps et on instancie ensuite l'objet `Fraction` avec la forme simplifiée.

```
static Fraction simplified(int numerator, int denominator) {
  int pgcd = pgcd(numerator, denominator);
  return new Fraction(numerator/pgcd, denominator/pgcd);
}
static Fraction of(int numerator, int denominator) {
  return simplified(numerator, denominator);
}
```

Une seconde approche est de brancher le calcul du PGCD dans une nouvelle méthode `simplify()` qu'on définit dans un objet `Fraction`. Cette méthode ne prend pas de paramètre. Elle permet de renvoyer un nouvel objet représentant la forme simplifiée de la fraction :

```
Fraction simplify() {
     int pgcd = pgcd(numerator, denominator);
     return new Fraction(numerator/pgcd, denominator/pgcd);
}
```

7.8 Cas limite : dénominateur à zéro

Le dénominateur dans une fraction ne peut pas être égal à zéro. Pour l'instant, notre code ne contrôle pas ce cas.

Approche classique : le dénominateur zéro est impossible

On commence par écrire un test et vérifie qu'il ne passe pas :

```
@Test(expected=IllegalArgumentException.class)
public void denominatorAsZero(){
    Fraction fraction1 = Fraction.createFraction(3, 0);
    Fraction fraction2 = Fraction.createFraction(1, 4);

    Fraction sum = fraction1.add(fraction2);

    Assert.assertEquals(INFINITE, sum);
}
```

Pour faire passer le test au vert, nous pouvons vérifier dans le constructeur que le dénominateur ne soit pas égal à zéro sinon on lève une exception :

```
    public Fraction(int numerator, int denominator) {
        if(denominator == 0) {
            throw new IllegalArgumentException("Denominator can't be zero");
        }
        this.numerator = numerator;
        this.denominator = denominator;
    }
```

Or ce choix n'est pas forcément le meilleur car le rôle du constructeur n'est pas de vérifier les arguments passés en paramètres. Il sert plutôt à initialiser les variables et lier les attributs avec les valeurs passées en arguments. Dans le cas de notre kata Fraction, le constructeur de l'objet `Fraction` ne devrait donc pas vérifier que le dénominateur est égal à zéro et gérer ce cas. Ce comportement devrait être déplacé en dehors de la classe `Fraction` dans une méthode à part. Une des possibilités est de définir une méthode statique dont l'objectif est de fabriquer des objets `Fraction` dont le dénominateur n'est pas égal à zéro comme illustré dans le code ci-dessous :

```
    public static Fraction createFraction(int numerator, int denominator) {
      if(denominator == 0) {
        throw new IllegalArgumentException("Denominator can't be zero");
      }
        return new Fraction(numerator, denominator);
    }
```

Il faudrait également passer la visibilité du constructeur en privé. Ainsi le constructeur ne peut pas être appelé de l'extérieur. Seule la méthode `createFraction()` est donc responsable de créer les objets `Fraction`. Nous avons alors la garantie que les objets `Fraction` ne peuvent jamais avoir leur dénominateur égal à zéro.

Alternative : la division par zéro donne l'infini

En mathématiques, quand le dénominateur est égal à zéro, la fraction est dite infinie. Notre solution ne représente pas jusqu'à maintenant cette notion. En s'inspirant du pattern Null Object (cf. le chapitre 10 « Techniques de conception »), nous avons la possibilité de définir cette notion et de ne plus lever d'exception. À la création d'une Fraction, on vérifie le dénominateur et quand celui-ci est égal à zéro on crée un objet `Fraction` spécifique qui représente une fraction infinie. Il s'agit d'une instance statique où on crée une inner class qui surcharge l'ensemble des méthodes pour que ces dernières implémentent le comportement attendu pour la fraction infinie[1] :

```
    public static final Fraction INFINITE = new Fraction(0,
Integer.MAX_VALUE){
        @Override
        public Fraction add(Fraction fraction){
            // à définir le comportement dans le cas d'une fraction infinie
        }

        @Override
        public Fraction substract(Fraction fraction){
            // à définir le comportement dans le cas d'une fraction infinie
        }

        @Override
        public Fraction multiply(Fraction fraction){
            // à définir le comportement dans le cas d'une fraction infinie
        }

        @Override
        public Fraction divide(Fraction fraction){
            // à définir le comportement dans le cas d'une fraction infinie
        }
    };
```

Avec cette solution, nous localisons donc le comportement d'une fraction infinie à un seul endroit. L'autre avantage est que notre objet ne lève plus d'exception, ce qui évite de casser la pureté de nos fonctions et évite les effets de bord.

Nous pourrons également faire de même pour l'objet `ZERO`, qui représente un élément spécial dans le cas d'une fraction comme indiqué dans le code ci-dessous :

1. En réalité, ce n'est pas si simple, parce qu'on ne peut pas diviser par zéro mais par des valeurs très proches de 0, il s'agit de 0+ et de 0-, dans ce cas leurs inverses respectifs sont $+\infty$ et $-\infty$. Louis Couturat, dans son livre *De l'infini mathématique*, a défendu la convention que la division par zéro donne l'infini non signé. Nous avons choisi de partir sur cette convention car la représentation de l'infini signé risque de rendre le kata complexe.

```
    public static final Fraction ZERO = new Fraction(0, 1){
        @Override
        public Fraction add(Fraction fraction){
            // à gérer le cas de fraction si elle est égale à infinie
            return fraction;
        }

       @Override
        public Fraction substract(Fraction fraction){
            // à gérer le cas de fraction si elle est égale à infinie
            return new Fraction(-fraction.numerator, fraction.denominator);
        }

        @Override
        public Fraction multiply(Fraction fraction){
            // à gérer le cas de fraction si elle est égale à infinie
            return this;
        }
        @Override
        public Fraction divide(Fraction fraction){
            // à gérer le cas de fraction si elle est égale à infinie
            return this;
        }

    };
```

Et ci-dessous le nouveau code d'initialisation de la classe `Fraction` qui crée les objets `ZERO` et `INFINITE` le cas échéant :

```
    public static Fraction createFraction(int numerator,
int denominator) {
        if(denominator == 0){
            return INFINITE;
        }
       if( numerator == 0){
            return ZERO;
        }
        return new Fraction(numerator, denominator);
    }
```

Notons qu'en mathématiques il y a des cas où les opérations impliquant zéro et infini donnent des résultats qui sont par défintion indéterminés. Afin de représenter ces cas, nous pouvons créer un objet `UNDEFINED`. Cet objet devrait être appelé dans les objets `ZERO` et `INFINITE` que nous avons créés plus haut :

```
    public static final Fraction UNDEFINED = new Fraction(0, 0){
```

```
        @Override
        public Fraction add(Fraction fraction){
            return this;
        }

        @Override
        public Fraction substract(Fraction fraction){
            return this;
        }

        @Override
        public Fraction multiply(Fraction fraction){
            return this;
        }

        @Override
        public Fraction divide(Fraction fraction){
            return this;
        }
    };
```

8. LES QUATRE RÈGLES DE DESIGN SIMPLE APPLIQUÉES AU KATA

Comme nous l'avons vu dans le chapitre 2 sur le Clean Code, il existe quatre règles de design simple qui sont très efficaces pour écrire du code durable. Avant d'aller plus loin dans le chapitre, essayez de vous remémorer ces règles. Si vous ne vous en souvenez pas, n'hésitez pas à repasser un peu de temps sur le chapitre 2 pour relire la section 2.3.2.

L'extrait de code ci-dessous représente une implémentation possible (mais discutable) des deux méthodes du kata Fraction `add` et `substract`. En étudiant les implémentations des deux méthodes, essayez de trouver ce qui ne convient pas, et réfléchissez à la bonne façon d'appliquer les quatre règles de design simple pour l'améliorer :

```
    public Fraction add(Fraction fraction) {
        final int newNumerator = this.numerator * fraction.denominator +
fraction.numerator * this.denominator;
        final int newDenominator = this.denominator *
fraction.denominator;
        return createFraction(newNumerator, newDenominator);
    }
```

```
    public Fraction substract(Fraction fraction) {
        final int newNumerator = this.numerator * fraction.denominator -
fraction.numerator * this.denominator;
        final int newDenominator = this.denominator *
fraction.denominator;
        return createFraction(newNumerator, newDenominator);
    }
```

Nous allons constater que les deux méthodes sont quasi identiques, à l'exception du signe + qui est remplacé par le signe -.

Si on se réfère à la règle de design simple qui nous recommande de minimiser la duplication, on peut refactorer la méthode de soustraction comme illustré dans le code ci-dessous :

```
    public Fraction add(Fraction fraction) {
        final int newNumerator = this.numerator * fraction.denominator +
fraction.numerator * this.denominator;
        final int newDenominator = this.denominator *
fraction.denominator;
        return createFraction(newNumerator, newDenominator);
    }

    public Fraction substract(Fraction fraction) {
        return add(createFraction(- fraction.numerator, fraction.
denominator));
    }
```

On voit que, pour minimiser la duplication, l'opération de soustraction pourrait être implémentée en appelant la méthode de l'addition. Il suffit de lui passer la même fraction avec le signe négatif.

Est-ce que cette nouvelle implémentation pourrait être encore améliorée ? Durant les échanges avec le métier, ce dernier a sans doute utilisé le terme « opposées » pour parler de deux fractions qui ont le même numérateur et le même dénominateur mais qui sont de signes différents, comme 3/4 et -3/4. Ce terme n'apparaît pas dans notre implémentation, ce qui serait une perte d'information métier.

Nous pouvons donc proposer une nouvelle implémentation illustrée ci-dessous. En créant une méthode pour exprimer qu'une fraction a un opposé, on ne fait qu'appliquer une autre des quatre règles de design simple consistant à exprimer l'intention.

```
     public Fraction substract(Fraction fraction) {
        return add(fraction.opposite());
     }

    private Fraction opposite() {
        return createFraction(- this.numerator, this.denominator);
    }
```

Vous remarquerez que la méthode `opposite` ne modifie pas l'état de l'objet lui-même mais renvoie une nouvelle fraction correspondant à l'opposé de la fraction courante. En mathématiques, la démarche est similaire : l'opposé d'une fraction constitue une valeur différente de celle de départ.

En programmation, cela nous permet de garder notre objet immuable. Notons que la méthode `opposite` pourrait être définie comme une méthode publique.

Cette approche peut être étendue à la multiplication et à la division. La division des deux fractions est en réalité la multiplication de la première fraction par l'inverse de la seconde. En termes d'implémentation, cela se traduit ainsi :

```
 public Fraction divide(Fraction fraction) {
    return multiply(fraction.inverse());
 }

private Fraction inverse() {
    return createFraction(this.denominator,this.numerator);
}
```

L'avantage est que les règles métiers transparaissent dans le code, garantissant ainsi une documentation utile qui permet de faciliter la vie de l'ensemble des développeurs, y compris les nouveaux qui vont lire le code pour la première fois.

Le kata se termine ainsi avec un code plutôt satisfaisant, contenant suffisamment de vocabulaire métier pour rendre la transmission de la connaissance plus efficace.

Pour conclure ce chapitre, nous rappelons que nous avons choisi volontairement un sujet simple comme les fractions dans l'objectif d'expliquer en détail les différents concepts et approches sans qu'on soit perturbé par la complexité de la partie fonctionnelle. N'oubliez pas d'appliquer tout ce que nous avons vu dans ce chapitre sur d'autres katas mais également dans vos projets. Soyez curieux pour apprendre des nouvelles approches et méthodes. Notez les cas où vous n'êtes pas fluides. Vérifiez les situations où vous trouvez que votre code est rigide et dans lesquelles vous avez des difficultés à le maintenir ou à le faire évoluer. Discutez ces cas avec vos pairs ou vos collègues pour voir s'il n'y a pas d'autres façons de faire. Réessayez et vérifiez à nouveau. C'est ainsi que vous allez apprendre et parfaire vos connaissances et votre savoir-faire.

PARTIE 2

Techniques avancées et élargissements

8 Principes et outils pour tester efficacement

La pratique du testing, amenée principalement par l'approche de développement dirigé par les tests (TDD) est indissociable du craft. Il en résulte que la mise en place de tests est une préoccupation omniprésente pour les crafters. Garants de la qualité d'un système en perpétuelle évolution, les tests jouent également un rôle d'échaffaudage dans la démarche d'écriture et de conception de code.

Nous vous proposons dans ce chapitre une sélection des connaissances incontournables pour être à l'aise sur le sujet.

1. LES CARACTÉRISTIQUES DES TESTS : LES TESTS UNITAIRES F. I . R . S . T .

Quand on parle des tests, notamment pour les tests réalisés en approche TDD, l'expression suivante revient souvent :

« *Tests are FIRST.* »

Ceci se traduit littéralement par : « Les tests viennent en premier. ». En effet, l'idée majeure derrière l'approche TDD est de commencer par les tests. Mais cet aphorisme porte une autre signification, moins connue ; « FIRST » est également un acronyme décrivant les propriétés que tout bon test doit comporter :

- ✓ F pour *Fast*, soit rapide.
- ✓ I pour *Isolated/Independent*, soit isolé, indépendant.
- ✓ R pour *Repeatable*, soit répétable, reproductible.
- ✓ S pour *Self-verifying*, soit auto-validant.
- ✓ T pour *Timely/Thorough*, soit opportun, précis.

1.1 Le test doit être rapide

Afin de réduire la durée du feedback et d'inciter à lancer les tests plus fréquemment, l'exécution d'un test ne devrait jamais dépasser les millisecondes pour un test unitaire. Si la durée d'un test est trop élevée, cela nous dissuadera de le lancer souvent. Et, par voie de conséquence, la détection des régressions sera réduite et trop tardive, rendant le code de plus en plus difficile à maintenir au fil du temps.

On pourrait penser que quelques millisecondes de trop, pour un test donné, ne sont pas réellement un problème. Cependant, si on raisonne à l'échelle du produit, autant de retard multiplié par le nombre de tests pèsera à la fois sur la fréquence d'exécution de l'intégralité des tests et sur la volonté d'enrichir la suite avec de nouveaux tests (par peur d'alourdir une suite déjà lente). Il est donc important de s'assurer que chaque test est suffisamment véloce, afin de ne pas pénaliser l'ensemble de la suite de tests.

1.2 Le test doit être isolé et indépendant

Un test, pris individuellement, doit être suffisamment autonome pour ne pas dépendre de l'exécution d'autres tests. Qu'il soit lancé seul, ou au sein d'une suite de tests, son résultat doit être systématiquement le même (à base de code identique). On doit pouvoir lancer les tests individuellement, en parallèle et dans n'importe quel ordre d'exécution, et garantir que cela n'a aucun impact sur le résultat. Aucun test ne doit dépendre de l'exécution d'autres tests, qu'il s'agisse d'initialiser un contexte ou de préparer des données.

Il suffit d'avoir vécu de fastidieuses et douloureuses investigations en quête de la cause d'échec de tests interdépendants, ou d'avoir fait face au cauchemar de maintenir des tests enchevêtrés sans rien casser, pour être intimement convaincu des bienfaits des tests indépendants.

1.3 Le test doit être répétable

On doit pouvoir répéter l'exécution d'un test à l'infini, sur différents environnements (en local, en environnement de recette, avec un accès au réseau ou non). Quelle que soit l'exécution, et quel que soit l'environnement, le résultat doit rester le même (en succès ou en échec). Un test est non répétable, ou non reproductible, lorsque son résultat change en fonction des environnements ou des conditions de l'environnement (par exemple, perte de la connexion réseau). Si un test n'est pas isolé ou indépendant, cela entraîne également qu'il n'est pas répétable. Dans d'autres cas plus insidieux, certains tests reposent sur une configuration particulière de l'environnement (telle qu'une variable d'environnement) : c'est une faille majeure sur la répétabilité des tests, d'autant plus qu'elle est difficile à qualifier.

D'une manière générale, pour qu'un test soit répétable, le code doit contenir tout ce qui est nécessaire. Il doit s'exécuter comme un système fermé, sans accès à des ressources extérieures (telles qu'une base de données, un répertoire partagé ou un microservice). Il ne doit donc pas se baser sur des données aléatoires qui changent avec le temps comme des identifiants ou la date du jour. Lorsqu'une application repose sur ce type de dépendances, on peut introduire les bonnes abstractions pour pouvoir ensuite les substituer (voir la section 8.2 « Doublures de tests (tests doubles) » ci-dessous).

1.4 Le test doit être auto-validant

Un test ne se limite pas à exécuter du code de production, il doit produire également un résultat objectivable : il est soit en succès, soit en échec (et les causes d'échec peuvent être diverses). Le résultat doit être outillé et sauter aux yeux, sans requérir une intervention humaine pour comprendre ou interpréter le statut du test. Si par exemple on doit vérifier et analyser un fichier de log pour savoir si le test a réussi ou a échoué, c'est que le test n'est pas auto-validant. Les tests qui ne sont pas auto-validés obligent une vérification manuelle et fastidieuse qui est non seulement source d'erreurs d'interprétation mais pose également le risque que le test finisse par être laissé de côté. L'utilisation d'assertions pertinentes contribue à rendre les tests auto-validants.

1.5 Le test doit être opportun et précis

Le caractère opportun d'un test se réfère au moment idéal pour l'écrire. Si on suit la méthode TDD, le test s'écrit naturellement avant l'écriture du code de production. Lorsqu'on est confronté à un bug, essayer de le reproduire sous la forme d'un test permet de gagner beaucoup de temps : le test échoue, puis on corrige le code de production jusqu'à ce que le test réussisse. Inversement, attendre que la fonctionnalité soit complétement réalisée pour écrire les tests provoque la plupart du temps amertume et regrets face à un code difficile à tester et à un design déplorable[1].

Le test se doit tout autant d'être précis, en ne couvrant qu'un seul cas d'utilisation. Même si une fonctionnalité peut mener à une ribambelle de scénarios (avec un cas nominal, des cas aux limites et des cas d'erreurs par exemple), il est préférable de les séparer en se limitant à un test par scénario. Le bénéfice principal est de permettre une compréhension plus précise et rapide lors de l'échec d'un test, tout en facilitant la maintenance des tests (il est plus pratique de maintenir plusieurs tests couvrant chacun un cas qu'un seul gros test couvrant tous les cas).

1. Si on pousse le raisonnement, en considérant qu'un code non testé est du code legacy, alors tester un code après coup, même fraîchement sorti du clavier, revient à essayer de tester un code legacy, en s'exposant aux contrariétés associées.

1.6 Laissez-vous guider par FIRST

Les caractéristiques FIRST sont essentielles pour définir des tests unitaires robustes maintenables et rapides. Le fait de les ignorer introduit un risque à moyen et long terme sur la capacité de l'équipe à maintenir les tests, ou, plus grave, à les lancer régulièrement.

2. DOUBLURES DE TESTS (TEST DOUBLE)

En réalisant des tests unitaires, on est souvent confronté à des dépendances qui viennent se mettre en travers de notre chemin. Pour s'en sortir, on se retrouve à substituer le composant qui nous gêne par un composant équivalent (et compatible) au comportement plus docile et que l'on peut contrôler. On peut ainsi se concentrer uniquement sur le comportement du composant testé, et non plus sur les comportements des composants dont il dépend.

Lorsqu'on remplace une dépendance, on parle parfois de *substitut*, même si le terme anglophone de *mock* est le plus fréquemment employé. Les objectifs de cette section sont multiples :

- ✓ clarifier le vocabulaire lié aux « mocks », « substituts » et autres « doublures de tests » en faisant un peu d'histoire ;
- ✓ revenir sur le besoin initial justifiant l'usage de doublures de tests ;
- ✓ présenter une classification des différentes doublures de tests ;
- ✓ pour chacune des doublures, expliquer leur utilité en fonction de la problématique rencontrée, la façon de les mettre en œuvre, à la main ou avec une librairie, et enfin la façon de déjouer les pièges les plus courants.

2.1 Historique et terminologie

Que ce soit dans une discussion entre collègues, en lisant un article ou même en participant à une conférence, le terme qui remporte le plus de suffrages pour désigner les substituts de tests est celui de *mock*. Pourtant, si on remonte quelques décennies en arrière, le terme anglophone originel est celui de *test double*, par analogie avec le monde du cinéma et sa notion de doublure réalisant les cascades à la place de l'acteur principal.

Alors pourquoi le terme *mock* est-il le plus employé ? Il qualifie un type de substitut particulier, parmi d'autres tels que le dummy, le stub, le spy et le fake. Derrière ces termes en apparences ésotériques se cachent des substituts que nous employons couramment, sans nous en rendre compte, et pour lesquels nous utilisons tout simplement le terme *mock*. C'est donc un abus de langage, peut-être popularisé par des librairies telles que Mockito. En réalité, on ne trouve pas vraiment de consensus dans la littérature. Il faut surtout retenir que le même terme *mock* peut désigner soit n'importe quelle doublure de test (employé usuellement), soit un cas particulier de doublure de test (employé par les plus érudits).

D'un point de vue historique, les substituts sont apparus avec les applications client-serveur, pour permettre de tester la partie cliente sans devoir lancer le serveur[1]. On utilisait également le terme *bouchonnage* pour créer des faux services en remplacement des vrais services et ainsi tester le comportement du client en toute indépendance.

2.2 Contexte d'utilisation des doublures

Les fonctionnalités complexes sont parfois découpées en sous-tâches beaucoup plus simples afin de les partager entre différents membres (ou binômes) de l'équipe et ainsi paralléliser les développements. La question suivante se pose rapidement : « Comment développer, et surtout tester, ma partie si je dépends d'un composant qui doit être fourni dans une autre tâche ? » Il faut commencer par se mettre d'accord sur un contrat de collaboration (il peut s'agir des interfaces et des signatures de méthodes) entre les composants. On peut ensuite construire des mocks respectant ce contrat en attendant de disposer du composant concret.

Toutefois, il n'est pas toujours souhaitable d'utiliser les dépendances concrètes dans les tests. On peut très bien préférer tester notre composant en isolation, en partant du principe que les composants dont nous dépendons se comportent comme nous l'attendons. Dans ce cas encore, les doublures de tests nous rendent un fier service et nous permettent de tester réellement de façon unitaire.

Les doublures de tests jouent un rôle prépondérant pour garantir la répétabilité (le fameux R de FIRST) des tests, en se substituant aux dépendances externes (appels à une API, une base de données, des données aléatoires ou temporelles).

Enfin, les doublures de tests aident à rendre les tests plus expressifs (les dummys par exemple pour exprimer qu'une valeur n'a pas d'importance).

Maintenant que l'intérêt des doublures de tests n'est plus à démontrer, nous allons nous concentrer sur les différents types de substituts et leur utilisation.

2.3 Mise en œuvre des doublures

Comme l'illustre le diagramme ci-dessous, les doublures de tests peuvent être réparties en cinq types qui sont présentés dans le livre de Gerard Meszaros *xUnit Test Patterns: Refactoring Test Code*[2].

---

1. Freeman S. et Pryce N. *Growing Object-Oriented Software, guided by tests*, Addison Wesley, 2009.
2. http://xunitpatterns.com/

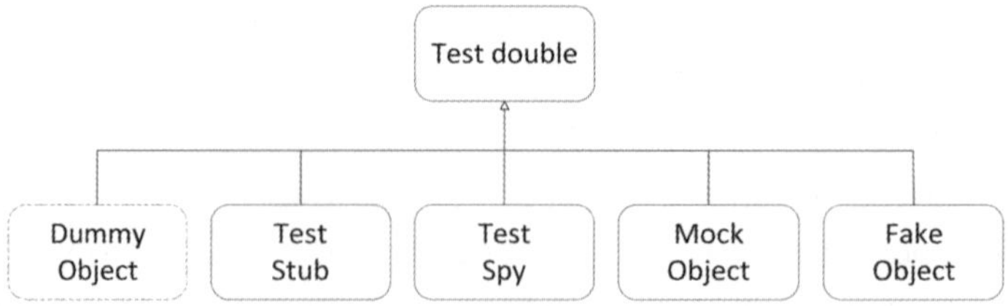

Nous allons les détailler dans les lignes qui suivent :

- ✓ en partant d'un besoin spécifique au niveau de l'écriture de test ;
- ✓ en montrant comment l'implémenter à la main, sans utiliser de librairie ;
- ✓ puis en expliquant comment le construire à partir d'une librairie.

De nos jours, on trouve suffisamment de librairies de substituts pour ne pas avoir besoin de réaliser nous-mêmes nos cascades (comprendre « d'implémenter nous-mêmes nos doublures »). Ces librairies génèrent en effet dynamiquement une implémentation équivalente au comportement souhaité. Il reste néanmoins important de savoir les écrire à la main, ne serait-ce que pour en comprendre le fonctionnement. D'autant plus que même si les librairies de substituts telles que Mockito[1] pour Java ou NSubstitute[2] pour C# (utilisé dans les exemples qui suivent) sont prévues pour faciliter la vie, elles nécessitent un temps d'apprentissage. Leur utilisation est rarement simple et une utilisation efficace nécessite d'en comprendre les principes, mécanismes et limitations.

2.4 Doublure de type dummy

Pour mieux comprendre le rôle du dummy, prenons l'exemple d'une méthode de division d'un numérateur par un dénominateur. Dans le cas où le dénominateur est égal à zéro, une erreur doit être levée, et c'est précisément cette règle de gestion que nous voulons tester.

Sans librairie

Voici le code du test :

```
[TestMethod]
public void Should_throw_an_exception_when_Divide_by_zero()
{
   Calculator calculator = new Calculator();
   int numerator = 3;
   int denominator = 0;
   Assert.ThrowsException<InvalidOperationException>(() =>
   {
      calculator.Divide(numerator, denominator);
   });
}
```

1. https://site.mockito.org/
2. https://nsubstitute.github.io/

Ici, quelle que soit la valeur du numérateur (nous avons pris la valeur 3 mais on pourrait utiliser n'importe quel entier, le comportement attendu du test ne change pas. La valeur du numérateur n'ayant aucune espèce d'importance, on pourrait même la générer aléatoirement :

```
int numerator = new Random().Next();
```

Le numérateur est exprimé par une variable fantoche, d'où le nom *dummy* en anglais. Il est obligatoire qu'elle ait une valeur pour l'appel, mais la variation de sa valeur n'a aucune incidence sur le comportement du test. Dans cet exemple, il s'agit d'un type primitif (un entier) mais dans l'absolu ce principe s'appliquerait sur des cas impliquant des objets plus complexes.

■ Avec librairie

Nous aurions bien aimé disposer d'une méthode de type `Arg.Any()` dans NSubstitute qui génère une valeur aléatoire, indiquant ainsi explicitement dans le test que la règle de gestion s'applique quelle que soit la valeur du numérateur. D'un point de vue documentaire, on montre ainsi que c'est la valeur du dénominateur à zéro qui importe réellement.

Malheureusement, à notre connaissance, peu de librairies et frameworks de test contiennent cette feature. En Java, la librairie PODAM (https://mtedone.github.io/podam/) répond à ce besoin, à condition de l'utiliser avec parcimonie (un usage abusif peut obscurcir les causes d'échec des tests).

Donc notre code ne changera pas à moins d'utiliser d'autres techniques comme la PBT (Property Based Testing).

2.5 Doublure de type stub

Imaginons que notre méthode de division a évolué au fil du temps. Elle a maintenant besoin d'un service d'authentification pour vérifier si on a le droit de lancer l'opération. Nous avons besoin de tester le comportement de la classe `Calculator` :

- ✓ quand on est authentifié et que le calcul peut se poursuivre ;
- ✓ quand on ne l'est pas, et qu'une exception appropriée se déclenche.

Sans librairie

Pour parvenir à nos fins, nous avons besoin de stubs, c'est-à-dire d'objets qui se substituent aux implémentations réelles et dont la raison d'être est de simplement observer le comportement souhaité pour un test. Nous aurons donc un premier stub correspondant à une authentification réussie et un second qui permettra de simuler une authentification refusée.

Cas d'authentification réussie

Pour ce cas, nous avons besoin d'une implémentation qui retourne `true` tout le temps. Bien sûr, introduire un stub n'est possible que si la dépendance de la classe `Calculator` vers l'authentificateur existe à travers une interface faisant office de contrat. Si ce n'est pas le cas, la lecture du chapitre 6, dédié au code legacy, peut vous apporter quelques solutions.

Notre test se présentera donc sous la forme suivante :

```
[TestMethod]
public void Should_divide_a_numerator_by_a_denominator_when_
authorization_is_accepted()
{
   IAuthorizer authorizer = new AllowAccessAuthorizer();
   Calculator calculator = new Calculator(authorizer);
   int numerator = 4;
   int denominator = 2;

   var result = calculator.Divide(numerator, denominator);
   Assert.AreEqual(2, result);
}
```

Avec le stub simulant l'authentification acceptée :

```
public class AllowAccessAuthorizer : IAuthorizer
{
   public bool Authorize()
   {
      return true;
   }
}
```

Voici une proposition d'implémentation simpliste de la classe `Calculator` :

```
public class Calculator
{
    private readonly IAuthorizer authorizer;

    public Calculator(IAuthorizer authorizer)
    {
        this.authorizer = authorizer;
    }

    public double Divide(int numerator, int denominator)
    {
        if(!authorizer.Authorize())
        {
            throw new UnauthorizedAccessException();
        }

        if (denominator == 0)
```

```
            {
                throw new InvalidOperationException("Can't divide by
zero !");
            }

            return numerator / denominator;
        }
    }
```

Cas d'authentification échouée

Ici, à l'inverse, nous avons besoin d'une implémentation qui retourne `false` tout le temps, avec le test suivant :

```
    [TestMethod]
    public void Should_throw_an_exception_when_unauthorized_Division()
    {
       IAuthorizer authorizer = new DenyAccessAuthorizer();
       Calculator calculator = new Calculator(authorizer);
       int numerator = 4;
       int denominator = 2;
       Assert.ThrowsException<UnauthorizedAccessException>(() =>
       {
          calculator.Divide(numerator, denominator);
       });
    }
```

Notre stub pour l'authentification refusée est le suivant :

```
    public class DenyAccessAuthorizer : IAuthorizer
    {
       public bool Authorize()
       {
          return false;
       }
    }
```

Les stubs AllowAccessAuthorizer et DenyAccessAuthorizer ne contiennent pas davantage de logique métier que celle qui est nécessaire pour fournir les réponses toutes prêtes attendues par le composant testé.

■ Avec librairie

En utilisant Nsubstitute, c'est encore plus facile. Il suffit de créer un objet substitut basé sur l'interface IAuthorizer et de le programmer pour renvoyer `true` (et faire réussir toutes les authentifications) quel que soit l'appel. Il n'est plus nécessaire de créer une classe concrète par test, c'est la librairie de substitut qui se charge de créer l'implémentation requise à la volée lors de l'exécution du test.

Le code pour les authentifications réussies est le suivant :

```
    [TestMethod]
```

```
    public void Should_Divide_a_numerator_by_a_denominator_when_
authorization_is_accepted()
    {
        IAuthorizer authorizer = Substitute.For<IAuthorizer>();
        authorizer.Authorize().Returns(true);
        Calculator calculator = new Calculator(authorizer);
        int numerator = 4;
        int denominator = 2;
        var result = calculator.Divide(numerator, denominator);
        Assert.AreEqual(2, result);
    }
```

De façon symétrique, voici le code pour les authentifications refusées :

```
    [TestMethod]
    public void Should_throw_an_exception_when_unauthorized_Division()
    {
        IAuthorizer authorizer = Substitute.For<IAuthorizer>();
        authorizer.Authorize().Returns(false);
        Calculator calculator = new Calculator(authorizer);
        int numerator = 3;
        int denominator = 0;
        Assert.ThrowsException<UnauthorizedAccessException>(() =>
        {
            calculator.Divide(numerator, denominator);
        });
    }
```

2.6 Doublure de type spy

Testons maintenant une fonctionnalité sur une application de commerce, qui s'appuie sur un service dont le rôle est :

- ✓ d'appliquer une réduction sur un article ;
- ✓ de prévenir les utilisateurs de l'application de la réduction.

L'aspect qui nous intéresse ici est de nous assurer qu'il y a autant d'appels au service de notification que d'utilisateurs à notifier. Nous avons donc besoin « d'espionner » les appels à ce service pendant notre test et de les comptabiliser, à travers une doublure de test de type spy.

Sans librairie

Nous créons une classe de spy `CounterNotifier` qui va compter le nombre d'appels à la méthode `Notify()` :

```
[TestMethod]
public void Should_Notify_twice_when_having_two_users_to_notify()
{
   List<User> users = new List<User>
   {
      new User(),
      new User()
   };
   var notifier = new CounterNotifier(); ;
   DiscountApplier discountApplier = new DiscountApplier(notifier, users);
   var item = new Item();
   discountApplier.Apply(item, 20);

   Assert.AreEqual(users.Count, notifier.CallCount);
}

public class CounterNotifier : INotifier
{
   public int CallCount { get; private set; }

   public void Notify(User userToNotify)
   {
      CallCount++;
   }
}
```

Le spy CounterNotifier se substitue bien à l'implémentation réelle du Notifier. Au lieu de produire de vraies notifications, la méthode `Notify()` se contente de compter le nombre de fois où elle est appelée. Elle remonte aussi le nombre total d'appels, ce qui sert les besoins de notre test.

Il est possible de définir des spys plus évolués, pour par exemple observer :

- ✓ les valeurs des attributs d'une classe après un appel de méthode ;
- ✓ la valeur des arguments au moment de l'appel de la méthode.

Avec librairie

NSubstitute fait une fois encore le travail à notre place. Le substitut récupéré va donc compter automatiquement le nombre d'appels, il suffit à la fin du test de vérifier que le compte est bon avec la méthode `Received()` :

```
[TestMethod]
public void Should_Notify_twice_when_having_two_users_to_notify()
{
```

```
        List<User> users = new List<User>
        {
            new User(),
            new User()
        };
        var notifier = Substitute.For<INotifier>();
        DiscountApplier discountApplier = new DiscountApplier(notifier, users);
        var item = new Item();

        discountApplier.Apply(item, 20);
        notifier.Received(users.Count);
    }
```

Il est également possible d'être plus précis en spécifiant quelle méthode est concernée par le nombre d'appels :

```
        notifier.Received(users.Count).Notify(Arg.Any<User>());
```

2.7 Doublure de type mock

Nous poursuivons sur l'exemple de notification des réductions. Compter les notifications comme nous l'avons fait avec le spy n'est pas suffisant ; nous voulons en outre vérifier que les utilisateurs recevant la notification sont bien ceux qui sont connus du service de réduction.

Sans librairie

Nous construisons une classe de mock qui permet de garder en mémoire les utilisateurs notifiés, afin de vérifier à la fin de notre test que ces utilisateurs sont les mêmes que ceux passés au service de réduction.

Notre code de test évolue alors de la façon suivante :

```
    [TestMethod]
    public void Should_notify_user_when_apply_discount()
    {
        List<User> users = new List<User> { new User() };
        var notifier = new VerifyNotifier();
        DiscountApplier discountApplier = new DiscountApplier(notifier, users);
        var item = new Item();

        discountApplier.Apply(item, 20);

        Assert.IsTrue(notifier.IsCalledForAll(users));
    }
```

```
public class VerifyNotifier : INotifier
{
   private readonly List<User> notifiedUsers = new List<User>();

   public void Notify(User userToNotify)
   {
     notifiedUsers.Add(userToNotify);
   }

   public bool IsCalledForAll(List<User> users)
   {
      return notifiedUsers.TrueForAll(user => users.Contains(user));
   }
}
```

L'implémentation du mock est à peine plus complexe que celle du spy : au lieu d'incrémenter un compteur, nous stockons la liste des utilisateurs notifiés.

Un mock est donc un objet préprogrammé avec le comportement attendu. Il a détrôné le terme *test double* car il vérifie que les attentes de la spécification sont bien réalisées en termes de comportement.

Avec librairie

Avec NSubstitute, une fois de plus, on génère un substitut. Pour vérifier que chaque utilisateur a été notifié, on itère sur les utilisateurs et on appelle la méthode `Received()` du mock à chaque tour :

```
[TestMethod]
public void Should_notify_user_when_apply_discount()
{
   List<User> users = new List<User> { new User() };
   var notifier = Substitute.For<INotifier>();
   DiscountApplier discountApplier = new DiscountApplier(notifier, users);
   var item = new Item();

   discountApplier.Apply(item, 20);

   users.ForEach(
      user => notifier.Received().Notify(user));
}
```

Les lecteurs les plus attentifs auront remarqué que le substitut en tant que mock s'utilise de façon très similaire au spy. En effet, les doublures de tests fournies par NSubstitute, en plus d'être des stubs et des spys, remplissent aussi le rôle de mock.

La plupart des frameworks de doublures de tests fonctionnent de façon comparable. Dès lors, si ces librairies ne font pas réellement de distinction en proposant des substituts multi-fonctions, il n'est guère étonnant que les développeurs ne la fassent pas non plus et aient tendance à mélanger les types. Et c'est de cette manière qu'on aboutit aux abus de langage évoqués en début de paragraphe.

2.8 Doublure de type fake

Nous décidons d'ajouter une dose de complexité supplémentaire à notre fonctionnalité de réduction : il est question que les notifications aux utilisateurs se fassent sous forme d'e-mails (en se basant sur le protocole SMTP par exemple). Nous pourrions nous contenter des substituts décrits précédemment pour vérifier que le service d'envoi d'e-mails est bien invoqué, ce qui serait suffisant dans le cadre d'un test unitaire.

Seulement nous souhaitons nous placer au niveau des tests d'intégration et contrôler également que le contenu du message est conforme à ce qui est attendu. Bien évidemment il n'est pas question de polluer les messageries des utilisateurs réels (ceux qui utilisent habituellement l'environnement de production) avec des e-mails produits pendant les tests. Nous avons donc besoin d'un composant factice qui générerait le contenu des messages, mais sans les envoyer réellement : il pourrait à la place les écrire dans un fichier de logs. Pour ce faire, nous passons par la mise en œuvre d'un fake : c'est une implémentation réelle mais simplifiée de la vraie classe, une sorte de simulateur.

■ Sans librairie

L'interface de notification est la suivante :

```
public interface INotifier
{
   void Notify(User userToNotify);
}
public class Notifier: INotifier
{
   public void Notify(User userToNotify)
   {
      // Send an email to the user
   }
}
```

L'implémentation du fake se limite à écrire le contenu de l'e-mail dans un fichier par exemple :

```
public class FileNotifier : INotifier
{
   public void Notify(User userToNotify)
```

```
        {
            // Write in a file
        }
    }
```

Avec librairie

Comme vous l'avez peut-être déjà compris, le fake est le seul test double qui nécessite une vraie implémentation mais qui ne doit pas s'exécuter en production (les fakes sont plutôt dédiés aux environnements de recette). Les frameworks de mocks ne sont donc pas capables de générer ce type d'implémentation ex nihilo.

Les fakes, demandant une logique spécifique, font partie des cas pour lesquels il est préférable d'écrire un substitut à la main plutôt que de passer par une librairie.

2.9 Limites et dangers de l'utilisation excessive des doublures de tests

Il est tentant d'utiliser les doublures de tests à toutes les sauces tant elles sont puissantes et faciles d'utilisation. Bien les connaître aide à mieux les adapter au contexte de la fonctionnalité. Il faut veiller à ce que le substitut ne change pas le comportement du composant originel.

Il est également plus prudent de ne substituer que les objets qu'on maîtrise. C'est le concept « *Only mock code you own* » (« Ne substituez que le code dont vous êtes propriétaire »). En substituant un objet d'un système externe, on risque de se confronter à une modification majeure si l'objet externe est amené à changer. Il est d'ailleurs conseillé de créer une couche intermédiaire entre notre application et le système externe, sous la forme d'un adapteur par exemple.

2.10 Astuces

Avec les librairies de doublures de tests (ou librairies de mock), la distinction du type de doublure employé n'est plus nécessaire. Il n'est pas rare que plusieurs types se côtoient au sein d'un même test avec par exemple :

- ✓ un dummy pour valoriser un paramètre nécessaire mais dont la valeur importe peu ;
- ✓ un stub pour programmer le retour d'une dépendance (il s'agit en quelque sorte des paramètres d'entrée indirects) ;
- ✓ et un spy pour vérifier que la dépendance est appelée le nombre de fois requis.

3. TYPES DE TESTS, AU-DELÀ DES TESTS UNITAIRES

Quand on parle des tests avec les développeurs, le terme qui ressort instantanément est celui de *tests unitaires*. Mais lorsqu'on leur demande d'expliquer précisément ce qu'est un test unitaire, la confusion règne. Pour la plupart des développeurs, « test unitaire » équivaut à « test automatisé ». Cette approximation est probablement entretenue par le nom des frameworks de tests dérivant de *xUnit* (*JUnit*, *NUnit*, etc.). Pourtant, rien n'empêche de définir avec xUnit des tests de plus haut niveau que des tests unitaires.

Cependant, avant d'énumérer les principaux types de tests, rappelons quelques fondamentaux. Au sens commun, un test est un essai d'un produit ou appareil pour vérifier la conformité de son action ou de son fonctionnement. Dans le cas des logiciels, un test sert aussi à vérifier qu'un livrable répond bien au besoin métier. Il instaure donc une relation de confiance avec le livrable en réduisant les risques d'inadéquation au besoin, au départ, puis de régressions[1] par la suite. Lorsqu'ils sont bien formalisés, ils fournissent également une documentation efficace. La *pyramide des tests* permet d'organiser et de hiérarchiser les différents types des tests.

3.1 La pyramide des tests

Comme le décrit Martin Fowler[2], la pyramide des tests permet de visualiser les différentes familles de tests. La définition des niveaux n'est pas exhaustive, mais elle permet de donner une idée sur les types de tests, leur nombre, leur coût et leur temps d'exécution. L'idée générale est que plus on est proche de la base de la pyramide et plus :

- ✓ le nombre de tests est important ;
- ✓ le temps d'exécution est rapide ;

1. Pour rappel, les régressions sont des changements de comportement imprévus qui apparaissent dans un système. Leur détection est bien entendu possible si les tests sont automatisés et lancés fréquemment pour fournir un feedback régulier.
2. https://martinfowler.com/articles/practical-test-pyramid.html

- ✓ le coût est réduit.

À l'inverse, plus on gravit la pyramide et plus le temps d'exécution est long et donc plus le coût est croissant. Ce coût englobe :

- ✓ l'écriture du test ;
- ✓ l'exécution du test (si sa durée d'exécution est trop longue, si elle nécessite des actions manuelles) ;
- ✓ la recherche de la cause du problème quand le test échoue ;
- ✓ la correction du problème une fois le test échoué ;
- ✓ la maintenance du test lorsque le design de l'application change ou que les règles de gestion évoluent.

Quand les temps d'exécution d'un test sont longs, les feedbacks sont moins efficaces puisqu'on ne pourra pas réagir au plus tôt aux éventuelles anomalies.

Visuellement la pyramide des tests se présente ainsi :

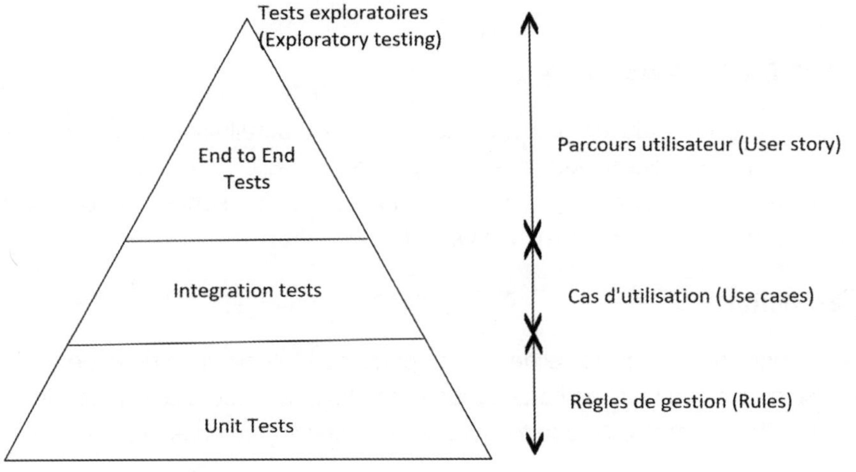

De la base vers le sommet, on trouve :

- ✓ les tests unitaires, qui capturent généralement les règles de gestion de notre application ;
- ✓ les tests d'intégration, qui représentent les *use-cases* de notre application ;
- ✓ ensuite, les tests *end to end* (ou « E2E »), se situant au niveau des workflows ou process métiers de notre application ;
- ✓ les tests utilisateur, qui sont des tests manuels et exploratoires de l'application.

On peut réduire la pyramide des tests sous forme de triangle pour mieux visualiser les axes (coût, durée, nombre).

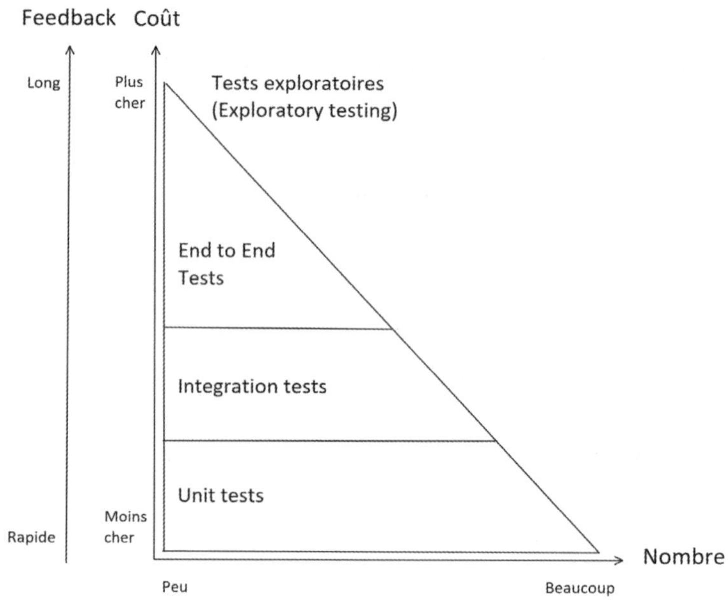

3.2 Les niveaux de tests

Après la présentation de la pyramide des tests, détaillons maintenant chaque niveau de la pyramide à travers des exemples de code. Ces exemples illustrant les différents niveaux de tests se rapportent à une application simple de conversion de montant en devises, et sont proposés en C#.

■ Test unitaire

Le test unitaire permet de valider le comportement d'une unité de code. La définition de ce qu'est une unité de code est propre à chacun : il peut s'agir aussi bien d'une méthode, d'une classe, ou d'une fonctionnalité étalée sur un ensemble de classes.

Quoi qu'il en soit, un test unitaire doit respecter les critères FIRST.

■ Test d'intégration

D'après Martin Fowler[1], un test d'intégration détermine si les composants d'une application, testés unitairement au préalable, continuent à fonctionner correctement quand on les connecte ensemble. Il distingue, d'ailleurs, deux types de tests d'intégration : « étroits » ou « de grande envergure ».

Narrow integration tests (tests d'intégration étroits)

La portée des tests d'intégrations « étroits » se limite à quelques composants réels, tout en substituant certaines dépendances. Ces tests ressemblent largement

1. https://martinfowler.com/bliki/IntegrationTest.html

à des tests unitaires au niveau de l'utilisation des frameworks et la façon de les écrire.

Dans l'exemple suivant, le convertisseur appelle l'implémentation réelle d'Amount, en revanche on crée un substitut au fournisseur des taux (rates) :

```
[TestMethod]
public void Should_convert_the_amount_when_target_currency_is_different()
{
    var usdCurrency = new Currency("USD");
    var eurCurrency = new Currency("EUR");
    var eurAmount = new Amount(10, eurCurrency);
    IRates rates = Substitute.For<IRates>();
    var eurUsdRate = new Rate(1.14);
    rates.GetRateOf(usdCurrency).Returns(eurUsdRate);
    var converter = new Converter(rates);
    var convertedAmount = converter.Convert(eurAmount, usdCurrency);
    var expectedAmount = new Amount(11.4, usdCurrency);
    Check.That(convertedAmount).IsEqualTo(expectedAmount);
}
```

Broad integration tests (tests d'intégration de grande envergure)

Les tests d'intégration « de grande envergure » utilisent des instances réelles de services (par exemple une base de données). L'idée est que le scénario soit beaucoup plus concret que celui utilisant les substituts. Ainsi on s'assure que l'intégration des composants se prépare au mieux et soit suffisamment réaliste pour éviter les mauvaises surprises lors des tests utilisateur. En voici un exemple :

```
[TestMethod]
public void Should_convert_the_amount_when_target_currency_is_different ()
{
    Currency usdCurrency = new Currency("USD");
    Currency eurCurrency = new Currency("EUR");
    Amount eurAmount = new Amount(10, eurCurrency);
    IRates rates = new Rates();
    Converter converter = new Converter(rates);

    Amount convertedAmount = converter.Convert(eurAmount, usdCurrency);

    Amount expectedAmount = new Amount(11.4, usdCurrency);
    Check.That(convertedAmount).IsEqualTo(expectedAmount);
}
```

Vous remarquerez que la différence réside dans l'utilisation d'un substitut pour le test étroit et de l'implémentation réelle pour le test de grande envergure, ce qui fait que le deuxième test est plus profond que le premier.

Le format Gherkin, abordé dans le chapitre 3, sur le BDD, se prête bien à l'écriture de tests d'intégration. Le formalisme en `given/when/then`, proche des langages naturels, facilite l'écriture des tests avec le PO (Product Owner) ou avec les utilisateurs et permet de produire un scénario proche d'une spécification ou d'une documentation.

L'exemple précédent s'exprimerait ainsi en Gherkin :

```
Scenario: Convert amount if the rate is found
Given I have 10 EUR
And I have entered USD as target currency
And the rate is 1.14
When I convert amount
Then the converted amount should be 11.4 USD
```

Nous pouvons même créer un cas avec une devise inconnue :

```
Scenario: Convert amount if the rate is not found
Given I have 100 EUR
And I have entered TOG as unfound target currency
When I convert amount
Then I should get an error
```

Les tests d'intégration s'écrivent finalement avec les mêmes outils que les tests unitaires (et à l'inverse rien n'empêche de décrire des tests unitaires au format Gherkin).

Il est possible de mélanger des substituts pour un ou plusieurs composants et des implémentations réelles pour d'autres. Parfois, on dépend d'une ressource externe, et plusieurs cas de figures peuvent se présenter :

- ✓ On dépend d'une API externe (par exemple, REST) : nous avons besoin d'un environnement hors production avec une version compatible du service.
- ✓ On accède à une base de données : il nous faut une base de données pour les tests, celle-ci pouvant être mise à jour périodiquement.

L'utilisation d'une base de données de test nécessite de définir une stratégie au niveau de l'équipe et se montre relativement coûteuse et complexe : il ne faut pas oublier que le schéma de la base évolue sans cesse, ainsi que ses données. Ceci rend les tests potentiellement fragiles. De plus, pour garder la base de test dans un état correct, il faudra penser à nettoyer les données insérées lors des tests afin que les tests restent reproductibles. Si les données en base ne sont pas identiques d'une exécution à l'autre, le comportement peut être altéré.

Il existe toutefois des solutions moins lourdes pour lancer des tests nécessitant une base, sans besoin de déployer une base *en dur*. On peut utiliser dans ce cas ce qu'on appelle les bases *in-memory*. Il s'agit d'une base en mémoire dont la durée de vie est limitée à l'exécution d'un test. Elle est recréée ex nihilo à chaque exécution du test, et supprimée en fin d'exécution. Cette technique impose toutefois de réinitialiser les jeux de données à chaque test, ce qui nécessite plus de travail mais donne aussi davantage de maîtrise. Cela nous rend moins dépendants des altérations de données sur une base de données partagée.

En plus des données utiles pour les tests, on pourrait choisir parfois de prévoir des données qu'on appelle des « données parasites ». Les tests n'ont pas besoin de ces données pour être exécutées, mais leur présence permet de simuler au plus près la production.

■ Test de bout en bout (end to end)

Ces tests permettent de vérifier que l'ensemble des composants d'une fonctionnalité fonctionnent de bout en bout, de la partie IHM (Interface Homme Machine) aux dépendances externes (base de données ou service externe comme une API REST). On utilise généralement ces tests pour les scénarios critiques d'une application. Leur coût est important étant donné leur position élevée dans la pyramide des tests. De ce fait, leur nombre est souvent inférieur à celui des tests d'intégration et unitaires. Il vaut donc mieux bien définir les parcours critiques avec le PO ou les utilisateurs pour mieux les cibler et éviter de perdre du temps à créer des tests pour des scénarios moins déterminants. Le but n'est pas de chercher l'exhaustivité. En principe si la répartition des tests est bien faite alors les scénarios moins critiques sont déjà couverts par les tests d'intégration et les tests unitaires.

Plusieurs outils permettent d'automatiser les tests E2E. Selenium[1] fait partie des plus populaires sur le marché. Il faut néanmoins garder à l'esprit que l'écriture et la maintenance de ces tests reste onéreuse (même si l'automatisation permet d'économiser sur le coût d'exécution).

■ Test exploratoire

Les tests exploratoires[2] sont des tests exécutés manuellement. Leur rôle principal est de trouver les bugs qui ne sont pas détectés par les autres familles de test afin d'améliorer la stabilité et l'utilisabilité de l'application. Mais au-delà de la validation, ces tests permettent aussi l'apprentissage et la compréhension du produit, et permettent ainsi de se faire une bonne idée du produit et de trouver de nouvelles fonctionnalités. Généralement, ils ne sont pas basés sur des documents et sont donc non dirigés, et leur durée d'exécution peut s'étaler.

1. https://www.seleniumhq.org
2. https://martinfowler.com/articles/practical-test-pyramid.html#ExploratoryTestingsont

Visualisation des niveaux de test

Dans le schéma suivant, on visualise l'étendue de chaque niveau de test par rapport à une application.

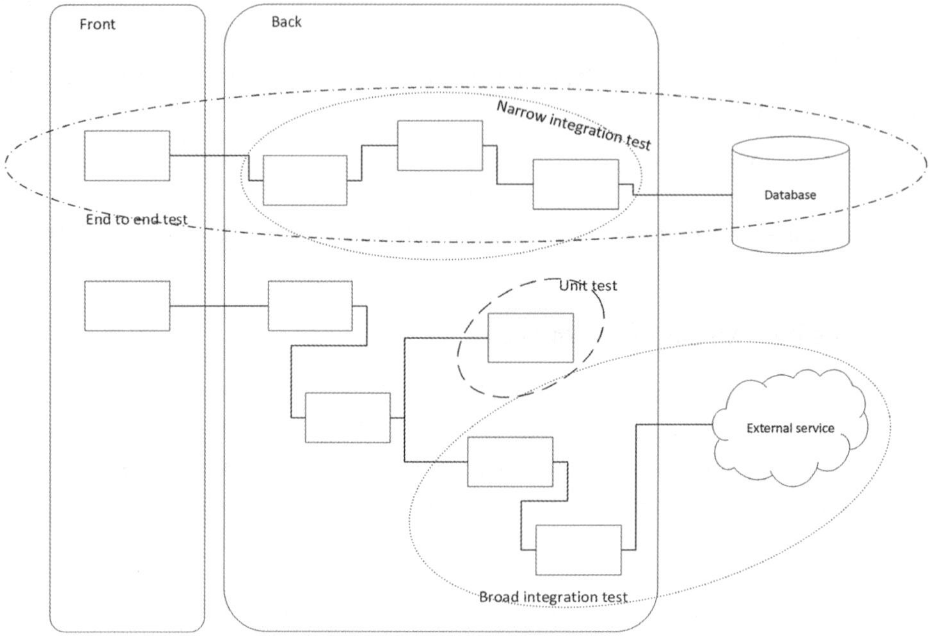

3.3 Viser plus de qualité

Quand on veut viser plus de qualité, on peut réaliser d'autres types de tests qui pourront se greffer à divers niveaux de la pyramide. Il s'agit plus d'une particularité ajoutée aux tests comme :

- ✓ les tests automatiques ;
- ✓ les tests de performance ou de charge ;
- ✓ les tests de vérification en service régulier.

Test automatique

Une fois les tests créés, on peut les laisser dans le projet et les lancer manuellement à chaque modification du code, mais on peut aussi automatiser leur exécution en local en utilisant le *live-testing*[1] de l'IDE (si l'option existe) ou dans un terminal à côté.

1. Le live-testing est très utile lors du développement puisqu'à chaque enregistrement ou compilation tous les tests présents et concernés par la modification seront lancés. On est ainsi informé d'une régression au moment où elle est introduite, sous réserve de disposer d'une bonne couverture de tests.

En dehors de l'environnement de développement, nous pouvons configurer le processus d'intégration continue pour exécuter les tests après la compilation, lors de chaque publication du code. Ainsi tous les développeurs seront informés au plus tôt en cas de régression par une rupture de l'usine logicielle, et pourront intervenir en conséquence. Nous insistons sur l'importance de réagir très rapidement quand le build est cassé. Il s'agit d'un événement qui devrait être traité avec la plus grande priorité par toute l'équipe.

■ Test de performance

Les tests de performance sont aussi appelés *tests de charge* ou *stress tests*. Ils permettent de s'assurer que l'application supporte bien une certaine charge (en termes de volume de données, de sollicitations par le nombre d'appels simultanés, etc.) en restant réactive et stable. Avant de mettre en place ce type de test, il faut commencer par définir leurs objectifs et pourquoi on a besoin de mettre en place des tests de performance, en répondant à certaines questions avec le métier telles que :

- ✓ Quel est le temps de réponse maximal attendu en secondes ou millisecondes (temps de réponse serveur et temps d'affichage) ?
- ✓ Quels sont les modules ou composants qui rentrent dans le périmètre des tests de performance ?
- ✓ Quelle est l'affluence en nombre d'utilisateurs attendus ? Il faut ici distinguer le cas nominal (activité classique) du cas critique (pic d'activité en période de soldes par exemple).

Les tests de performance peuvent être automatisés et lancés depuis l'usine d'intégration continue afin de vérifier la non-régression des performances de l'application. On peut commencer par utiliser l'outil DevTools du navigateur s'il s'agit d'un web-service pour calculer le temps de réponse par exemple. L'IDE peut aussi aider à investiguer, en intégrant un outil de diagnostic (on parle d'outils de profiling) lors du debug de l'application qui affiche, par exemple, les événements lancés et l'état d'utilisation de la mémoire et du CPU. En cas de dérive des performances, on peut cibler au mieux les optimisations à apporter.

Pour des tests plus poussés, on peut aller au-delà en utilisant des outils plus poussés tels qu'Apache Bench[1] ou Siege[2] pour la partie serveur.

Côté client web on trouve, par exemple, SiteSpeed[3], qui analyse les sites par rapport aux bonnes pratiques en matière de métriques de performance, ou encore WebPageTest[4], qui est gratuit et qui teste une page sur le navigateur choisi et remonte des informations précises sur les performances de la page.

---

1. https://httpd.apache.org/docs/2.4/programs/ab.html
2. https://www.joedog.org/siege-home/
3. https://www.sitespeed.io/
4. https://www.webpagetest.org/

Notons enfin que des librairies telles que QuickPerf[1] en Java permettent d'établir des critères de performance sous forme d'assertions dans les tests d'intégration, en mesurant par exemple le nombre d'appels vers la base de données.

■ Test de vérification en service régulier

Une fois que l'application est livrée dans un environnement (en recette par exemple, ou en production), il est important de vérifier qu'elle est fonctionnelle. La vérification peut se faire manuellement en testant, lors de la livraison, ou plus régulièrement (tous les matins par exemple), quelques parcours critiques : on parle alors de *tests de fumée* ou *smoke tests*. Si ces tests échouent, ce n'est pas la peine de tester des fonctionnalités plus poussées. On doit d'abord régler la cause de leur échec.

On peut également l'automatiser avec des tests end to end type Selenium, par exemple, pour s'assurer qu'une page se charge bien. Une autre possibilité est d'effectuer régulièrement des *health checks* de nos API, en vérifiant que le service est toujours actif et répond bien avec un statut HTTP 200 par exemple.

4. CONCLUSION

Dans ce chapitre, nous avons montré que la politique de tests ne se limitait pas qu'à la pratique du TDD et à la mise en place de tests unitaires. Nous avons d'abord décrit un certain nombre de bonnes pratiques pour que les tests soient efficaces, pertinents et rapides (notamment à travers les caractéristiques FIRST).

Nous avons également expliqué comment gérer les dépendances dans les tests en les substituant par des doublures de tests. Nous avons proposé un tour d'horizon des différents types de tests, au-delà des tests unitaires, et de la façon la plus efficiente de les organiser au sein de la pyramide des tests.

Ces différentes techniques contribuent à renforcer la qualité des tests à l'intérieur d'un projet, chaque type de test apportant son niveau de protection. On s'assure ainsi de répondre de façon adéquate au besoin métier tout en prévenant les régressions.

1. https://github.com/quick-perf/quickperf

9 Outils et techniques avancées de TDD

Au-delà des fondamentaux, il existe des techniques et des styles pour progresser dans la pratique du développement dirigé par les tests. La première technique est celle des petits pas (baby steps) déjà évoquée. Puis TDD se décline en deux principaux styles, qui peuvent parfois se combiner dans une approche étendue dite de *double boucle*. Enfin, une autre façon de progresser en TDD consiste à pratiquer sa forme la plus stricte : « *TDD as if you meant it* », que l'on pourrait traduire par « TDD en forçant le trait ».

1. BABY STEPS ET ORDONNANCEMENT DES TESTS

La détermination des étapes intermédiaires, c'est-à-dire des cas de tests successifs, pour atteindre le résultat final est un aspect extrêmement important de TDD. Ces étapes doivent être décomposées en baby steps (petits pas) et ordonnées d'une façon judicieuse.

Il s'agit de décomposer la fonctionnalité en une suite de plusieurs évolutions incrémentales, chacune étant la plus petite possible, et de façon que cette suite permette d'atteindre la fonctionnalité entière. Une fois cette décomposition en baby steps effectuée, ceux-ci sont ordonnés en une séquence progressive qui deviendra la séquence des cas de tests qui vont guider le développement.

Il est donc important de prioriser avec un minimum de connaissance du métier, voire avec une personne représentant le métier. Chaque incrément correspond à un exemple de comportement métier que l'on souhaite supporter. Certains sont extrêmement simples (cas aux limites, listes vides, cas de valeur zéro, chaîne vide…), tandis que d'autres sont aussi complexes que la fonctionnalité entière. Dans tous les cas, l'écart entre deux exemples successifs doit rester modeste pour assurer une progression fluide du développement.

Si on dessine l'évolution de la fonctionnalité au cours du temps sur un graphe, il s'agit d'avoir un escalier avec de nombreuses petites marches, sans aucune grosse marche qui nécessiterait d'implémenter trop de code en un seul incrément.

Puis on énumère les exemples correspondant aux baby steps dans l'ordre : on commence par écrire un test pour le cas le plus simple, on l'implémente et on le refactore. Ensuite on entame le deuxième exemple et ainsi de suite jusqu'à l'implémentation de tous les baby steps de la progression. Il n'est pas rare d'ajouter des cas en cours de développement, par exemple pour décomposer encore plus finement, encore plus baby steps. Il arrive aussi de changer l'ordre des incréments face à des difficultés inattendues. En effet, un ordonnancement maladroit des baby steps peut provoquer une implémentation de complexité inattendue, avec même parfois des impasses.

Critères INVEST

La notion de baby step se retrouve non seulement dans la progression des tests qui guident le développement en TDD, mais aussi dans les incréments du découpage fonctionnel au niveau des user stories, comme décrit dans le chapitre 3 sur le développement dirigé par le comportement (BDD). Au niveau d'une application par exemple, le découpage fonctionnel donne naissance à des user stories qui doivent répondre aux critères **INVEST** :

- ✓ **I** (pour *Independent*, soit « indépendante ») : Chaque incrément du découpage doit être indépendant des autres incréments décidés. Si un incrément est dépendant d'un autre, on peut utiliser un substitut pour la dépendance. Ainsi on peut quand même livrer l'incrément en question sans soucis particulier.
- ✓ **N** (pour *Negotiable*, soit « négociable ») : Un incrément est décrit généralement par une phrase qui peut correspondre à une règle de gestion par exemple. On s'intéresse moins aux détails d'implémentation, qui ne doivent pas être mentionnés dedans. Ainsi ces détails techniques peuvent être négociables pour ajuster le périmètre en cas de délai réduit par rapport à la complexité de la tâche.
- ✓ **V** (pour *Valuable*, soit « qui a de la valeur ») : Chaque incrément doit apporter de la valeur à l'utilisateur. Si ce n'est pas le cas, il faut repenser le découpage. C'est pourquoi on invite à ne pas faire des découpages techniques au risque de mettre du temps avant de délivrer de la valeur au métier.
- ✓ **E** (pour *Estimable*, soit « estimable ») : L'incrément doit être bien compréhensible pour pouvoir l'estimer. C'est pourquoi il est important de noter les critères d'acceptation de l'incrément.
- ✓ **S** (pour *Small*, soit « petit ») : L'incrément doit être suffisamment petit pour rentrer dans une itération de développement. Ça peut être le cas d'une user story dans un sprint.
- ✓ **T** (pour *Testable*, soit « testable ») : Tout incrément doit être associé à un test automatisé de préférence. On peut ainsi facilement le valider pour vérifier que la valeur est bien apportée à l'utilisateur.

À noter que, par extension, l'idée des baby steps peut s'appliquer à de nombreux autres aspects développement logiciel, bien au-delà des cas de tests deTDD, comme illustré ci-dessous.

2. STYLES DE TDD

Une façon de préparer le développement d'une nouvelle fonctionnalité est d'esquisser des boîtes au tableau pour représenter les fonctionnalités à créer et les dépendances entre elles. On imagine ainsi la première fonctionnalité à mettre en place, avec son point d'entrée, et puis la deuxième, puis la troisième et ainsi de suite. Une fois le diagramme fini, au moment de débuter le développement, une question se pose : « Par où commencer ? »

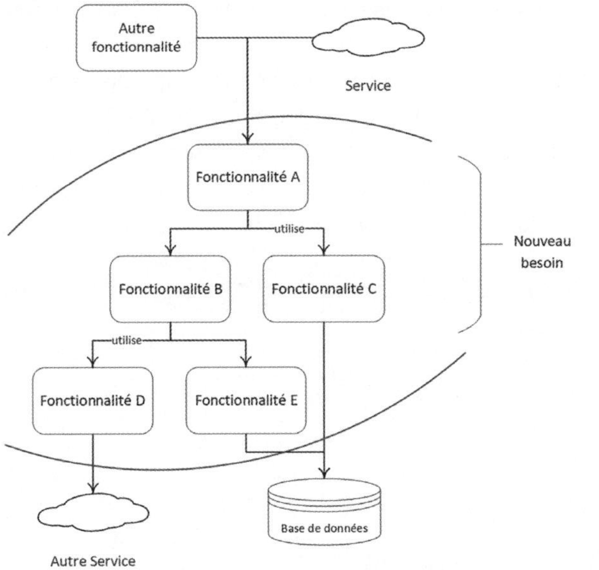

Dans cet arbre de fonctionnalités, qui deviendra un arbre d'appels entre composants à terme, on peut très bien commencer par les feuilles (les fonctionnalités C, D ou E), ou bien par la racine (fonctionnalité A). Ce sont les deux principales approches de TDD, qui sont même parfois considérées comme des écoles différentes, respectivement le style *inside-out*, aussi appelé *Chicago school*, et le style *outside-in*, aussi appelé *London school*.

Le choix entre ces deux approches est avant tout une question d'affinités et de contexte. À noter que ces deux approches ne sont pas nécessairement exclusives, il est parfois possible de les combiner comme décrit plus loin.

Dans un exemple inspiré du kata Banking, considérons une fonctionnalité de relevé de compte bancaire avec une méthode pour imprimer le relevé de compte qui liste chaque mouvement avec la date et le solde sur un mois donné. On peut décomposer cette fonctionnalité d'affichage du relevé de compte en un arbre de fonctionnalités, avec à la racine la fonctionnalité de relevé de compte complète :

- ✓ Afficher le relevé qui rassemble les infos des mouvements (date, montant) et le solde correspondant, qui à son tour peut se décomposer en :
  - Accéder à la liste de tous les mouvements du mois
  - Calculer le nouveau solde pour chaque ligne

La liste des mouvements du mois peut à son tour se décomposer en :

- ✓ Accéder à la liste de tous les mouvements de l'année
- ✓ Filtrer les mouvements du mois sélectionné

2.1 Style de TDD inside-out

L'approche inside-out, appelée aussi *bottom up* ou *Chicago school* ou *classic approach*, consiste à commencer à développer les fonctionnalités « feuilles » dont dépendent des fonctionnalités plus complexes, jusqu'à arriver à la racine de l'arbre de fonctionnalités. Cette approche est facile à expliquer et apprendre, il s'agit de construire des pièces avec lesquelles on construit des pièces plus complexes, jusqu'à reconstituer le système attendu, un peu comme une maison dont on construirait les fondations en premier, puis les murs portés par les fondations, avant de terminer par le toit porté par les murs.

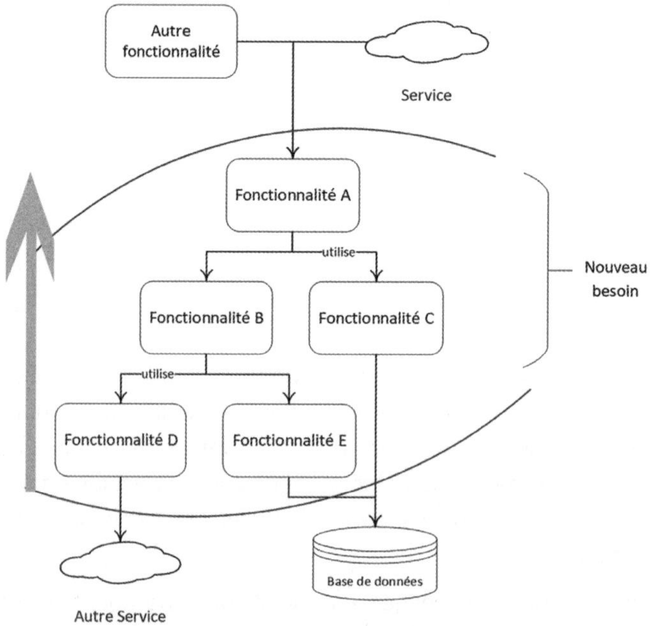

Dans l'exemple du relevé de compte bancaire, notre point de départ en TDD inside-out sera ainsi l'une des fonctionnalités de plus bas niveau, par exemple le filtrage des mouvements :

> **Étant donné une liste de mouvements :**
> **03/01/2022 | -50**
> **03/03/2022 | 10**
> **04/03/2022 | -20**
> **Quand on filtre les mouvements pour le mois 03**
> **On obtient la liste de mouvements filtrée suivante :**
> **03/03/2022 | 10**
> **04/03/2022 | -20**

Et ainsi de suite pour les autres fonctionnalités : Accéder à la liste de tous les mouvements de l'année, Calculer le nouveau solde pour chaque ligne, puis enfin Afficher le relevé.

Idéalement chaque sous-fonctionnalité est développée par rapport à des tests unitaires, qui pour chaque jeu de valeurs en entrée vérifient le résultat en sortie de l'évaluation par des assertions, comme dans le scénario de filtrage de mouvements précédent.

Tester les méthodes qui ne retournent pas de résultat (les méthodes « void ») est moins simple, car elles modifient souvent un état encapsulé et privé, donc inaccessible aux assertions de test.

Si notre application comprend un service qui applique une réduction sur un article puis qui notifie les clients par mail de la réduction appliquée :

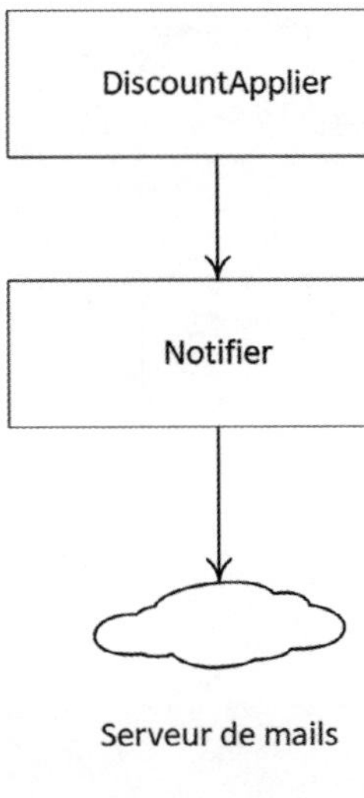

En inside-out, on implémenterait d'abord le Notifier, puis le DiscountApplier. Pour tester le Notifier, il pourrait être tentant d'exposer ses attributs privés à la seule fin de vérifier le résultat de l'appel (tout en désactivant l'envoi réel), mais une meilleure alternative est d'utiliser un mock qui remplace la classe collaboratrice (qui pourrait être un `SMTPUtils` ici), soit avec un framework de mocks, soit avec un mock « à la main » avec une simple sous-classe qui va vérifier qu'elle est appelée comme désiré.

Le service d'envoi de mails peut aussi être implémenté en un second temps. Dans ce cas, pour développer le service d'application de réduction qui doit utiliser le service d'envoi de mails, on va utiliser un mock qui le remplace.

2.2 Style de TDD outside-in

L'approche outside-in est appelée aussi *top down* ou *London school* ou *mockist approach*, et met l'accent sur le besoin utilisateur. Elle nécessite une décomposition préalable du problème en éléments plus simples, qui seront remplacés temporairement par des substituts, avant d'être enfin construits. Pour reprendre l'exemple de la constrution d'une maison, il s'agirait de poser le toit en premier, porté par des échaffaudages, avant d'ajouter les murs, posés sur des soutiens temporaires, puis de remplacer chaque échauffage ou soutien temporaire par une construction pérenne.

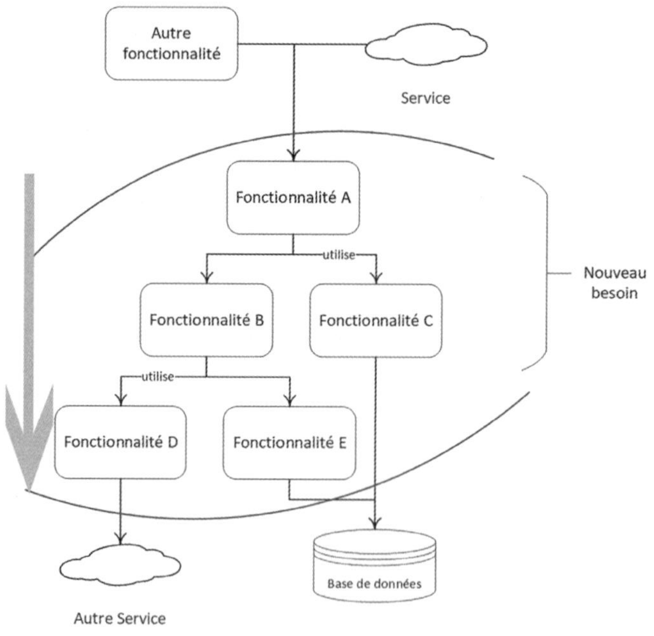

Le développement est guidé par le besoin, ainsi la construction de la solution se fait de l'extérieur vers l'intérieur. Cela ne signifie pas nécessairement de devoir tout considérer à partir de la GUI (*Graphical User Interface*, « interface graphique de l'application »). Si on peut bien entendu utiliser cette approche pour construire une nouvelle fonctionnalité nécessitant une interface graphique, on peut tout autant l'utiliser pour une fonctionnalité dont le point d'entrée est une API ou l'interface d'un service un peu complexe.

Avec l'approche outside-in, les composants techniques sont créés au fur et à mesure qu'on progresse vers les feuilles de l'arbre des fonctionnalités. À chaque itération, on va substituer les composants non créés encore, comme le montre la succession d'images ci-dessous :

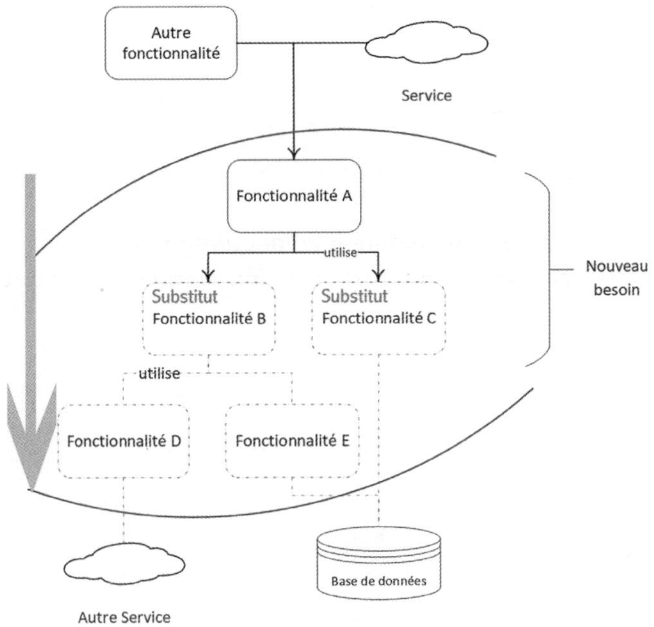

En première étape, on crée la fonctionnalité A et on substitue les fonctionnalités B et C.

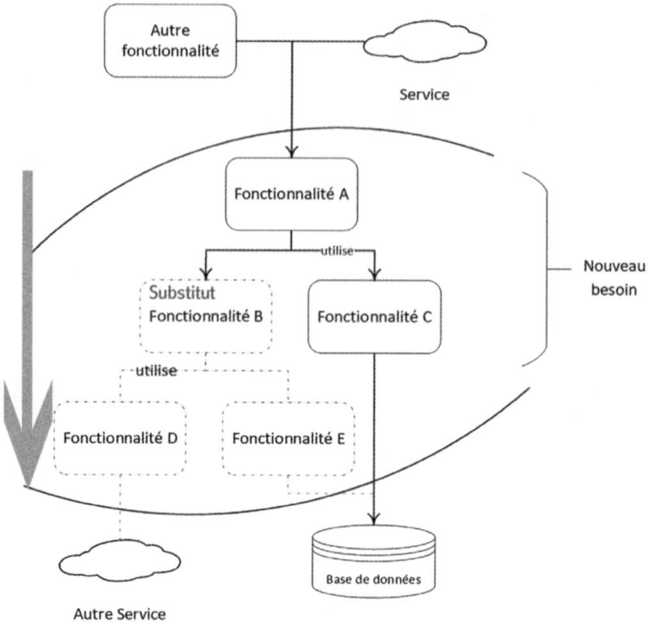

On passe ensuite à la fonctionnalité C.
On pouvait choisir de commencer la fonctionnalité B avant la C.

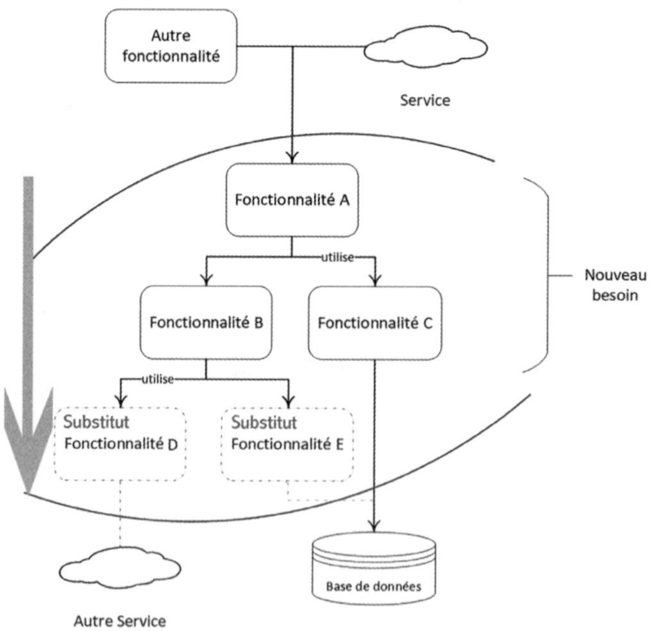

En troisième étape, on implémente la fonctionnalité B en subtituant les fonctionnalités qu'elle utilise, en l'occurence D et E.

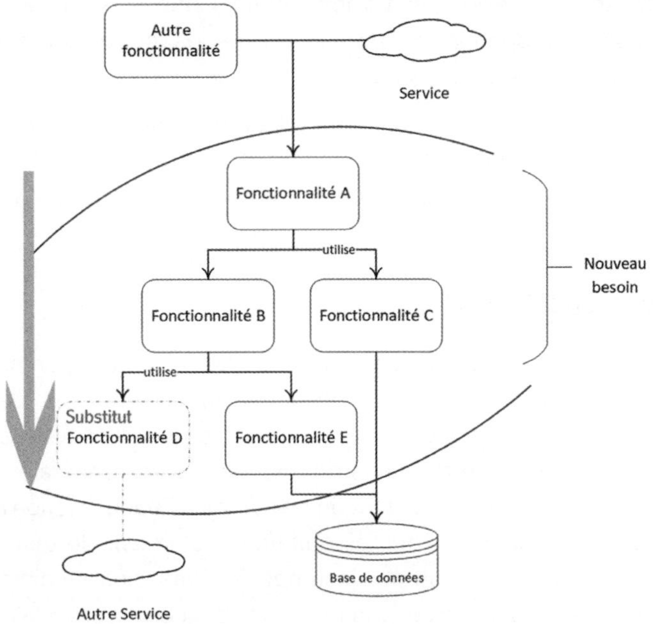

**En quatrième étape, on implémente la fonctionnalité E par exemple.
Et finalement, on implémente la fonctionnalité D.**

Avec un usage aussi intensif de doublures de tests, il faut vérifier à la fin qu'il existe bien une implémentation de chaque substitut utilisé, ce qui peut se vérifier manuellement, au risque d'oublis malencontreux. Un moyen plus rapide et plus sûr est la méthode ATDD (Acceptance Test Driven Development), décrite par la suite.

Sur l'exemple du relevé de compte, la fonctionnalité complète peut se représenter en un seul scénario métier, qui est donc notre point de départ en TDD outside-in :

Étant donné un solde initial de 200,
Avec un débit de 50 à la date du 03/03/2022
Et un crédit de 10 à la date du 04/03/2022
Alors quand on demande le relevé
Il affiche :
03/03/2022 | -50 | 150
04/03/2022 | 10 | 160

Mais il est évidemment hors de question d'implémenter un tel scénario en une seule boucle de TDD, cela reviendrait à tout coder en un seul incrément de grande taille, donc sans bénéficier de TDD. Il faut donc décomposer la fonctionnalité en sous-fonctionnalités.

On commencerait par exemple à implémenter l'affichage du relevé avec deux substituts de tests correspondant à l'accès à la liste des mouvements du mois, et au calcul du solde correspondant à chaque ligne.

Une fois le scénario principal passé au vert avec les substituts, on s'intéresse à chaque doublure pour en faire une véritable implémentation, par exemple en commençant par le calcul du nouveau solde, et ainsi de suite jusqu'à implémenter la totalité du problème.

2.3 ATDD et double boucle

Dans l'approche ATDD (Acceptance Test Driven Development), on commence par écrire un test d'acceptation couvrant la fonctionnalité à ajouter. Les tests d'acceptation sont écrits d'un point de vue utilisateur du système. Ils peuvent servir comme documentation et ensuite comme tests de non-régression. Généralement, on n'utilise pas de substituts (mock) pour ce test ou on minimise leur utilisation aux frontières de notre système (les services externes ou infrastructure…). Ce test restera rouge tout le long du développement du nouveau besoin. C'est notre indicateur de fin de développement. Il passera au vert quand toutes les briques seront finalisées. Comme en TDD, on vérifie que le test d'acceptation commence en échec. Puis on démarre des petites boucles TDD. On parle alors de deux boucles imbriquées ou *double loop* en anglais.

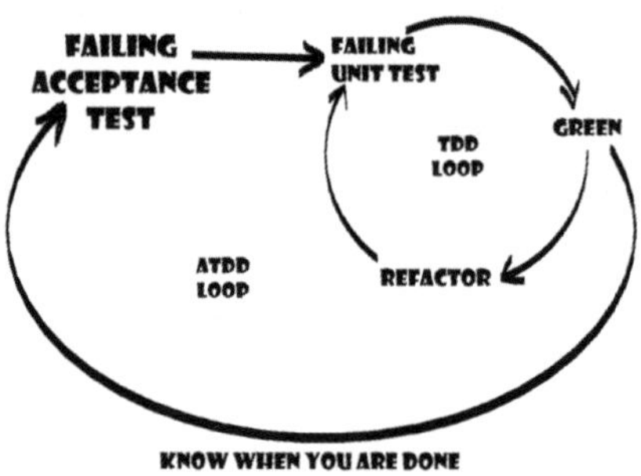

Comme vu dans le chapitre 1, sur le TDD, les tests ne doivent jamais rester rouges (en échec) pour une longue période. Pourtant, en ATDD la boucle est plus grande car tant qu'on n'a pas fini la fonctionnalité, le test d'acceptation reste rouge. Certains frameworks permettent de les marquer *pending* (« en cours ») pour ne pas créer d'alertes ni d'inquiétudes inutiles, car la durée de vie de la grande boucle est généralement de quelques heures voire quelques jours.

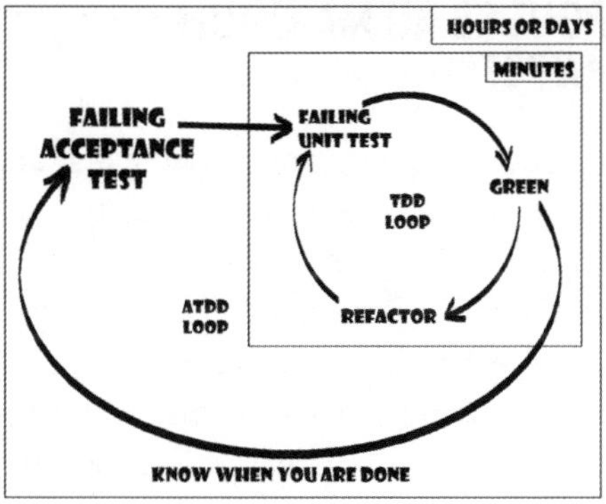

2.4 Outside-in comparé à inside-out

Connaître la distinction entre les deux styles de TDD permet de choisir celui qui est le plus approprié pour un contexte donné. Cela permet aussi de mieux se comprendre quand on collabore, en déclarant explicitement le style qu'on souhaite utiliser. Aucun des styles n'est supérieur à l'autre. On peut même utiliser les deux styles à la fois pour un même contexte. Il vaut mieux essayer les deux approches pour en juger.

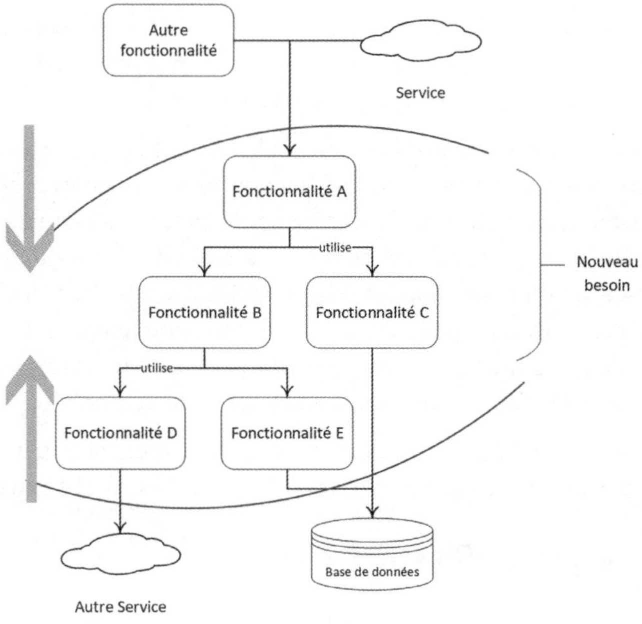

3. L'IDÉE DU TDD POUSSÉ AU MAXIMUM : *TDD AS IF YOU MEANT IT*

L'approche de TDD strict consiste à se retenir dans ses réflexes d'implémentation. On s'oblige ainsi à commencer par mettre tout le code, *y compris le code destiné à être livré en production à terme, dans le corps de la méthode de test*. Cela peut paraître absolument hérétique au premier abord, mais l'idée est de progresser au vu du code strictement nécessaire, rassemblé en un seul endroit pour avoir tout sous les yeux. La seule façon d'introduire une méthode, une classe ou même une constante est de le faire par refactoring à partir du code *qui fonctionne déjà* dans la méthode de test. Il s'agit d'éviter de concevoir les classes, enums, interfaces ou méthodes dès le début, afin de laisser TDD faire émerger la conception sans l'influencer de nos anticipations.

Quand on débute un cycle de TDD, le code fait l'objet de nombreux refactorings à un rythme rapide, de l'ordre de quelques secondes ou minutes, et avoir tout le code dans une même méthode, ou dans un même fichier, aide à refactorer encore plus vite. Mais au fil du développement et des cas de tests, le code tend à grossir et à changer un peu moins radicalement. C'est donc le moment d'extraire les éléments de conception de plus en plus englobants tels que les méthodes, les classes, puis à terme les modules, qui vont progressivement former la structure du code. On introduit les éléments de conception tels que les packages, classes et méthodes, qui tendent à rendre le code plus difficile à changer, au moment le plus opportun, c'est-à-dire quand le code a déjà prouvé qu'il fonctionne après avoir passé plusieurs tests.

La démarche consiste à ne pas penser au design de la solution, et à y aller vraiment sans idée préconçue. Ça a l'air simple, mais inconsciemment on va chercher à trouver le meilleur design avant même de décomposer le problème. En effet, plus on est expérimenté, plus on a tendance à designer les solutions, même de tête. On essaye souvent, c'est ce qu'on nous a appris, de capitaliser sur les expériences passées. Dans certains cas, on va les reproduire car on les considère comme de bons modèles à reprendre. Et dans d'autres cas, on va faire le contraire en nous référant à des expériences ratées considérées comme des erreurs à ne pas reproduire.

Cependant, l'idée du TDD pure n'est pas d'oublier les expériences passées, mais plutôt d'ouvrir les portes pour se surprendre avec de nouvelles propositions de solutions.

3.1 Qu'est-ce que le TDD strict ?

Le TDD strict vient avec un ensemble de contraintes et règles. Quand on l'applique, on n'est pas autorisé à créer une classe, une méthode, une variable ou même une constante sauf si ces éléments sont créés à partir d'un refactoring. À la phase « rouge/red » du TDD, on va créer le code directement dans la classe de test. Et à la phase « refactor », on peut bouger la méthode dans une classe.

3.2 Comment appliquer le TDD strict ?

Pour mieux comprendre ce que c'est, reprenons le même exemple que dans le chapitre 1 sur les TDD : le kata FizzBuzz. Rappelez-vous qu'on a écrit le premier test avec l'initialisation de la classe `FizBuzz` qui contient la méthode `Print` qu'on va tester.

```
[TestMethod]
public void Should_return_same_number_when_it_is_not_multiple_of_three_or_five()
{
    FizzBuzz fizzBuzz = new FizzBuzz();
    int number = 1;
    string value = fizzBuzz.Print(number);
    Assert.AreEqual("1", value);
}
```

Quand on applique le TDD strict, le test à faire ne doit pas initialiser cette classe `FizzBuzz`. Et la méthode à tester doit être générée directement dans le fichier de test en premier lieu. Notre test sera donc comme suit :

```
[TestMethod]
public void Should_return_same_number_when_it_is_not_multiple_
of_three_or_five()
{
    int number = 1;
    string value = Print(number);
    Assert.AreEqual("1", value);
}
```

Nous allons donc repousser la création de la classe à la phase de refactoring. À la création de notre premier test, à partir du moment où on a l'exemple prêt, on a envie que ça aille vite en termes d'écriture du test. Toujours dans l'optique d'aller au plus vite pour répondre au test, on ne va pas consacrer du temps à chercher le nom optimal pour la classe qu'on va créer. Là l'exemple est simple car on commence l'exercice et donc automatiquement on pense à créer une classe. En revanche, sur un projet existant et qui a vécu, on hésite entre créer une nouvelle classe ou ajouter la méthode dans une classe existante. On passe alors du temps à réfléchir à l'avantage et à l'inconvénient de chaque choix, etc. Mais, entre temps, on n'a rien implémenté encore.

Alors que si on laisse cette réflexion jusqu'au moment où la vision devient plus claire, ça sera plus simple. La vision est plus claire quand on avance dans l'implémentation de la méthode. Petit à petit on sait ce dont elle a besoin pour son fonctionnement. On commence à connaître les dépendances, les sources des données, les types de données traitées. À partir de ce moment-là, on sait mieux choisir où déplacer la méthode.

3.3 Est-ce vraiment ainsi que ça se passe ?

En fait, si on veut réellement pousser la réflexion au bout, même la création de la méthode dans le test est déjà une étape avancée. Le but est de comprendre le principe, mais réellement notre code du premier test ressemblerait plus à ceci :

```
[TestMethod]
public void Should_return_same_number_when_it_is_not_multiple_
of_three_or_five()
{
    int number = 1;
    string value = number.ToString();
    Assert.AreEqual("1", value);
}
```

Voire, pour être puriste, le test doit ressembler à ceci :

```
[TestMethod]
public void Should_return_same_number_when_it_is_not_multiple_
of_three_or_five()
{
    int number = 1;
    string value = "1";
    Assert.AreEqual("1", value);
}
```

Il ne fallait même pas créer une méthode. La même problématique de la création de la classe en avance s'applique aussi à la méthode. Rappelons qu'une méthode est composée d'un nom, des paramètres d'entrée et d'un type de retour, qui sont autant de décisions à prendre trop tôt, avant même d'écrire le test, donc avant d'avoir l'opportunité de mieux connaître le problème à traiter.

Une fois arrivé à l'étape de refactoring, on va supprimer les duplications en extrayant la méthode. Les IDE modernes tels que Visual Studio ou Intellij peuvent très bien détecter les duplications et vous proposent de faire les remplacements automatiquement à votre place.

Avec le test toujours au vert, on peut ensuite extraire `string value = "1"` dans une nouvelle méthode dans la classe de test. Pour rappel, il est interdit de créer une classe, une méthode, une variable ou même une constante sauf si ces éléments sont créés à partir d'un refactoring.

```
[TestMethod]
public void Should_return_same_number_when_it_is_not_multiple_
of_three_or_five()
{
    int number = 1;
    string value = Print(number);
    Assert.AreEqual("1", value);
}

private string Print(int number)
{
    return "1";
}
```

3.4 Triangulation

La première implémentation de notre méthode peut très bien contenir des constantes étant donné qu'on essaye de répondre rapidement à la résolution du test rouge. Il arrive que dans certains cas on passe à un nouveau cas de test tout en oubliant de variabiliser la constante créée. Afin de vérifier qu'on n'a rien oublié, on va créer un test de triangulation. Il s'agit d'un test qui correspond au dernier écrit sauf qu'on va changer une seule valeur d'entrée. Le but, comme on l'a dit, est de vérifier qu'on n'a rien laissé en dur dans le code. Pour la règle « si le nombre n'est ni multiple de trois ni de cinq alors on le retourne tel quel », on va donc avoir deux tests. Le premier est celui qu'on a déjà évoqué dans le paragraphe précédent.

```
[TestMethod]
public void Should_return_same_number_when_it_is_not_multiple_
of_three_or_five()
{
    int number = 1;
    string value = Print(number);
    Assert.AreEqual("1", value);
}
```

Pour le deuxième, on va juste changer la valeur du nombre 1 par 2 par exemple. Ce test sera rouge puisque l'implémentation de la méthode `Print` retourne la valeur «`1`» en dur. C'est à ce moment-là qu'on va modifier la valeur en dur par un retour de `number.ToString();`. Ainsi, on gère doucement la complexité du code. On a commencé par transformer la constante en une variable. Ensuite on va ajouter une nouvelle instruction qui va introduire une condition, et ainsi de suite.

Robert C. Martin considère ces types de refactorings comme des transformations du code. Il a d'ailleurs énuméré plusieurs transformations possibles pour améliorer la lisibilité du code.

3.5 À l'extrême : transformation priority premise (TPP)

En appliquant le TDD (Test Driven Development, le « développement dirigé par les tests »), nous avons enrichi le code de production au fur et à mesure des ajouts de nouveaux tests. Et c'est lors de la phase de refactoring dans le cycle du TDD (rappelons-nous : rouge/vert/refactoring ou red/green/refactor) que nous allons améliorer la lisibilité du code en changeant sa structure sans changer son comportement. Quand on ajoute ensuite un nouveau test, on va potentiellement changer le comportement sans changer de façon significative la structure du code.

Souvent quand on commence à appliquer le TDD, on oublie les baby steps, ces petites étapes qui nous permettent d'atteindre l'objectif final en douceur. Le meilleur moyen pour rester en mode baby steps est d'appliquer les transformations priorisées, proposées par Robert C. Martin.

Comme il le décrit dans son blog[1], alors que les actions de refactoring consistent à changer la structure du code sans changer le comportement, les *transformations* sont des modifications de code simples qui changent le comportement. Il propose de ne changer le code qu'en appliquant des transformations simples, et en s'imposant de toujours commencer par « la plus simple possible » avant de devoir recourir à des transformations « moins simples ». Comme les transformations sont ordonnées par priorité, il a donné le nom de *Transformation Priority Premise* à cette approche.

Voici la liste des transformations qu'il a déterminée :

- ✓ *({} -> null)* : partir sans code (pas de code du tout) vers un code qui emploie ou retourne null ;
- ✓ *(null -> constante)* : transformer le null en utilisant une constante ;
- ✓ *(constante -> constante+)* : d'une constante simple vers une constante plus complexe ;
- ✓ *(constante -> scalaire)* : remplacer une constante par une variable ou un argument ;
- ✓ *(instruction -> instructions)* : ajouter des instructions sans condition ;
- ✓ *(unconditionel -> if)* : introduire une condition ;
- ✓ *(scalaire -> tableau)* ;
- ✓ *(tableau -> conteneur)* ;
- ✓ *(instruction -> recursion)* ;

1. http://blog.cleancoder.com/uncle-bob/2013/05/27/TheTransformationPriorityPremise.html

- ✓ *(if -> while)* ;
- ✓ *(expression -> fonction)* : remplacer une expression par une fonction ou un algorithme ;
- ✓ *(variable -> affectation)*.

Ces transformations vont du spécifique au générique. Sur l'incontournable kata FizzBuzz, au premier test, on peut retourner directement la valeur « `1` ». Ensuite, avec le test de triangulation (exemple du nombre 2 qui retourne « `2` »), on a transformé la constante par une variable « `number` » qui est passée en paramètre. Consciemment ou non, on a utilisé la quatrième transformation d'une constante à une variable dans cette évolution.

Quand on voulait faire passer le test avec le nombre « `3` » pour retourner « `Fizz` », on a ajouté une condition `if (number % 3 == 0)`. Là aussi on a appliqué une transformation, la sixième (unconditionel -> if). Le conseil de respecter l'ordre des priorités des transformations permet de se retenir de sauter trop vite à du code complexe superflu, par exemple vouloir insérer un `while` alors qu'on n'a même pas de `if` dans le code.

10 Techniques de conception

Le refactoring continu est au cœur du développement dirigé par les tests et du craft en général. Mais le refactoring n'est qu'un moyen au service de la conception (design). Contrairement à certaines idées reçues, les compétences en conception logicielle restent absolument essentielles au succès de toute pratique craft !

Ce n'est pas l'objectif de ce livre de couvrir toutes les compétences de conception logicielle, mais il importe de mentionner les plus incontournables et de préciser celles pour lesquelles il faudra consulter d'autres ouvrages plus spécialisés.

1. PRINCIPES ESSENTIELS DE CONCEPTION

La conception logicielle est un art délicat qui demande de l'expérience ; fort heureusement, des praticiens et praticiennes illustres ont au fil des décennies formalisé une partie de leur expérience dans des principes qui servent de référence à notre industrie. Attention cependant, ces principes n'ont pas valeur de règles absolues et sont à considérer comme des heuristiques : suivre ces principes tend à aider, mais avec des exceptions.

1.1 Les principes SOLID

Les principes SOLID, dont le nom provient des initiales de cinq principes, sont populaires en conception orientée objet et sont importants à connaître :

- ✓ Le premier principe (SRP – *Single Responsibility Principle*) est le principe de responsabilité unique, qui affirme qu'une classe ne doit avoir qu'une seule responsabilité. Une classe qui ferait un calcul et qui serait capable d'enregistrer ses données en base de données serait ainsi en violation de ce principe. La limite de ce principe est que la notion de responsabilité est parfois délicate à définir, mais ce principe invite à être vigilant sur ce point.
- ✓ Le deuxième principe (OCP – *Open Close Principle*), autrement dit « ouvert aux extensions, fermé à la modification », encourage à penser l'évolution d'un système

composé de plusieurs éléments par ajout, suppression ou remplacement d'un élément à la fois, et non par modification quelconque des éléments. Un exemple classique est un ordinateur composé d'une carte mère et d'un ensemble de composants, et qui évolue par ajout, suppression ou remplacement des composants, et non par changement d'un composant qui nécessiterait de souder. En logiciel, c'est l'idée même des architectures de plugins, d'un grand nombre de design patterns, et même des microservices.

✓ Le troisième principe (LSP – *Liskov Substitution Principle*) est le principe de substitution énoncé par Barbara Liskov dans le contexte de la programmation orientée objet, qui réclame que, pour pouvoir remplacer un composant par un autre, il est nécessaire que le remplaçant vérifie au moins toutes les propriétés de l'original. En langage objet, un sous-type doit vérifier toutes les propriétés du super type ou de l'interface implémentée, par exemple ne pas lever de nouvelle exception.

✓ Le quatrième principe (ISP – *Interface Segregation Principle*) est le principe de ségrégation des interfaces, qui encourage à séparer les méthodes d'une classe dans plusieurs interfaces distinctes, afin que le code qui utilise la classe ne voie que les méthodes dont il a besoin. Si par exemple un code n'utilise que des méthodes de consultation d'une classe, les éventuelles méthodes de mutation de la classe ne devraient pas être dans l'interface référencée par ce code. Cela amène donc souvent à des classes qui implémentent plusieurs interfaces, chacune sur un sous-ensemble de leurs méthodes publiques.

✓ Le dernier principe (DIP – *Dependency Inversion Principle*) est plus une technique qu'un principe, et est incontournable. Ce principe d'inversion de dépendances, à ne pas confondre avec l'injection de dépendances qui l'accompagne pourtant souvent, consiste à inverser la direction d'une dépendance entre un code appelant et une classe appelée. L'astuce consiste à introduire une interface référencée par le code appelant et implémentée par la classe appelée, ce qui en effet inverse bien la direction de la dépendance.

Certaines personnes trouvent ces principes utiles pour apprendre et progresser dans l'art de la conception logicielle, tandis que d'autres les trouvent utiles a posteriori, comme une théorie qui explique ce qu'on a déjà compris par la pratique.

Il est aussi intéressant de noter que ces principes, bien que provenant de la programmation orientée objet, fonctionnent très bien au-delà, il est ainsi possible de les reconnaître dans des architectures distribuées, où les interfaces deviennent des contrats REST/Json et où les classes deviennent des services.

1.2 Le principe « *Composition Over Inheritance* »

Ce principe décourage l'usage de l'héritage des langages objets, au profit de la composition. Par exemple, plutôt que de regrouper du code en commun dans une classe de base, on met ce code dans une classe dédiée qu'on inclut dans chaque classe qui en a besoin. Ce principe a mis du temps à s'affirmer mais ne fait plus guère polémique. À noter que l'usage des interfaces reste totalement encouragé, le polymorphisme n'étant pas de l'héritage.

1.3 Les principes de faible couplage et de forte cohésion

Ce principe stipule que l'organisation du code doit regrouper les responsabilités similaires dans une zone à forte cohésion, avec le moins de couplage possible avec les autres zones de code. C'est un principe à la fois plus essentiel et plus abstrait que les autres, qui peuvent être vus comme ses conséquences.

1.4 Le principe de dépendance du spécifique vers le générique

Ce principe provient du raisonnement sur la stabilité relative des classes, modules ou services en termes de changements de leur code. L'idée est que le code le plus stable ne doit pas dépendre de code moins stable, sous peine de devenir instable par ricochet. À défaut de pouvoir mesurer la stabilité des éléments du code, on peut l'estimer en comparant les fonctionnalités des plus spécifiques aux plus génériques, les plus spécifiques étant considérées plus propices aux changements, donc moins stables, que celles qui sont génériques.

Ce principe peut alors se résumer de la façon suivante : le générique ne doit jamais dépendre du spécifique.

1.5 La loi de Demeter : pour être heureux, vivons cachés

En parcourant du code, on tombe fréquemment sur ce genre de lignes, avec de multiples appels chaînés :

```
obj.getX().getY().getZ().doSomething();
```

Ceci nous oblige à connaître beaucoup de choses sur `obj` pour effectuer le `doSomething` : savoir que `obj` est lié à un objet `X`, lui-même lié à un objet `Y` relié à un objet `Z` offrant l'opération souhaitée. On peut aussi le traduire par : « demande à `obj` qui va demander à `X` qui demandera à `Y` qui demandera à `Z` ». D'une certaine manière, il serait préférable d'avoir directement, sans passer par tous les intermédiaires :

```
obj.doSomething();
```

Cela ne vous parle pas suffisamment ? Imaginons que vous achetiez du pain. Le boulanger vous annonce le prix de 1 euro. Selon toute vraisemblance, vous allez lui donner directement une pièce de 1 euro, plutôt que de retirer votre veste, la tendre au boulanger et lui indiquer que dans la poche intérieure droite se trouve votre portefeuille et qu'à l'intérieur un compartiment muni d'une fermeture éclair contient les pièces de monnaie. En effet, ce n'est pas au boulanger de se débrouiller et de se servir dans votre argent. D'autant plus que vous n'avez peut-être pas suffisamment confiance en lui pour qu'il ne prenne que le montant requis et pas plus.

Cette problématique est décrite dans la **loi de Demeter** (aussi appelé principe de connaissance minimale), qui peut se reformuler ainsi :

« Ne parlez qu'à vos amis immédiats. »

Un objet devrait faire aussi peu d'hypothèses que possible quant à la structure et aux détails internes de fonctionnement de quoi que ce soit d'autre, y compris ses propres composants.

Prenons un exemple plus concret, avec un site de vente en ligne souhaitant déterminer le pays d'expédition pour chaque commande afin d'appliquer les règles douanières en vigueur :

```
order.getCustomer().getShippingAddress().getCountry().getCode();
```

En se conformant à la loi de Demeter, on obtient :

```
order.getCustomsCountryCode();
```

Les bénéfices sont multiples :

- ✓ L'intention est exprimée clairement : on sait que le code pays renvoyé est utilisé pour des raisons douanières.
- ✓ La logique de calcul du code pays pour les questions de douanes est encapsulée : si elle vient à évoluer, le changement se fera seulement dans `Order.getCustomsCountryCode()` et non plus partout où on pourrait avoir besoin de ce calcul ; c'est une façon efficace de respecter DRY et de réduire le couplage.
- ✓ Côté lisibilité, on va directement à l'essentiel ; si on a besoin de connaître les détails internes, il suffit de naviguer entre les classes.
- ✓ En limitant l'exposition du fonctionnement interne, la sécurité des composants est renforcée.
- ✓ On limite aussi le couplage entre le fonctionnement interne d'un composant et ceux qui l'utilisent ; en modifier l'implémentation occasionne très peu d'impacts. D'une certaine manière, on peut voir cela comme une réduction de la surface de contact entre les composants.

La loi de Demeter va dans le sens de limiter ce qu'on expose, notamment les détails d'implémentation. Plus on les expose et plus on crée de couplage, multipliant ainsi les impacts en cas de modification. On doit plutôt raisonner en termes de services fournis par un composant, et des problèmes qu'il aide à résoudre. La loi de Demeter offre un moyen efficace d'augmenter l'encapsulation (contrôler ce qui est accessible ou non) et de renforcer les abstractions.

Remarque : La forme `a().b().c().d().e()` ne veut pas forcément dire qu'on est en présence d'une violation de la loi de Demeter ; on peut être face à une API fluent ou un pattern de type Builder, et ces approches sont à encourager.

1.6 Principe du « *Tell, don't ask* »

On peut aller plus loin que la loi de Demeter avec le principe du « ***Tell, don't ask*** », énoncé par Martin Fowler[1], et qui rappelle que, dans l'approche objet, un objet ne consiste pas seulement en de la donnée. Il est préférable de chercher à incorporer de la logique à côté des données, au sein de la classe. Ainsi, au lieu de demander les données à l'objet pour les manipuler et les modifier, il est préférable de fournir directement les abstractions qui permettent d'effectuer des actions de plus haut niveau. On peut le combiner avec l'effort de limiter des accesseurs au strict minimum.

Cela contribue à :

- ✓ renforcer l'encapsulation en masquant des détails d'implémentation que les composants extérieurs n'ont pas besoin de connaître ;
- ✓ limiter l'accès sur les données, on renforce la sécurité des objets en empêchant des utilisations imprévues, on évite que chaque composant client fournisse sa propre interprétation du traitement à effectuer ;
- ✓ éviter de multiplier les objets anémiques (objets qui servent juste à stocker de la donnée, aussi appelés DTO ou POxO, mais qui sont en fait juste des structures clé-valeur de luxe) ;
- ✓ éviter de la duplication lorsque de multiples composants extérieurs vont avoir besoin de la même logique.

Exemple : nous voulons calculer le montant total d'une commande. Au lieu de demander à l'objet `Order` la liste des articles commandés et de faire le calcul nous-même, comme ici :

```
double orderAmount = 0.0;
for (OrderLine orderLine : order.getOrderLines()) {
    orderAmount += orderLine.getItemPrice() * orderLine.getQuantity();
}
```

Cette logique pourrait directement être fournie dans la classe `Order`, le client n'ayant alors qu'à appeler :

```
double orderAmount = order.getOrderAmount();
```

Ainsi, l'appelant n'a pas besoin de savoir comment une commande est structurée. Si par la suite la classe `Order` évolue dans sa logique métier, pour intégrer par

1. Fowler, M. https://martinfowler.com/bliki/TellDontAsk.html

exemple le calcul des taxes, ou dans sa façon de structurer ses éléments OrderLine, le client ne sera pas impacté.

1.7 Principe d'Hollywood : « *Don't call us, we'll call you* »

Ce principe est très fortement lié à ceux d'inversion de contrôle (IoC) et d'inversion de dépendances (DIP). On part de l'idée que, plutôt que de s'insérer dans un flux de contrôle, une portion de code doit décrire un comportement qui se déclenche en réponse à des événements extérieurs (clic sur un bouton, chargement d'une page, configuration d'une application, etc.).

On parle d'*événements*, de *hooks*, de *call backs*, et la plupart des frameworks reposent fortement sur ces principes. Par exemple : lambdas, patterns tels que Observer ou Template Method.

La notion de déclarativité est importante, opposée au style impératif. Le style fonctionnel aide ainsi à renforcer le principe d'Hollywood.

2. LE JEU DE CONTRAINTES « OBJECT CALISTHENICS »

Derrière ce nom exotique des *calisthenics* se cache l'art de s'entraîner et de se muscler au poids du corps et sans matériel.

Ce nom vient du grec *Kallos sthenos* pour décrire la beauté et le courage. La beauté souligne le développement harmonieux du corps et le courage souligne la force mentale et la détermination. Jeff Bray[1] s'est inspiré de cette mouvance pour sortir neuf règles dans le livre co-écrit avec quatorze autres auteurs *The Thoughtworks Anthology: Essays on Software Technology and Innovation*. Ces règles permettent d'améliorer la lisibilité du code pour le rendre plus maintenable et plus facilement testable, certaines pouvant même paraître contre-intuitives.

Voici les neuf règles, en anglais, que nous allons décrire chacune dans un paragraphe à part avec un exemple de code pour mieux comprendre son utilité :

- ✓ « *Only one level of indentation per method* » : Un seul niveau d'indentation par méthode ;
- ✓ « *Don't use the else keyword* » : Ne pas utiliser le mot-clé `else` ;
- ✓ « *Wrap all primitives and strings* » : Encapsuler tous les types primitifs et toutes les chaînes de caractères ;
- ✓ « *First class collections* » : Créer des classes encapsulant les collections ;
- ✓ « *One dot per line* » : Un seul point par ligne ;
- ✓ « *Don't abbreviate* » : Ne pas abréger ;

1. Singham R., Robinson M. et al. *The Thoughtworks Anthology: Essays on Software Technology and Innovation*,The Pragmatic Programmers, 2008.

✓ « *Keep all entities small* » : Garder toutes les entités petites ;

✓ « *No classes with more than two instance variables* » : Pas de classe avec plus de deux attributs ;

✓ « *No getters/setters/properties* » : Pas de getter ni de setter ni de propriété.

2.1 Un seul niveau d'indentation par méthode

Cette règle incite à réduire le nombre d'indentations à une seule. L'indentation est le nombre de tabulations ou espaces en début de chaque ligne de code[1]. Jeff Bray considère que plus il y a d'indentations dans une méthode, moins elle est lisible et plus elle est complexe. En effet, réduire le nombre d'indentations permet de favoriser le découpage et de réduire l'éparpillement du contexte (variables, données en entrée et en sortie).

En plus, plus le nombre d'indentations est élevé, plus la *complexité cyclomatique* de la méthode est élevée. La complexité cyclomatique correspond au nombre de chemins de la méthode. Prenons la méthode ci-dessous. Pour des soucis de lisibilité, on affiche uniquement les parties qui nous intéressent pour ce cas. On constate quatre niveaux d'indentation, ce qui représente une complexité cyclomatique de quatre au minimum à cause des trois `if` imbriqués :

```
public bool WasCorrectlyAnswered()
{
  if (_inPenaltyBox[_currentPlayer])
  {
    if (_isGettingOutOfPenaltyBox)
    {
      [...]
      if (_currentPlayer == _players.Count)
        _currentPlayer = 0;

      return winner;
    }
    [...]
  }
  [...]
}
```

Pour améliorer cette méthode, on peut extraire des méthodes ou inverser certains `if` pour sortir au plus tôt et réduire la complexité. Il est possible, dans certains cas, d'extraire du code dans d'autres classes et les composer pour garder le même fonctionnement.

1. Il y a différents styles d'indentations, vous pouvez les trouver sur la page Wikipédia https://fr.wikipedia.org/wiki/Style_d%27indentation

2.2 Ne pas utiliser le mot-clé else

La présence du mot-clé `else` oblige à faire un effort intellectuel supplémentaire pour la lecture du code. En supprimant ce mot-clé, on est amené à sortir plus tôt de la méthode, ce qui facilite la lecture et la compréhension de la fonctionnalité. Plusieurs approches se résument en cette règle :

- ✓ « Return early » : sortir au plus tôt ;
- ✓ « Fail fast » Jim Shore et Martin Fowler ont créé le concept en 2004[1] ;
- ✓ « Happy path/sad path » : le code est linéaire et dès qu'il y a une validation échouée on sort directement de la méthode.

Prenons l'exemple suivant, la méthode retourne vrai si le nombre passé en paramètre est pair, autrement la valeur de retour est égale à faux. Pour cette méthode, on est obligé de la lire jusqu'à la fin pour s'assurer qu'il n'y a pas un autre traitement à part l'affectation de la variable `isEvenNumber` à vrai.

```
public string IsEvenNumber(int number)
{
  bool isEvenNumber;
  if (number % 2 == 0)
  {
    isEvenNumber = true;
  }
  else
  {
    isEvenNumber = false;
  }

  return isEvenNumber;
}
```

Voyons maintenant, en appliquant cette règle, ce que devient cette méthode :

```
public string IsEvenNumber(int number)
{
  if (number % 2 == 0)
  {
    return true;
  }

  return false;
}
```

1. https://www.martinfowler.com/ieeeSoftware/failFast.pdf

La différence est claire : même si le code est simple à l'origine, la réécriture est plus courte et plus aérée. Sa lecture est plus facile puisque, à l'intérieur du bloc `if`, on sort directement de la méthode[1].

2.3 Encapsuler tous les types primitifs et toutes les chaînes de caractères

L'encapsulation des types primitifs en objets sécurise le code en masquant les détails d'implémentation. En rapprochant les traitements appliqués aux données, on apporte une saveur métier au code. On s'affranchit ainsi de l'anti-pattern Primitive obsession. L'encapsulation est une façon d'introduire le DDD (Domain Driven Design) dans le code en utilisant les « value objects » pour représenter un concept métier.

Dans l'exemple suivant, le montant et le taux sont présentés avec des types primitifs :

```
public double Convert(double amount, double rate)
{
  return amount * rate;
}
```

En les exposant sous forme d'objet, on ajoute une touche métier au code et on explicite le comportement voulu, comme présenté dans l'exemple ci-dessous.

```
public Amount Convert(Amount amount, Rate rate)
{
  return amount.MultiplyBy(rate);
}
```

Cette règle nous invite à sécuriser le code en encapsulant les données dans des objets et à exposer des comportements.

2.4 Créer des classes encapsulant les collections

Cette règle permet de rapprocher le traitement des données qu'il manipule. Ainsi on définit un type plus orienté métier en frontal de la collection et on contrôle davantage les actions possibles sur la collection. On peut, par exemple, rendre la suppression d'éléments impossible. Cette règle répond au principe de « *Tell, don't ask* » qui invite à regrouper les données et les méthodes qui les manipulent.

1. Les lecteurs les plus perspicaces auront remarqué qu'on peut même aller plus loin et faire tenir le code en une seule ligne, en retournant directement l'expression booléenne.

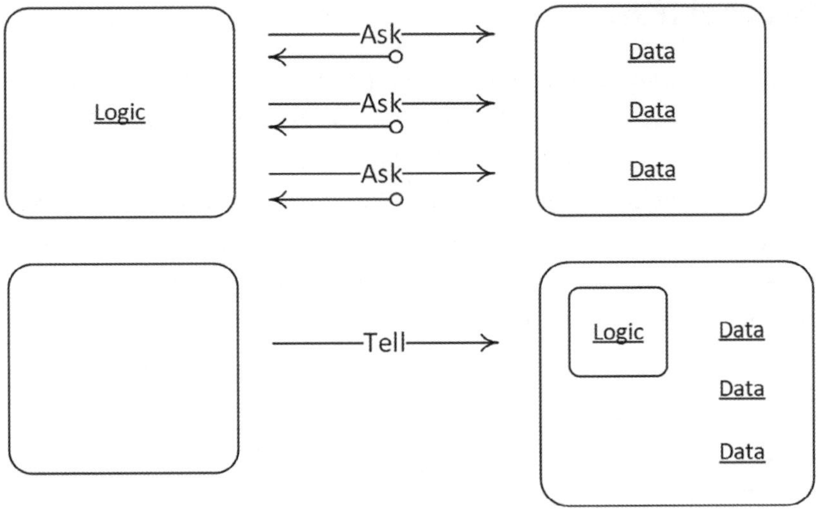

2.5 Un seul point par ligne

Avoir plusieurs points dans une même ligne montre qu'on a besoin d'accéder à une donnée dans un objet qui n'est pas référencé directement dans l'objet manipulé. Lorsqu'on respecte la loi de Demeter qui demande de ne pas parler aux étrangers et de parler uniquement aux amis immédiats (les objets référencés directement), il vaut mieux encapsuler le traitement voulu dans une méthode. Ainsi, le code devient plus fluide et plus facile à lire et à comprendre. On parle souvent d'*interface fluide* (*Fluent interface*) dans le cadre de construction d'API avec une lisibilité du code proche du langage parlé. L'avantage qui en découle est qu'on peut facilement substituer le comportement des objets amis ou voisins pour tester unitairement la fonctionnalité voulue.

Dans le cas où on ne peut pas modifier le code pour appliquer les concepts de Fluent interface ou « *Tell, don't ask* », on peut retourner à la ligne à chaque utilisation de point pour améliorer la lisibilité du code écrit.

Prenons l'exemple suivant :

```
public bool CanEnter(User user)
{
  return user.GetAge().ToYear() >= 18;
}
```

Pour rendre le code plus fluide, on peut le refactorer pour extraire une méthode dans la classe `User`. Le code de cette méthode devient alors :

```
public bool CanEnter(User user)
{
  return user.IsAgeOver(18);
}
```

2.6 Ne pas abréger

Dans certains contextes d'entreprises, on a tendance à utiliser les acronymes ou les abréviations dans plusieurs documents ou présentations. Dans le vocabulaire métier ça peut avoir du sens. En revanche, les développeurs qui arrivent sur le projet n'ont pas forcément ce bagage à l'arrivée. Pour avoir une meilleure intégration des développeurs via une meilleure lisibilité du code, on appelle souvent à faire attention au nommage utilisé. Il vaut mieux favoriser l'expression de l'intention en nommant explicitement les notions métiers.

Prenons l'exemple ci-dessous :

```
public ETA GetETA()
{
  ETA eta = new ETA();
  // ETA : estimated time of arrival
  // ...
  return eta;
}
```

Sans discussion avec le métier pour comprendre que « ETA » désigne le temps estimé d'arrivée, on ne peut pas comprendre à quoi cela correspond dans le code. On peut le transformer comme suit pour une meilleure lisibilité du code :

```
public ArrivalTime GetEstimatedTimeOfArrival()
{
  ArrivalTime estimatedArrivalTime = new ArrivalTime();
  // ...
  return estimatedArrivalTime;
}
```

Dans certains cas, le code peut être très verbeux en supprimant les abréviations. Un meilleur découpage peut alors régler le problème.

2.7 Garder toutes les entités petites

Encore une fois, cette règle invite à une meilleure lisibilité du code pour une meilleure maintenabilité de l'applicatif. Ainsi on invite à avoir des classes de 50 lignes au maximum, des méthodes de 10 lignes maximum. Le meilleur moyen pour y arriver est de repenser le découpage et de simplifier le design. On invite souvent à utiliser la composition. On peut par exemple extraire dans des classes à une seule responsabilité et les composer entre elles pour obtenir le comportement attendu.

2.8 Pas de classe avec plus de deux attributs

Le but de cette règle est de renforcer l'encapsulation. En effet, en se limitant à deux attributs par classe, on tend vers une meilleure explicitation du rôle de chaque classe. Dans l'exemple suivant, on a une période et une valeur représentées par une classe `Period` :

```
public class Period
{
  public DateTime Start {get; set;}
  public DateTime End {get; set;}
  public Decimal Value {get; set;}
}
```

En observant cette classe et le code qui l'utilise, on peut se demander ce que représente cette période, pourquoi elle a une valeur et ce que représente cette valeur. Et puis potentiellement, si on creuse le métier derrière, on se rend compte qu'il s'agit d'une période à laquelle on associe un taux. La classe peut donc être représentée par deux classes, voire trois si on applique la règle « Encapsuler les types primitifs » en encapsulant la valeur dans une classe `Rate`.

```
public class Period
{
  public DateTime Start {get; set;}
  public DateTime End {get; set;}
}

public class RatedPeriod
{
  public Period Period {get; set;}
  public Rate Rate {get; set;}
}
```

2.9 Pas de getter ni de setter ni de propriété

En créant les accesseurs (`get`, `set`), on finit par avoir des objets anémiques dont le comportement est pauvre. En supprimant les accesseurs, on tend vers des objets immuables, ayant des comportements qu'on expose pour respecter le principe de « *Tell, don't ask* ». L'immutabilité présente plusieurs avantages :

- ✓ la simplicité : vu qu'on maîtrise l'état de l'objet et son comportement ;
- ✓ la sécurité en cas d'exécution parallèle (*thread-safety*) : parce que l'état de l'objet ne peut pas être changé directement, aucune synchronisation entre les threads n'est nécessaire ;
- ✓ la robustesse du code : écrire dans un style immuable réduit statistiquement la quantité de bugs.

2.10 Des contraintes pour acquérir de nouvelles habitudes vertueuses

Ces règles, bien que contraignantes, offrent l'avantage d'être faciles à comprendre. À force de pratiquer, elles peuvent devenir des automatismes. Un code qui applique ces règles tend naturellement à être respectueux de la plupart des autres principes théoriques. Un tel code exprime plus clairement ses intentions, est mieux découpé et mieux conçu. Cette discipline des règles callisthéniques aide à obtenir plus facilement un code propre.

Notons enfin que même si on parle « d'objets » callisthéniques, la globalité des règles s'appliquent à d'autres styles de programmation, notamment le style fonctionnel.

3. PRINCIPES DE PROGRAMMATION FONCTIONNELLE

Même sans utiliser de langage de programmation fonctionnelle, il reste avantageux de s'inspirer des principes issus des langages fonctionnels, tels que l'absence de mutation des données, la pureté des fonctions et l'idempotence. Ce jargon ne doit pas effrayer, au contraire il représente une liste de concepts vers lesquels orienter votre curiosité à l'avenir.

Par exemple, la pureté d'une fonction est aussi désignée comme l'absence d'effets de bords (*side-effect-free functions*). Elle ne modifie pas son contexte extérieur, et notamment les paramètres en entrée ne sont pas mutés. Tout accès au disque, au réseau, à l'horloge ou au générateur aléatoire sont ainsi à proscrire dans une fonction pure. Comme un programme totalement pur est absolument inutile, l'idée est plutôt de séparer et de maximiser l'utilisation de fonctions pures, tout en sachant que quelques fonctions devront avoir des effets de bord.

Les autres propriétés telles que l'immuabilité ou l'idempotence sont détaillées, sous une forme plus applicable et à moindre jargon, ultérieurement dans ce chapitre et dans le suivant.

4. CODE SMELLS COURANTS

Les code smells sont des signes de problèmes potentiels dans le code qu'il est important de savoir reconnaître et qui sont autant d'opportunités d'amélioration.

La littérature liste de grands nombres de code smells. Nous avons sélectionné quelques-uns des plus communs ci-dessous.

4.1 Code omniscient, ou code complexe

Un code omniscient fait beaucoup trop de choses, c'est le cas par exemple des *bloated classes* :

- ✓ qui gèrent trop de responsabilités, en violation évidente du Single Responsibility Principle (SRP) ;
- ✓ qui nécessitent des modifications dès qu'on introduit une évolution dans le système, en désaccord manifeste avec le principe Open-Closed (OCP).

Il est fréquent de rencontrer du code qui présente une complexité cyclomatique élevée, heureusement nous disposons dans notre boîte à outils de plusieurs possibilités pour la réduire. Ainsi, en présence de boucles, on peut découper le code en plus petites méthodes et s'orienter vers un style de parcours plus fonctionnel. Pour ce faire on peut se poser la question « quels traitements doit-on effectuer sur cette collection ? » plutôt que « comment parcourt-on cette collection ? ».

Dans le cas de l'accumulation de plusieurs `if`, `else` ou `switch` dans une méthode, on se retrouve face à une violation potentielle du principe Open-Closed (OCP).

Il arrive également que l'utilisation de variables s'étale trop dans le code ; il est préférable dans cette situation de repenser le scope de déclaration en rendant la variable beaucoup plus locale. On peut aussi limiter les effets de bords en faisant un effort sur l'immutabilité et la pureté des fonctions.

Pour simplifier le code et en réduire la complexité, plusieurs patterns sont appropriés, notamment le déplacement de lignes, l'extraction de méthode, le découpage en plusieurs classes avec déplacement de méthodes, la mise en place du design pattern Strategy (dont l'usage est décrit plus loin dans ce chapitre) ou encore le principe de *fail fast*.

4.2 Données globales partagées

On retrouve souvent ce code smell avec une variable globale ou un objet implémentant le design pattern Singleton.

La donnée globale partagée induit une dépendance forte associée à un couplage élevé entre les composants qui l'utilisent. Ces derniers sont difficiles à tester, notamment lorsque certains d'entre eux modifient l'état partagé[1]. On se trouve alors face à des tests qui interagissent (l'ordre d'exécution des tests impacte le résultat), même si on a la possibilité, au demeurant peu satisfaisante, de réinitialiser les variables globales entre les scénarios de test.

Parfois, il n'est pas possible de se séparer directement de l'état partagé. Du point de vue du composant qui l'utilise, on peut malgré tout le déplacer en périphérie : plutôt que d'accéder à l'état partagé dans le cœur de la méthode, cet état est passé en paramètre, ce qui nous donne beaucoup plus de contrôle dans nos tests. D'autres techniques liées à l'inversion de dépendances (DI) peuvent également nous être d'un grand secours.

4.3 Primitive obsession

Il est fréquent de représenter dans le code des informations propres au métier directement par un type technique numérique (`int`, `float`) ou textuel (`char`, `string`). Ceci entraîne les turpitudes suivantes :

- ✓ les utilisateurs d'une classe se doivent de connaître les détails de fonctionnements internes ;
- ✓ la logique métier n'est pas explicite ;
- ✓ une partie de la logique n'est pas partageable parce que chaque utilisateur va interpréter les valeurs et recréer une logique à sa façon ;
- ✓ une partie de la logique technique va se retrouver dupliquée à moult emplacements dans le code.

1. Comme nous avons pu le voir dans le chapitre 6 sur le code legacy.

Un exemple courant concerne la représentation d'un taux, pour lequel nous pouvons utiliser une classe `Taux` dédiée plutôt qu'un nombre flottant. Cette classe `Taux` va gérer sa propre arithmétique, en garantissant le nombre de décimales approprié et le calcul correct des arrondis. Ainsi, ce n'est plus aux classes ayant besoin d'utiliser des taux de se poser ce genre de questions, le problème étant réglé une fois pour toutes dans la classe `Taux`.

Imaginons la situation suivante : à l'origine les taux affichaient deux décimales, mais le besoin métier évolue et nous avons besoin de gagner en précision avec une troisième décimale. Si les taux sont représentés sous une forme flottante à chaque usage, les impacts sur le code sont nombreux. Au contraire, s'ils sont gérés dans une classe `Taux`, les seules modifications nécessaires concernent cette classe et bénéficient à tous les composants l'utilisant.

Un autre avantage non négligeable est de pouvoir combiner la classe `Taux` avec d'autres abstractions venant du métier comme une classe `Montant`. Par exemple, un calcul d'intérêts combinerait un capital (représenté par un `Montant`) avec un taux d'intérêts (sous forme de `Taux`) pour renvoyer les intérêts calculés (sous la forme d'un autre `Montant`). Nous pouvons ainsi construire notre propre arithmétique basée sur les règles du métier, qui a le mérite d'offrir un fort niveau d'abstraction et de sécuriser l'utilisation en limitant les possibilités et donc les causes de bugs. On peut même aller plus loin en proposant différents types de taux répondant à des spécificités du métier, chacun ayant sa propre logique d'arrondi et de précision, avec par exemple une classe `TauxInterets` et une autre classe `TauxTaxes`.

Pour pallier la « primitive obsession », il est nécessaire d'introduire une nouvelle classe encapsulant le type primitif de départ. Les étapes suivantes permettent de refactorer en douceur et sans douleur[1] :

- ✓ encapsuler la variable dont le type est primitif en extrayant une méthode en lecture et une en écriture ;
- ✓ créer une classe qui englobe la valeur primitive ;
- ✓ remplacer le type primitif dans les méthodes encapsulant la variable par la nouvelle classe ;
- ✓ « ré-inliner » les méthodes d'encapsulation (c'est un raccourci de refactoring pour remplacer les appels à une méthode directement par le contenu de leur corps).

Un autre code smell au nom proche, *message obsession*, décrit la multiplication des méthodes relatives à une même problématique. On peut dans un certain nombre de cas le solutionner en introduisant un paramètre supplémentaire.

---

1. C'est une application de la combinaison de patterns Extract Method/Inline décrite dans le chapitre 5, consacré au refactoring.

4.4 Commentaire honteux

On rencontre fréquemment dans le code des commentaires décrivant ce que le code est supposé faire. Le problème avec les commentaires, c'est qu'ils ont tendance à être écrits une seule fois, et jamais retouchés ensuite. Et de fait ils deviennent rapidement obsolètes, et donc erronés, par rapport au code qu'ils documentent, en perpétuelle évolution.

Il est utile de garder la règle suivante à l'esprit : le besoin d'un commentaire pour décrire ce que fait un morceau de code est un bon révélateur du fait que ce code peut être amélioré, afin de mieux véhiculer l'intention. Si Coluche avait été développeur, il n'aurait pas manqué d'énoncer cette punchline :

« Le code c'est comme les blagues, quand on a besoin de l'expliquer, c'est que c'est mauvais ! »

La boîte à outils des techniques de refactoring contient tout ce qui est utile pour se passer le plus possible des commentaires :

- ✓ lorsqu'un commentaire décrit une variable ou le comportement d'une méthode, on peut utiliser un renommage adéquat ;
- ✓ lorsqu'un commentaire décrit un bloc de code, on peut extraire une méthode dont le nom est suffisamment descriptif.

De plus, le respect des principes de propreté du code tels que KISS ou les quatre règles du design simple rendent rapidement caduque la présence de commentaires. Un code dont les éléments sont suffisamment petits, bien découpés et bien nommés se comprend assez facilement sans nécessiter d'explications supplémentaires.

4.5 Litanie de paramètres

Certaines méthodes doivent se livrer à des calculs complexes, en prenant une pléthore de données en entrée, qui tend à se refléter dans le nombre de paramètres de la méthode. Cette situation pose des difficultés à l'utilisation : l'appel de la méthode est tout sauf intuitif, obligeant systématiquement à se référer à la documentation. On risque d'oublier des paramètres, et de perdre du temps à identifier ceux qui manquent. Pire encore, on est susceptible d'intervertir des paramètres de même type, provoquant ainsi des anomalies difficiles à diagnostiquer. Plus on a de paramètres, et plus on est amené à modifier fréquemment la signature de la méthode, avec tous les impacts que ça entraîne sur le code appelant.

Cette multitude de paramètres peut être un indicateur de violation du principe de responsabilité unique (SRP). La méthode fait peut-être trop de choses : en mesurant sa longueur on pourra déterminer si un découpage est possible. On pourra aussi essayer de regrouper les paramètres de façon thématique : ils ont peut-être un lien fonctionnel entre eux (par exemple certains paramètres détaillent un ordre de bourse) ou un lien technique (par exemple certains paramètres sont liés à des options de performance ou décrivent un contexte d'exécution). On pourra alors les regrouper dans des classes dédiées. En plus de réduire le nombre de paramètres, les évolutions de la méthode seront facilitées : si on a besoin d'introduire une donnée supplémentaire dans le traitement, il suffira de modifier la classe regroupant les paramètres plutôt que de modifier la signature de la méthode.

■ Approche par API fluente

Plus on a de paramètres optionnels, et plus l'approche « API fluente » est pertinente. Une telle API permet de décomposer un seul gros appel en plusieurs petits appels, chacun gérant une thématique précise. Dans la littérature on parle aussi d'approche de langage spécifique au domaine (Domain-Specific Language, ou DSL). Voici un exemple d'API fluente :

```
Order order = new Order()
    .withDish("Bibimbap", 2)
    .withDish("Phô", 1)
    .withDrink("Bubble Tea", 3)
    .paid(PaymentOptions.ONLINE)
    .toTakeAway();
```

L'implémentation reprend beaucoup au design pattern Builder, l'idée sous-jacente est que chaque appel renvoie l'objet lui-même, ce qui permet de chaîner les appels.

Remarque : Du point de vue de la structure du code, l'usage d'une API fluente ressemble à une violation la loi de Demeter. Ce n'est pourtant pas le cas, d'abord parce que ça a été conçu pour chaîner les appels (et chaque appel renvoie le même objet), mais aussi parce qu'on n'expose pas les détails internes d'autres objets.

4.6 Mutation des paramètres d'une méthode

En utilisant un paramètre en entrée dont la valeur est modifiée par l'exécution de la méthode, on génère la modification d'une entrée qui constitue un effet de bord. C'est comme si la méthode renvoyait plusieurs valeurs. Cela nécessite un effort lors des tests pour vérifier aussi les valeurs des paramètres après exécution de la méthode, et c'est clairement une source insidieuse de bugs.

Une meilleure solution serait de retourner un objet plus complexe. Ainsi les paramètres en entrée ne sont plus modifiés et une copie modifiée des paramètres d'entrée est mise dans l'objet de retour.

D'une manière générale, il est préférable de s'assurer que les méthodes soient déterministes, avec, pour une combinaison des paramètres en entrée, toujours le même résultat en retour.

4.7 Données muables, et comment rendre une classe immuable

Des données muables sont par exemple des données membres dans une classe qui peuvent être réaffectées plusieurs fois. Bien que d'usage fréquent, il s'agit bien d'une forme de smell, dont le remède consiste à concevoir des classes immuables.

Une classe immuable est une classe dont les données ne changent jamais une fois qu'elle est créée. Cela évite principalement de devoir suivre mentalement les changements de valeurs, ce qui réduit vraiment le nombre de bugs, mais cela permet aussi de réutiliser et partager librement une même instance, même entre threads, sans effort.

À savoir : Des langages de programmation dits *fonctionnels* (approche FP - Functional Programming ou programmation fonctionnelle) comme Clojure ne proposent que des types immuables.

En Java :

```
public class LigneCommande {

    private final String reference;
    private final int quantité;
```

```
    private final int prixUnitaire;

    // Constructeur à paramètres
    public LigneCommande(String reference, int quantité, int
prixUnitaire) {
        this.reference = reference;
        this.quantité = quantité;
        this.prixUnitaire = prixUnitaire;
    }

    // Aucun setter

    // getters seulement quand nécessaire
    public String reference() {
        return reference;
    }
}
```

Dans le cas des collections, mettre `final` sur le champ ne suffit pas à les rendre immuables, il convient de retourner une copie de la collection, ou une collection décorée pour être immuable, comme ci-dessous :

```
public class Commande {
    private final String numéro;
    private final List<LigneCommande> lignes;

    public CommandeListe(String numéro, List<LigneCommande> lignes) {
        this.numéro = numéro;
        this.lignes = Collections.unmodifiableList(lignes); // protection
    }

    public List<LigneCommande> lignes() {
        return lignes;
    }
}
```

Notez l'usage de `Collections.unmodifiableList(lignes)` pour rendre immuable la collection passée en paramètre du constructeur.

Une alternative fréquente, et complémentaire dans un autre constructeur de confort, est d'utiliser les paramètres optionnels `LigneCommande... lignes` conjointement avec l'usage de la méthode utilitaire `Arrays.asList()` pour en faire une liste, qui se révèle dans notre cas être déjà non modifiable elle-même :

```
public class Commande {
    private final String numéro;
```

```
    private final List<LigneCommande> lignes;

    public Commande(String numéro, LigneCommande... lignes) {
        this.numéro = numéro;
        this.lignes = Arrays.asList(lignes); // liste non modifiable
    }

    // déjà protégé
    public List<LigneCommande> lignes() {
        return lignes;
    }
}
```

Java 9 propose une alternative avec les méthodes statiques `List.of(...)` qui donnent directement des instances de list immuables, sans effort additionnel, tandis que des extensions comme Guava fournissent aussi des collections immuables par construction.

■ Un Builder comme compagnon

Si la construction d'une instance de classe nécessite plusieurs étapes successives, alors on peut introduire une autre classe « compagnon », totalement muable cette fois, qui suit le pattern Builder (GoF), avec des méthodes pour chaque étape :

```
public class Commande {
    private final String numéro;
    private final double tauxTVA;
    private final String mentionsLegales;
    private final List<LigneCommande> lignes;
```

```
    /* package */ Commande(String numéro, double tauxTVA, String
mentionsLegales, List<LigneCommande> lignes) {
        this.numéro = numéro;
        this.tauxTVA = tauxTVA;
        this.mentionsLegales = mentionsLegales;
        this.lignes = Collections.unmodifiableList(lignes);
    }

    public static class CommandeBuilder {
        private String numéro = "123";
        private double tauxTVA = 18.6;
        private String mentionsLegales = "legal : voir notre site";
        private List<LigneCommande> lignes = new ArrayList<>();

        // static factory method
        public static CommandeBuilder uneCommande() {
            return new CommandeBuilder();
        }

        public CommandeBuilder avecNumero(String numeroCommande) {
            this.numéro = numeroCommande;
            return this;
        }

         public CommandeBuilder avecTauxTva(double taux) {
            this.tauxTVA = taux;
            return this;
        }

        public CommandeBuilder avecMentionsLegales(String mentions) {
            this.mentionsLegales = mentions;
            return this;
        }
```

```
        public CommandeBuilder avecLigne1(String reference, int prixUnitaire) {
            this.lignes.add(new LigneCommande(reference, 1, prixUnitaire));
            return this;
        }

        public CommandeBuilder avecLigne2(String reference, int prixUnitaire) {
            this.lignes.add(new LigneCommande(reference, 2, prixUnitaire));
            return this;
        }

        public Commande obtenir() {
            return new Commande(numéro, tauxTVA, mentionsLegales, lignes);
        }
    }
}
```

Notez comment les méthodes de mutation des données retournent toutes `this` afin de pouvoir les chaîner librement. Notez aussi que les données internes sont toutes initialisées par défaut à des valeurs typiques, ce qui peut largement améliorer le confort à l'usage.

À l'usage, on importe le builder via un static import pour rendre le code plus lisible, puis on appelle la factory méthode statique pour récupérer une instance du builder ; ensuite on appelle les méthodes en séquence pour définir ses valeurs, étape par étape :

```
import static kata.immutable.CommandeBuilder.uneCommande;

Commande command = uneCommande() // static factory method
    .avecNumero("456")
    .avecTauxTva(21.6)
    // mentions legales par défaut
    .avecLigne1("SKU1", 990)
    .avecLigne2("SKU3", 32)
    .obtenir(); // retourne l'instance
```

Puis le dernier appel à la méthode `obtenir()` retourne l'instance immuable patiemment construite.

Certains concepts ont un cycle de vie, par exemple une commande dont le statut évolue au fil du temps ; quand on modélise cela avec des classes immuables, on modélise ainsi chaque version comme une *instance distincte* de la même classe immuable. Cela permet alors par exemple de lancer un traitement sur une version (pointeur sur l'instance `v1`), puis d'ajouter une nouvelle version (instance `v2`), tandis que le traitement déjà en cours continue de travailler sur l'instance `v1`, et l'ensemble reste donc parfaitement cohérent.

Pour pouvoir accéder facilement à la version la plus récente, un *pointeur muable*, sur des *instances immuables*, peut se révéler utile :

```
AtomicReference<Commande> latest = new AtomicReference<>();
latest.set(objet_v1);
latest.get(); // v1
latest.set(objet_v2); // pas de souci de synchronisation entre threads
// les deux instances v1 et v2 peuvent continuer de co-exister
```

La classe `AtomicReference` de Java garantit ainsi que tout changement de la référence vers les dernières versions est cohérent, même entre multiples threads.

Pour aller plus loin...

Une classe immuable est probablement aussi un Value Object au sens de Domain-Driven Design.

5. DESIGN PATTERNS CLASSIQUES COMME DESTINATIONS DE REFACTORINGS

Les design patterns (« modèles de conception » en français) sont des solutions classiques à des problèmes récurrents dans un contexte. Les plus connus sont ceux du GoF (*Gang of Four*, ou « Bande des quatre » en français). GoF est le nom donné aux auteurs (Erich Gamma, Richard Helm, Ralph Johnson et John Vlissides) du livre *Design Patterns: Elements of Reusable Object-Oriented Software* publié en 1994 chez Addison-Wesley.

Un pattern décrit un cas d'utilisation. Chaque pattern suit un modèle. Tous les design patterns n'ont pas la même importance. Certains sont plus utilisés que d'autres. La nécessité des patterns est avérée et leur usage gagne à être connu.

Dans certains cas, on peut juger utile d'utiliser un pattern donc on va l'implémenter. Ensuite on peut se rendre compte que l'utilisation était un peu prématurée et que ce n'est pas forcément la meilleure solution. C'est pourquoi, il vaut mieux se servir des patterns comme cible de refactoring.

Dans les paragraphes suivants, nous allons nous intéresser à des situations de refactoring pour aboutir à une implémentation de pattern.

5.1 Switchs multiples vers le design pattern Strategy

Il arrive que dans une base de code on rencontre des clauses `switch` très similaires, travaillant sur le même espace de valeurs mais pour des traitements différents. Par exemple, pour un programme travaillant sur des figures géométriques, on souhaite fournir différents calculs comme le périmètre et la surface. Pour chacune de ces méthodes, nous avons un `switch` en fonction de la forme géométrique.

Lorsqu'on ajoute une nouvelle forme géométrique, les impacts sur le code sont multiples : il faut ajouter une condition supplémentaire dans chacun des `switch` pour supporter cette nouvelle valeur, et ainsi modifier plusieurs endroits dans le code. On se retrouve face à une violation du principe Open-Closed (OCP) : un code doit être ouvert à l'extension et fermé à la modification.

Pour s'en sortir, on pourrait définir une hiérarchie de classes pour représenter les différentes formes, chacune des sous-classes implémentant les méthodes `surface` et `périmètre`. Lorsqu'on ajoute une nouvelle forme, il suffit de lui créer une sous-classe dédiée, sans toucher au code existant. Cette manière de faire est une application du design pattern Strategy.

Considérons un calcul de costing, c'est-à-dire le prix à utiliser pour valoriser un inventaire. Ce calcul se fait sur la base des derniers prix d'achat des produits, au travers d'une méthode de costing.

Dans notre implémentation initiale, un enum représente les différents types de costings et un `switch` effectue le calcul pour chaque valeur de l'enum :

```
public static enum CostingType {
  MAX, AVERAGE, MIN_MAX
}

public int costing(CostingType type, int[] costs) {
  switch (type) {
  case MAX:
    return costs[costs.length - 1];
  case AVERAGE:
    return Arrays.stream(costs).sum() / costs.length;
  case MIN_MAX:
    return (costs[0] + costs[costs.length - 1]) / 2;
  }
  return 0;
}
```

Le code est compact, tout est au même endroit, ce qui peut être pratique tant que cela reste simple et avec un nombre de cas limité.

```
@Test
public void testCostingSwitch() {
  final int[] costs = { 5, 6, 6, 6, 7, 7, 8, 10 };
  assertEquals(10, costing(CostingType.MAX, costs));
  assertEquals(6, costing(CostingType.AVERAGE, costs));
  assertEquals(7, costing(CostingType.MIN_MAX, costs));
}
```

Cependant la présence de trois cas similaires mais distincts, ainsi que l'anticipation de nouveaux cas à venir ultérieurement encouragent à considérer le design pattern Strategy. Celui-ci permet de séparer chaque cas dans sa propre classe, ce qui facilite l'extension de nouveaux cas :

```
public interface CostingMethod {
  int costing(final int[] costs);
}

public static class MaxCostingMethod implements CostingMethod {
  @Override
  public int costing(int[] costs) {
    return costs[costs.length - 1];
  }

}

public static class AverageCostingMethod implements CostingMethod {
  @Override
  public int costing(int[] costs) {
    return Arrays.stream(costs).sum() / costs.length;
  }

}

public static class MinMaxCostingMethod implements CostingMethod {
  @Override
  public int costing(int[] costs) {
    return (costs[0] + costs[costs.length - 1]) / 2;
  }
}
```

Il restera cependant à instancier l'instance du cas choisi préalablement à son usage.

```
@Test
public void testCostingStrategyPattern() {
  final int[] costs = { 5, 6, 6, 6, 7, 7, 8, 10 };
  assertEquals(10, new MaxCostingMethod().costing(costs));
  assertEquals(6, new AverageCostingMethod().costing(costs));
  assertEquals(7, new MinMaxCostingMethod().costing(costs));
}
```

Les évolutions des langages (par exemple les lambdas en Java…) encouragent et simplifient largement l'usage du design pattern Strategy, à moindre effort. À noter que dans notre cas nous aurions pu utiliser un enum polymorphique pour implémenter nos CostingMethod :

```
public static enum CostingStrategy {
   MAX() {
```

```
      @Override
      public int costing(int[] costs) {
        return costs[costs.length - 1];
      }

    },
    AVERAGE() {
      @Override
      public int costing(int[] costs) {
        return Arrays.stream(costs).sum() / costs.length;
      }
    },
    MIN_MAX() {
      @Override
      public int costing(int[] costs) {
        return (costs[0] + costs[costs.length - 1]) / 2;
      }
    };

    public int costing(final int[] costs) {
      return 0;
    }
  }
```

5.2 Boucles visibles vers le design pattern Composite

Prenons l'exemple d'une application simple de dessin graphique : elle propose des formes simples, qui peuvent être combinées pour obtenir des graphiques plus complexes. La représentation se base sur les classes suivantes :

- ✓ Forme, pour représenter les formes simples ;
- ✓ Graphique, pour représenter les graphiques, qui contient une collection de Forme mais aussi, de façon récursive, une collection de Graphique.

Pour calculer la surface d'un graphique, nous avons donc besoin de parcourir les deux collections (de Forme et de Graphique) pour ensuite faire la somme des surfaces calculées pour chacun des sous-éléments. Comme un graphique peut contenir d'autres graphiques, la gestion des sous-niveaux dans la boucle de parcours devient rapidement complexe.

Pour simplifier le calcul, on peut considérer une interface Composant qui définit la méthode `surface`. Les classes `Graphique` et `Forme` l'implémentent et la classe `Graphique` ne contient qu'une collection de `Composant` (qui peuvent être soit des graphiques, soit des formes). Une forme retourne sa surface et un graphique retourne la somme des surfaces de ses composants. Ainsi une récursivité est créée simplement. Ce pattern s'appelle Composite.

Ci-dessous le code sans le pattern composite avec le parcours des deux collections `subGraphics` (sous-graphiques) et `shapes` (formes). Un rectangle peut être une implémentation d'une forme par exemple.

```
    public class Graphic
    {
        private List<Graphic> subGraphics;
        private List<Shape> shapes;

        public Graphic(List<Graphic> subGraphics, List<Shape> shapes)
        {
            this.subGraphics = subGraphics == null ? new
List<Graphic>() : subGraphics;
            this.shapes = shapes == null ? new List<Shape>() : shapes;
        }

        public double CalculateArea()
        {
            double shapesAreaSum = shapes.Sum(s => s == null ? 0 :
s.CalculateShapeArea());
            double graphicsAreaSum = subGraphics.Sum(g => g == null ?
0 : g.CalculateArea());
            return shapesAreaSum + graphicsAreaSum;
        }
    }
    public interface Shape
    {
        double CalculateShapeArea();
    }
    public class Rectangle : Shape
    {
        private int height;
        private int width;

        public Rectangle(int height, int width)
        {
            this.height = height;
            this.width = width;
        }
        public double CalculateShapeArea()
        {
            return this.height * this.width;
        }
    }
```

En utilisant le pattern composite, le graphique ne contient qu'une collection de composants qui peuvent être des graphiques ou des formes (rectangle ou autre).

```
public interface Component
{
    double CalculateArea();
}
public class Graphic : Component
{
    private List<Component> subGraphics;

    public Graphic(List<Component> subGraphics)
    {
        this.subGraphics = subGraphics == null
            ? new List<Component>()
            : subGraphics;
    }

    public double CalculateArea()
    {
        double graphicsAreaSum = subGraphics.Sum(g => g == null ?
0 : g.CalculateArea());
        return graphicsAreaSum;
    }
}
public interface Shape : Component
{
}
public class Rectangle : Shape
{
    private int height;
    private int width;

    public Rectangle(int height, int width)
    {
        this.height = height;
        this.width = width;
    }

    public double CalculateArea()
    {
        return this.height * this.width;
    }
}
```

5.3 Vérification de nullité vers pattern Null Object

Lorsqu'on manipule un objet, il est fréquent de vérifier qu'il est bien initialisé (en d'autres termes on vérifie qu'il n'est pas `null`). Dans certains cas, si l'objet est nul alors on procède à un traitement, et s'il n'est pas nul alors une autre méthode est appelée. Reprenons l'exemple des formes géométriques. Avant d'appeler la méthode `surface` de l'objet, on vérifie la nullité de la forme. Si c'est le cas, la surface retournée est zéro par exemple. Cette vérification risque d'être un peu partout dans le code et rend le code moins fluide.

Pour éviter cela, on peut créer une classe (`PasForme` par exemple) qui implémente l'interface Forme attendue et dont la méthode surface retourne zéro. Ce type de classe s'appelle Null Object. Ainsi, on n'a plus besoin de vérifier la nullité de l'objet puisqu'il a un comportement prévisible et n'a pas d'effet sur le reste du code. L'implémentation est plutôt simple :

```
public class NotAComponent : Component
{
    public double CalculateArea()
    {
        return 0;
    }
}
```

Et, à l'utilisation, on peut simplifier le code de la classe `Graphic` :

```
public class Graphic : Component
{
    // ...
    public double CalculateArea()
    {
        double graphicsAreaSum = subGraphics.Sum(g => g.CalculateArea());
        return graphicsAreaSum;
    }
}
```

11 Transformations de code à caractère architectural

Ce n'est pas l'objet de ce livre d'entrer en détail dans toutes les techniques avancées d'architecture ou de style de programmation fonctionnelle (FP). Néanmoins, certaines de ces techniques sont essentielles à connaître et à savoir appliquer dans les situations courantes du travail quotidien :

- ✓ Réduire la taille d'une transaction en transformant une association navigable en un appel à une méthode de recherche, pour améliorer les performances d'écriture.
- ✓ Rendre les dépendances configurables avec le style d'architecture hexagonale.
- ✓ Rendre un service stateless, et permettre ainsi à n'importe quelle instance de service de pouvoir prendre en charge n'importe quelle requête.
- ✓ Évoluer vers un style d'architecture réactive entre des services, pour permettre des services amovibles, indépendamment les uns des autres.
- ✓ Rendre un service résistant aux appels dupliqués.
- ✓ Renommer une colonne de base de données, un champ d'une requête ou la réponse d'un service.

Il importe non seulement de savoir mettre en œuvre ces techniques lors de la création de nouveau code, mais aussi en transformant du code existant au travers de refactorings spécifiques, exposés ci-dessous.

Ces cascades sont réalisées par des professionnels, vous pouvez les refaire mais à vos propres risques

6. DÉCOUPLER UN LIEN NAVIGABLE PAR UNE MÉTHODE DE RECHERCHE

Lorsqu'on cherche à enregistrer des données en base de données en succession rapide, il arrive d'observer des lenteurs, et même parfois des blocages à l'exécution des requêtes. Cela peut provenir de plusieurs causes, par exemple des conflits sur les mêmes tables en base de données. Une approche de conception pour éviter ces problèmes est de réduire le nombre d'associations navigables entre les classes. Cela amène à des groupes de classes qui sont dans des transactions plus petites et surtout plus indépendantes.

```
public class Contrat {

    private final String numero;
    private final String date;
    private final String texte;
    // ... nombreux autres champs
    private final Client client; // association navigable vers Client

    public Contrat(String numero, String date, String texte, Client client) {
        this.numero = numero;
        this.date = date;
        this.texte = texte;
        this.client = client;
    }
   public Client getClient() {
        return client;
    }

    public String getClientId() {
        return getClient().getId();
    }
}
public class Client {
    private final String id;
    private final String nom;
    private final String adresseDeLivraison;
    private final String adresseDeFacturation;
    // ... nombreux autres champs

    public Client(String id, String nom,
            String adresseDeLivraison, String adresseDeFacturation) {
        this.id = id;
        this.nom = nom;
```

```
    public Client getClient() {
        return client;
    }

    public String getClientId() {
        return getClient().getId();
    }
}
public class Client {
    private final String id;
    private final String nom;
    private final String adresseDeLivraison;
    private final String adresseDeFacturation;
    // ... nombreux autres champs

    public Client(String id, String nom,
            String adresseDeLivraison, String adresseDeFacturation) {
        this.id = id;
        this.nom = nom;
        this.adresseDeLivraison = adresseDeLivraison;
        this.adresseDeFacturation = adresseDeFacturation;
    }

    public String getId() {
        return id;
    }

    public String getNom() {
        return nom;
    }

    // ... nombreux autres champs
}
```

À l'utilisation, le code appelant peut naviguer directement, par transitivité, de la classe `Contrat` vers la classe `Client` en chaînant les accesseurs (cela semble fort pratique mais attache toutes les portions de code ensemble) :

```
// navigation transitive du contrat vers le client
Client client = new Client("client42", "@cyriux", "au bureau", "à la maison");
final Contrat contrat = new Contrat("123", "11/12/13", "J'achète !", client);
assertEquals("@cyriux", contrat.getClient().getNom()); // navigation transitive
```

Pour éviter cette association qui couple les deux concepts, le lien navigable est remplacé par un simple identifiant dans la classe `Contrat` :

```
public class Contrat {

    private final String numero;
    private final String date;
    private final String texte;
    // ... nombreux autres champs
    private final String clientId; // seulement l'id du Client

    public Contrat(String numero, String date, String texte, String clientId) {
        this.numero = numero;
        this.date = date;
        this.texte = texte;
        this.clientId = clientId;
    }

    public String getClient() {
        return clientId;
    }
}
```

Tandis que, côté appelant de la fonctionnalité, la navigation « Contrat » vers « Client » est remplacée par une recherche explicite vers la base de données :

```
Contrat contrat = new Contrat("123", "11/12/13", "J'achète !", "client42");
String clientId = contrat.getClientId();
assertEquals("@cyriux", new ListeClients().find(clientId).getNom()); // lookup
```

Ici la classe `ListeClients` permet de trouver, accéder (et peut-être ajouter) des clients dans une base de données sous-jacente, souvent au travers d'un ORM tel que JPA/Hibernate.

Cela peut sembler plus compliqué, moins pratique et moins performant au premier abord, mais cette transformation est néanmoins essentielle pour éviter que toute l'application ne soit un enchevêtrement de classes qui se référencent toutes indirectement, ce qui à terme dégrade les performances et rend tout refactoring difficile.

On ne peut clore cette discussion sans évoquer les fonctionnalités de *lazy loading* des ORM, qui encouragent à associer les classes entre elles pour pouvoir facilement accéder à toute information à partir de n'importe où. Mais cette apparente facilité est justement la cause de trop de problèmes de performance et de couplage de tout le code, il convient donc de réduire drastiquement voire d'éviter entièrement cet usage du lazy loading.

Pour aller plus loin...

La démarche qui précède se rapporte au concept d'Aggregate au sens de Domain-Driven Design.

7. REFACTORER VERS UNE ARCHITECTURE HEXAGONALE

Pouvoir changer un fragment de code sans impact sur le reste de la base de code est l'un des principaux objectifs des techniques de conception logicielle. À l'échelle des classes, on pense ainsi à l'encapsulation des données dans une classe, au principe de séparation des responsabilités (voir les principes SOLID), parmi tant d'autres. À plus grande échelle, celle des modules qui regroupent un nombre de classes, on suit une démarche similaire sur les modules, avec le pattern de l'architecture hexagonale.

Considérons une classe d'étude d'un dossier de crédit pour approuver ou rejeter la demande d'emprunt selon les scorings des co-emprunteurs :

```
public class EtudeCredit {

  public Decision evaluer(Dossier d) {
    int totalScore = 0;
    int minScore = 100;
    final List<Emprunteur> coEmprunteurs = d.coEmprunteurs();
    for (Emprunteur p : coEmprunteurs) {
      final int score = scoringPour(p); // appel à un web-service externe
      totalScore += score;
      minScore = min(minScore, score);
    }
    int moyenne = totalScore / coEmprunteurs.size();
    return minScore >= 20 && moyenne >= 40 ? APPROBATION : REJET;

  }
}
```

L'étude de crédit sert d'illustration à du code métier d'une certaine complexité. Dans notre exemple simplifié, il s'agit de calculer le score moyen et le score minimum sur l'ensemble de tous les co-emprunteurs. Pour cela le code doit appeler un web-service externe autant de fois qu'il y a d'emprunteurs.

Le code d'origine mélange la complexité métier avec l'appel du web-service :

```
// dans la classe EtudeCredit:

  private int scoringPour(Emprunteur p) {
```

```
    final String identity = p.identity();

    // try
    // HttpRequest request = HttpRequest.newBuilder().GET() ...
    // HttpResponse<String> response = httpClient.send(request, ...
    // ... parse response into variable score ...
    // catch ... finally ...

    return score;
  }
```

Ce mélange de métier et de code d'intégration fait désordre ; en particulier cela rend difficile le test du calcul métier, qui n'est possible que sur un environnement avec accès au web-service externe.

L'idéal serait de pouvoir facilement configurer les dépendances pour utiliser une doublure de test pour les tests unitaires, ou le véritable web-service externe en production ou en test de bout en bout.

Pour cela, commençons par extraire la méthode d'appel au web-service externe dans sa propre classe `ScoringWebService` :

```
// dans la classe ScoringWebService :
public class ScoringWebService {

  public int score(String identite) {
    // try
    // HttpRequest request = HttpRequest.newBuilder().GET() ...
    // HttpResponse<String> response = httpClient.send(request, ...
    // ... parse response into variable score ...
    // catch ... finally ...

    return score;
  }
}
```

On l'ajoute comme membre de la classe `EtudeCredit`, membre auquel on délègue les appels au scoring :

```
// dans la classe EtudeCredit:

  private final ScoringWebService scoring = new ScoringWebService();

  private int scoringPour(Emprunteur p) {
    final String identite = p.identity();
    return scoring.score(identite);
  }
```

Afin de pouvoir remplacer le ScoringWebService par une doublure, il reste à extraire son interface Scoring :

```
public interface Scoring {
  int score(String identite);
}

public class ScoringWebService implements Scoring {
  ...
}
```

Puis à introduire une ou plusieurs doublures de tests (stubs) selon nos besoins de tests :

```
public class ConstantScoring implements Scoring {
  private final int score;

  public ConstantScoring(int score) {
    this.score = score;
  }

  @Override
  public int score(String identite) {
    return score;
  }
}
```

Enfin nous devons permettre d'injecter l'instance de notre choix par le constructeur de la classe `EtudeCredit` :

```
// dans la classe EtudeCredit:

private final Scoring scoring;

  public EtudeCredit(Scoring scoring) {
    this.scoring = scoring;
  }
```

Nous pouvons ainsi désormais écrire des tests unitaires avec par exemple un scoring qui retourne toujours 100 (le score maximum) :

```
Scoring scoring = new ConstantScoring(100);
EtudeCredit etude = new EtudeCredit(scoring);
Dossier dossier = new Dossier(PERSONNE_1);
assertEquals(Decision.APPROBATION, etude.evaluer(dossier));
```

Tandis que le code de démarrage du service injecte l'adapteur vers le web-service externe (au passage renommons ScoringWebService en ScoringWebServiceAdapter) :

```
// au démarrage du service
Scoring scoring = new ScoringWebServiceAdapter();
EtudeCredit etude = new EtudeCredit(scoring);

// à chaque appel
Dossier dossier = new Dossier(PERSONNE_1);
assertEquals(Decision.APPROBATION, etude.evaluer(dossier));
```

Félicitations ! La dépendance au scoring est désormais configurable. Dans la littérature, cette idée de dépendances configurables existe sous le nom d'*architecture hexagonale*, aussi nommée *ports et adapters*. L'idée maîtresse est d'avoir le modèle du domaine métier qui ignore totalement ses dépendances, et c'est le cas ici : l'interface Scoring appartient au modèle du domaine et ne connaît aucune autre classe ; ce sont l'adapteur et la doublure qui l'implémentent, et qui par conséquent la connaissent.

Notez comment la classe `EtudeCredit` peut ainsi appeler la méthode de la classe `ScoringWebServiceAdapter` sans la connaître du tout ! En introduisant l'interface Scoring nous avons suivi le principe d'inversion de dépendance (DIP).

Pour être véritablement en architecture hexagonale, il reste à organiser les classes dans des packages distincts :

```
com.mybank.etudecredit.domain/
  EtudeCredit
  Emprunteur
  Decision
  Scoring "interface"
com.mybank.etudecredit.adapter/
  ScoringWebServiceAdapter
  ConstantScoring "stub"
  RestController (exposition REST...)
```

Les classes du package `com.mybank.etudecredit.domain` ne doivent jamais connaître de classes extérieures (hormis celles du JDK bien entendu), et surtout pas les classes du package `com.mybank.etudecredit.adapter`.

Toujours dans l'optique des tests unitaires, il est possible d'exprimer cette règle littéralement avec la librairie d'assertions ArchUnit[1] :

```
noClasses().that()
      .resideInAPackage("com.mybank.etudecredit.domain")
      .should().dependOnClassesThat()
      .resideInAPackage("com.mybank.etudecredit.adapter")
```

1. https://www.archunit.org/

8. RENOMMER UNE COLONNE DE BASE DE DONNÉES, UN CHAMP D'UNE REQUÊTE OU UNE RÉPONSE D'UN SERVICE

Renommer directement une colonne dans une table en base de données pose problème : cela oblige à déployer le nouveau schéma de base et le nouveau code *simultanément*, ce qui amène souvent à devoir tout arrêter puis tout redémarrer plus tard. Si on souhaite assurer une continuité de service, alors il convient de progresser plutôt par petits pas successifs, comme décrit ci-dessous. Même si la succession d'étapes paraît plus compliquée, elle permet de déployer indépendamment le nouveau schéma de base de données et chacune des instances du service :

- ✓ Ajouter la nouvelle colonne.
- ✓ Modifier le code pour écrire dans cette colonne en plus d'écrire dans la colonne existante équivalente.
- ✓ Attendre que tous les utilisateurs de l'ancienne colonne aient modifié leur code pour utiliser la nouvelle colonne.
- ✓ Optionnel : supprimer l'ancienne colonne.

9. ÉVOLUER PROGRESSIVEMENT VERS UN STYLE RÉACTIF ORIENTÉ CHORÉGRAPHIE

Considérons un système de distributions de billets de spectacles en ligne. Le processus de vente consiste à émettre une réservation (*booking*), puis à réduire l'inventaire en correspondance (*inventory*), puis à envoyer les billets (*ticketing*), chacune de ces étapes étant un service distinct :

```
public static class BookingService {
  private final OrchestrationService orchestration;
```

```
    public BookingService(OrchestrationService orchestration) {
      this.orchestration = orchestration;
    }

    public void bookTicket(int number) {
      System.out.println("Ticket booked");
      orchestration.onTicketBooked(number);
    }
  }

  public static class InventoryService {
    private int capacity;

    public InventoryService(int initialCapacity) {
      this.capacity = initialCapacity;
    }

    public int onTicketBooked(int number) {
      capacity -= number;
      System.out.println("CapacityChanged:" + capacity);
      return capacity;
    }

    public int currentCapacity() {
      return capacity;
    }
  }

  public static class TicketingService {
    public void onTicketBooked(int number) {
      System.out.println("Ticket printed for:" + number + "people");
    }
  }
```

Dans une approche classique par orchestration, cela pourrait se coder avec un service dédié qui orchestre les deux autres, lui-même déclenché par le premier :

```
  public static class OrchestrationService {
    private final InventoryService inventory;
    private final TicketingService ticketing;

    public OrchestrationService(InventoryService inventory,
  TicketingService ticketing) {
      this.inventory = inventory;
      this.ticketing = ticketing;
    }
```

```
  public void onTicketBooked(int number) {
    int capacityLeft = inventory.onTicketBooked(number);
    if (capacityLeft >= 0) {
      ticketing.onTicketBooked(number);
    }
  }
}
```

Notez que les services doivent être démarrés dans l'ordre inverse des appels, pour pouvoir injecter leurs références :

```
@Test
public void orchestration() {
  InventoryService inventory = new InventoryService(3);
  TicketingService ticketing = new TicketingService();
  OrchestrationService orchestration = new
OrchestrationService(inventory, ticketing);
  BookingService booking = new BookingService(orchestration);

  assertEquals(3, inventory.currentCapacity());
  booking.bookTicket(1);
  assertEquals(2, inventory.currentCapacity());

}
```

Rappelons que le `BookingService` connaît le service `OrchestrationService` (injecté en donnée membre), qui lui-même connaît les deux autres, cette fois encore injectés en données membres.

Cette approche est simple et convient tant que la liste des services reste inchangée. En revanche, si on souhaite régulièrement ajouter des services dans le processus, une telle orchestration doit changer à chaque fois.

Par exemple si nous souhaitons ajouter un service de notification en cas de capacité de places insuffisantes, nous devons non seulement ajouter ce nouveau service mais aussi modifier le service `OrchestrationService` à plusieurs endroits pour qu'il l'appelle :

```
public static class NotificationService {
    public void notifyAlert(String texte) {
      System.out.println("Attention : " + texte);
    }
}
```

```
public static class OrchestrationService {
    private final InventoryService inventory;
    private final TicketingService ticketing;
    private final NotificationService notification; // ajout

    public OrchestrationService(InventoryService inventory,
        TicketingService ticketing,
        NotificationService notification) { // ajout
      this.inventory = inventory;
      this.ticketing = ticketing;
      this.notification = notification;
    }

    public void onTicketBooked(int number) {
      int capacityLeft = inventory.onTicketBooked(number);
      if (capacityLeft >= 0) {
        ticketing.onTicketBooked(number);
      } else {
        notification.notifyAlert("Plus assez de places, désolé !"); // ajout
      }
    }
  }
```

L'alternative à l'orchestration est la chorégraphie, au travers d'un bus de messages qui permet d'informer tous les services de tout changement, sans jamais les connaître au sens des dépendances.

Fondamentalement, l'idée est celle du pattern Observer (GoF). Aussi, pour s'exercer avec cette approche, nous proposons de la mettre en œuvre en simple code dans un seul process, en représentant le bus de message par un pattern Observer :

```
/** The listener interface */
public interface Listener {
  void onMessage(Object msg);
}

/**
  * A basic event with a name and one single integer value
  */
public class Event {
  private final String name;
  private final int value;

  public Event(String name, int value) {
```

```
        this.name = name;
        this.value = value;
    }

    public String getName() {return name;}
    public int getValue() {return value;}
}

/**
 * A simple in-memory, observer-pattern-based single-threaded message
bus for designing architecture and testing using unit tests before
switching to using actual middleware
 */
public class MessageBus {
    private List<Listener> subs = new ArrayList<Listener>();

    public void subscribe(Listener l) {
        this.subs.add(l);
    }

    public void send(Object msg) {
        for (Listener l : subs) {
            l.onMessage(msg);
        }
    }
}
```

Chaque service va s'inscrire au bus, pour être notifié de chaque changement, et prend en même temps une référence au bus pour pouvoir aussi lui envoyer des changements.

```
public static class BookingService implements Listener {
  private final MessageBus bus;

  public BookingService(MessageBus bus) {
    this.bus = bus;
  }

  public void bookTicket(int number) {
    System.out.println("Ticket booked");
    bus.send(new Event("TickedBooked", number));
  }

  @Override
  public void onMessage(Object msg) {
```

```
        // ignore all
    }
}
public static class InventoryService implements Listener {
    private int capacity;
    private final MessageBus bus;

    public InventoryService(MessageBus bus, int initialCapacity) {
        this.bus = bus;
        this.capacity = initialCapacity;
    }

    @Override
    public void onMessage(Object msg) {
        Event event = (Event) msg;
        //... implémentation à faire ...
    }

    // ... implémentation

    public int currentCapacity() {
        return capacity;
    }
  }
public static class TicketingService implements Listener {
    private final MessageBus bus;
    public TicketingService(MessageBus bus) {
        this.bus = bus;
    }

    public void onTicketBooked(int number) {
        System.out.println("Ticket printed for:" + number + "people");
    }

    @Override
    public void onMessage(Object msg) {
        Event event = (Event) msg;
        //...
    }
  }
```

Il est désormais temps d'implémenter le corps des méthodes onMessage() selon les événements reçus. L'idée est que tout le code dans le service d'orchestration doit être fragmenté et déplacé dans les méthodes onMessage() de chaque service. Puisque l'orchestration est désormais distribuée (au sens de « éparpillée ») dans plusieurs services, on parle alors de *chorégraphie*.

```
public static class InventoryService implements Listener {
    ...

    @Override
    public void onMessage(Object msg) {
      Event event = (Event) msg;
      if (event.getName().equals("TickedBooked")) {
        int number = event.getValue();
        handleTickedBookedEvent(number);
      }
    }

    private void handleTickedBookedEvent(final int number) {
      int left = onTicketBooked(number);
      if (left >= 0) {
        bus.send(new Event("BookingConfirmed", number));
        bus.send(new Event("InventoryChanged", left));
      } else {
        bus.send(new Event("BookingCancelled", 0));
      }
    }
  ...
}
```

Une partie de la logique issue de l'orchestration est clairement reconnaissable, mais elle est cette fois concentrée dans le service d'inventory, qui ne connaît pas le service de notification (qui d'ailleurs n'existe pas encore).

Lorsque nous décidons plus tard d'ajouter un service de notification, aucune modification au reste du système n'est nécessaire :

```
public static class NotificationService implements Listener {
  private final MessageBus bus;

  public NotificationService(MessageBus bus) {
    this.bus = bus;
  }

  public void notifyAlert(String texte) {
```

```
    System.out.println("Attention : " + texte);
  }

  @Override
  public void onMessage(Object msg) {
    Event event = (Event) msg;
    if (event.getName().equals("BookingCancelled")) {
      final int number = event.getValue();
      notifyAlert("Plus assez de places, désolé !");
    }
  }
}
```

Le diagramme ci-dessous résume cette approche de services qui se partagent un moyen de s'envoyer des événements sans se connaître, pour avoir la possibilité d'ajouter, supprimer ou remplacer des services sans aucune autre modification.

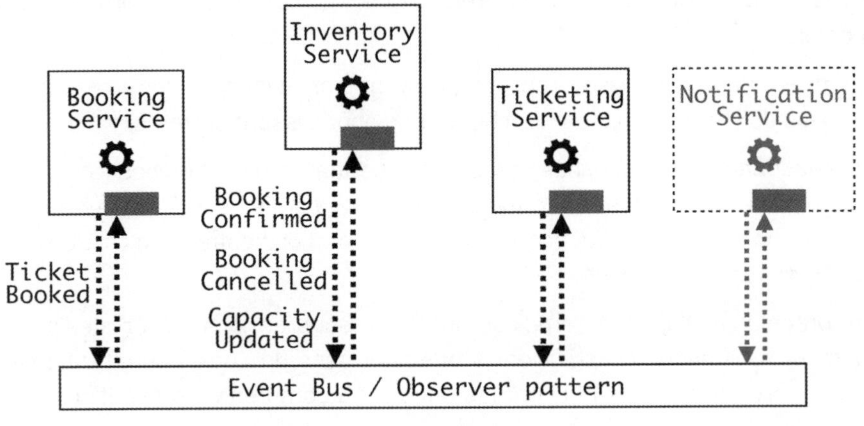

Voici un bus partagé par les services de l'exemple. Le dernier service est en pointillé pour suggérer qu'il peut être ajouté ou supprimé à volonté.

À noter que c'est désormais de la responsabilité du service de notification de réagir à l'événement signalant le *manque de places dans l'inventaire* en décidant d'émettre une notification, par exemple l'envoi d'un SMS.

Autre avantage, les services peuvent se déclarer et s'abonner au bus dans n'importe quel ordre :

```
@Test
public void choreograph() {
  MessageBus bus = new MessageBus();

  BookingService booking = new BookingService(bus);
```

```
    InventoryService inventory = new InventoryService(bus, 3);
    TicketingService ticketing = new TicketingService(bus);
    NotificationService notification = new NotificationService(bus);

    bus.subscribe(booking);
    bus.subscribe(inventory);
    bus.subscribe(ticketing);
    bus.subscribe(notification);

    assertEquals(3, inventory.currentCapacity());
    booking.bookTicket(1);
    assertEquals(2, inventory.currentCapacity());
}
```

Et si le bus a la propriété d'être *durable*, alors les services peuvent être éteints puis redémarrés indépendamment, tandis que les événements qu'ils doivent recevoir restent en attente sur le bus, prêts à être traités dès qu'un service redevient disponible.

Au travers de cet exemple simpliste, les avantages et inconvénients respectifs des approches de chorégraphie ou d'orchestration apparaissent clairement :

- ✓ Orchestration : le processus complet est centralisé dans l'orchestrateur, qui est donc facile à auditer, et qui offre des bonnes garanties sur l'intégrité du processus complet. Tout cela suppose un changement d'orchestration à chaque ajout ou suppression d'un service.
- ✓ Chorégraphie : l'ajout, le remplacement ou la suppression des services peut s'effectuer sans aucun changement à effectuer dans un autre endroit du système. Mais cela entraîne une plus grande difficulté à comprendre ou vérifier le processus complet.

Le style d'architecture orienté microservices avec son architecture « Event-Driven » sur un bus de message et la préférence pour la chorégraphie permettent fondamentalement d'appliquer le principe Open-Closed (OCP), à l'échelle des services que l'on peut ajouter et retirer sans aucun autre impact, conformément à l'idée de déploiement totalement indépendant des services.

10. RENDRE UN SERVICE STATELESS

Le terme *stateful* est le contraire du terme *stateless*, et qualifie un service qui conserve de l'état dans le service lui-même. Traditionnellement, cela consistait à stocker de l'état dans une session conservée dans le service, ou bien en mémoire, ou sur le disque local, ou les deux. De nombreux frameworks web historiques offraient fièrement ces fonctionnalités de session stateful, et des générations de développeurs en ont profité par facilité. Certaines applications allaient ainsi jusqu'à stocker le panier d'achat, un document en cours d'écriture ou des formulaires en cours de remplissage en session.

Avec le développement du web, notamment à des échelles de plus en plus grandes, mais aussi avec l'importance croissante de pouvoir bookmarker des pages et de pouvoir revenir en arrière entre pages, les services stateful ont rapidement révélé leurs nombreux inconvénients. Le consensus aujourd'hui, encore renforcé par les contraintes du cloud et des services à *zero-downtime* (sans interruption de service), est que les services doivent être stateless autant que possible. Mais il existe encore de nombreux services stateful dans les organisations, il est donc important de savoir les transformer en stateless quand le besoin s'en fait sentir.

Considérons un existant fictif d'un web-service qui stocke des informations de langue et de devise dans la session de l'utilisateur, session elle-même stockée dans un champ statique pour la rendre accessible entre threads, à la manière des sessions en mémoire ou sur disque.

> **Remarque :** On observe qu'un service stateful est particulièrement délicat à tester, car son état dépend des appels précédents.

```
/**
 * Web Controller fictif pour illustrer la démarche de refactorer un
 * web-service de stateful à stateless
 */
public class WebController {

  private final static Map<String, Session> sessions = new HashMap<>();

  // GET ...
  public int getHome(String userId) {
    Session session = sessions.get(userId); // stateful session
    if (session == null) {
      session = new Session();
      sessions.put(userId, session);
    }
   // stateful data stored directly in the session
    Map<String, Object> data = session.getData();

    Locale locale = (Locale) data.get("Locale");
    if (locale == null) {
      locale = Locale.FRENCH;
      data.put("Locale", locale);
    }
    Currency currency = (Currency) data.get("Currency");
```

```
        if (currency == null) {
            currency = Currency.getInstance(locale);
            data.put("Currency", currency);
        }
        // ... display home page with locale and currency...
        return 200;
    }

    // ... PUT, POST etc.
}
```

Pour rendre ce web-service stateless, et non stateful, il faut donc déplacer l'état de session en dehors *du service*, avec alors le choix parmi les deux côtés du service :

- ✓ **côté bases de données** : déplacer l'état dans une véritable base de données, SQL ou noSQL, qui sera partagée entre les multiples instances du service quand c'est le cas ;
- ✓ **côté client** : déplacer l'état dans le client, qui doit ensuite passer cet état de session par valeur dans la requête, par exemple dans des paramètres HTTP, ou par l'utilisation de token JWT.

> **Astuce :** Un service stateless est nettement plus facile à tester qu'un service stateful. Dans le cas d'une session côté base de données, il faudra remplacer la base de données par une doublure de test, un simple « bouchon » qui retourne une session prédéfinie et constante. Dans le cas d'une session côté client, c'est encore plus simple, il suffit de passer l'état dans l'appel du cas de test.

10.1 Rendre stateless côté base de données

Déplacer l'état côté base de données consiste surtout à créer une table dans une base de données ou une nouvelle collection dans un datastore, puis à remplacer le code de session par un accès à ce mode de stockage. Nous pouvons refactorer de la façon suivante :

- ✓ Extraire la map clé-valeurs qui concerne les préférences utilisateurs dans une classe `Preferences`, avec le userId comme clé, et avec une ou plusieurs instance(s) prédéfinie(s) comme préférences par défaut ; cette étape est optionnelle mais est une amélioration de la conception.
- ✓ Ajouter du code d'accès aux données qui se substitue à l'accès par la session, par exemple avec JPA/Hibernate ou directement sur MongoDB, avec des méthodes `load(userid):Preferences` et `update(Preferences)` :

```
public class WebController {

  // GET ...
  public int getHome(String userId) {
    final Preferences pref = loadBy(userId);
    // ... display home page with locale and currency...
    return 200;
  }

  // charge les preferences d'un datastore dédié
  private Preferences loadBy(String userId) {
    // ... load from a datastore, e.g. SQL DB, S3 or Redis / MongoDB ...
    return Preferences.DEFAULT; // preferences par defaut si absent du datastore
  }

  // ... PUT, POST etc.
}
```

Au passage, nous avons refactoré une session « fourre-tout » en session spécialisée dédiée aux préférences, avec une instance constante nommée « DEFAULT » qui représente les préférences par défaut, comme champs singleton statique.

Comme vu dans le chapitre précédent, cet objet est immuable, avec donc des méthodes de « mutation » qui retournent une nouvelle instance :

```
public class Preferences {

  private final Locale locale;
  private final Currency currency;

  private final static Locale DEFAULT_LOCALE = Locale.FRENCH;
  private final static Currency DEFAULT_CURRENCY = Currency.
getInstance(DEFAULT_LOCALE);

  public final static Preferences DEFAULT = new Preferences(DEFAULT_
LOCALE, DEFAULT_CURRENCY);

  public Preferences(Locale locale, Currency currency) {
    this.locale = locale;
    this.currency = currency;
  }

  public Preferences with(Locale locale) {
    return new Preferences(locale, this.currency);
  }
```

```
  public Locale locale() {
    return locale;
  }

  public Preferences with(Currency currency) {
    return new Preferences(this.locale, currency);
  }

  public Currency currency() {
    return currency;
  }

  // ... toString() ...
}
```

10.2 Rendre stateless côté client

Déplacer l'état côté client consiste par exemple à renvoyer tout l'état de session au client dans les réponses du serveur HTTP, puis récupérer cet état depuis le client à partir des paramètres de la requête HTTP suivante :

```
public class WebController {

  private final static Locale DEFAULT_LOCALE = Locale.FRENCH;
  private final static Currency DEFAULT_CURRENCY = Currency.
getInstance(DEFAULT_LOCALE);

  // GET ... avec l'état de session en paramètres HTTP
  public int getHome(String userId, String localeId, String currencyId) {
    final Locale locale = localeId == null ? DEFAULT_LOCALE : Locale.
forLanguageTag(localeId);
    final Currency currency = currencyId == null ? DEFAULT_CURRENCY :
Currency.getInstance(currencyId);
    // ... display home page with locale and currency...
    return 200;
  }

  // ... PUT, POST etc.
}
```

Le choix entre les deux approches dépend de nombreux facteurs, dont la taille de l'état, les questions de sécurité (passer un état pour tromper le service) et la simplicité de la solution.

11. RENDRE UN SERVICE IDEMPOTENT NATURELLEMENT

Imaginons un service qui reçoit des événements d'un bus au travers d'une méthode `onMessage` et qui décrémente la capacité de places de théatre restantes du nombre de places réservées :

```
private int capacity;

public void onMessage(String key, int value) {
  if (key.equals("TicketBooked")) {
    capacity -= value; // décrémente la capacité
  }
}
```

Dans le cas normal, chaque événement décrémente bien la capacité restante :

```
@Test
public void normalCase() {
  capacity = 10;
  assertEquals(capacity, 10);
  onMessage("TicketBooked", 2);
  assertEquals(capacity, 8); // nouvelle capacité
}
```

Mais, dans le cas d'un message qui arriverait en double, alors la capacité restante serait réduite excessivement :

```
@Test
public void notIdempotent() {
  capacity = 10;
  assertEquals(capacity, 10);
  onMessage("TicketBooked", 2);
  onMessage("TicketBooked", 2); // doublon
  assertEquals(capacity, 6); // résultat incorrect
}
```

Décrémenter la valeur d'un compteur deux fois au lieu d'une donne un résultat erroné.

Parfois il suffit de changer de requête entre l'appelant et le service pour contourner ce problème, par exemple en remplaçant la décrémentation par une affectation de la nouvelle valeur cible.

```
public void onCapacityChanged(String key, int value) {
  if (key.equals("CapacityChanged")) {
    capacity = value; // affectation
  }
}
```

En effet affecter une nouvelle valeur plusieurs fois au lieu d'une donne toujours le résultat correct :

```
@Test
public void naturallyIdempotent() {
  capacity = 10;
  assertEquals(capacity, 10);
  onCapacityChanged("CapacityChanged", 8);
  onCapacityChanged("CapacityChanged", 8); // doublon
  assertEquals(capacity, 8); // résultat correct
}
```

Mais si modifier la requête n'est pas possible, alors il reste la possibilité d'ignorer les doublons par l'ajout d'un critère de corrélation et d'une mémoire côté service.

Ajoutons un identifiant de corrélation comme paramètre de la requête, ainsi qu'un stockage des identifiants déjà traités côté service, pour reconnaître un identifiant déjà vu et pouvoir ainsi ignorer les appels répétés :

```
public void onMessage(String correlationId, String key, int value) {
  if (memory.contains(correlationId)) {
    return; // doublon détecté, abandon
  }
  if (key.equals("TicketBooked")) {
    capacity -= value;
    memory.add(correlationId); // mémoriser les ids déjà vus
  }
}
```

L'ajout d'un critère de corrélation (unique) permet de reconnaître et donc d'ignorer les appels en doublons :

```
@Test
public void idempotentByCorrelationId() {
  capacity = 10;
  assertEquals(capacity, 10);
  onMessage("GUID123", "TicketBooked", 2);
  onMessage("GUID123", "TicketBooked", 2); // doublon
  assertEquals(capacity, 8); // résultat correct
}
```

Cette approche ajoute cependant une complexité réelle, car la mémoire doit en général être persistée dans une technologie de stockage comme une base de données, et les identifiants de corrélation doivent être strictement uniques entre eux, ce qui nécessite d'utiliser des GUID ou des séquences partagées.

PARTIE 3

Craft et attitudes

12 Introduire le craft dans votre contexte

Si les chapitres précédents vous ont donné envie de commencer le craft, ce chapitre donne des pistes pour vous lancer, que ce soit à titre individuel, ou pour une introduction dans votre équipe ou dans votre organisation.

1. DÉMARRER LE CRAFT À TITRE INDIVIDUEL OU ENTRE COLLÈGUES

À titre individuel, lire un livre sur le craft est déjà un début ! Mais rien ne vaut de pouvoir échanger avec d'autres crafters. Si vous ne connaissez personne avec une maturité sur le craft, participer à des meetups[1] en soirée est le meilleur moyen d'en rencontrer dans des conditions fort sympathiques. De plus, rien n'empêche malgré tout de profiter des conseils de crafters ou crafteuses aguerris dans des vidéos en ligne ou dans des podcasts. Et à défaut de pouvoir coder à leurs côtés, vous pouvez visionner leurs sessions de live coding pour observer leurs gestes, écouter leurs façons de réfléchir et ainsi acquérir une partie de leur expérience.

Participer à des conférences (telles que NewCraft) ou non-conférences (telles que SoCraTES France) et assister aux sessions sur des pratiques craft, pouvoir poser ses questions à des mentors, tout cela est précieux pour revenir motivé au maximum, et pour *vraiment* démarrer dès le lendemain.

1.1 Une progression classique, kata par kata

Et comme finalement rien ne vaut la pratique, avec les katas comme premier palier, nous proposons ci-dessous un parcours pas à pas indicatif et plutôt classique pour démarrer progressivement, avec un kata standard adapté pour chaque objectif pédagogique.

Le kata pour essayer TDD sur le problème le plus facile imaginable est **FizzBuzz**. Il permet ainsi de se concentrer uniquement sur la pratique du TDD, sans être distrait par le problème à résoudre.

1. Par exemple, certaines grandes villes telles que Paris, Nantes ou Grenoble proposent des meetups Software Crafters.

À la suite, le kata **Roman Numerals** convient pour comprendre l'importance de l'ordre de la séquence de tests dans le résultat. Une séquence de tests maladroite peut ainsi mener à une impasse...

Le kata **Prime Décomposition** permet alors de comprendre que le résultat final de la conception peut émerger de façon surprenante, en étant parfois très différent de ce qui était pressenti. C'est un kata utile pour montrer l'intérêt de TDD sur un problème moins trivial que les précédents.

Puis le kata **Gilded Rose** propose d'affronter les complications sauvages du code hérité (legacy). On pourra poursuivre avec les autres katas d'Emily Bache du type « Pourrez-vous rendre le code existant plus facile à maintenir ? »[1].

Les katas **Tennis** ou **Bowling** conviennent bien ensuite pour s'essayer à modéliser un métier de complexité modérée, sans être pour autant trop facile.

Pour pratiquer vos design patterns en prime, essayez le kata **Mars Rover**.

Enfin, les katas ne servent pas que pour coder mais aussi pour spécifier, et le kata classique **SuperMarket Pricing** présente des défis tout en restant de taille raisonnable. À essayer absolument avec vos Product Owners ou Business Analysts !

Pour aller plus loin, vous pouvez reprendre un kata quelconque et le refaire avec des contraintes, par exemple celles des objets callisthéniques, ou avec un point d'attention parmi tout ce qui est couvert dans ce livre : pratiquer un style de TDD plus strict, soigner la décomposition des méthodes, veiller au principe de responsabilité unique (SRP) de SOLID, ou encore se donner comme objectif de « mieux connaître les raccourcis clavier ».

Cette approche par contrainte est celle des « retraites de code » (*code retreat*), un événement sur une journée où les participants répètent six fois le même kata, en TDD et en binôme, mais avec à chaque fois des contraintes différentes. Vous pouvez en organiser vous-même, ou participer à l'événement annuel en simultané dans le monde : le Global Day of Code Retreat. C'est une expérience incontournable dans une démarche craft aboutie !

> **Remarque :** Pour davantage de katas classiques, reportez-vous au catalogue de katas (le katalogue) en annexe.

1. Les katas d'Emily Bache sont regroupés à l'adresse suivante : https://github.com/emilybache?tab=repositories

CODE RETREAT

Le code retreat pour TDD c'est comme le mont Ventoux pour le cyclisme,
une expérience importante, dont on reparle après entre celles et ceux qui l'ont faite.

2. INTRODUIRE LE CRAFT DANS UNE ORGANISATION

Le projet d'introduire le craft vient généralement d'une personne enthousiaste, qui y voit des perspectives pour améliorer son environnement. Pour transformer cet enthousiasme en initiative concrète, nous préconisons une approche en deux temps : initier une dynamique relativement informelle dans un premier temps, sur laquelle construire ensuite une démarche plus formelle et avec des sponsors.

2.1 Initier une dynamique

Initier une dynamique consiste à lancer des actions plutôt modestes, mais régulières ou dont l'effet cumulé doit aider à susciter l'intérêt de suffisamment de personnes concernées.

La première étape est d'identifier les quelques personnes les plus sensibilisées au craft puis de les rencontrer autour d'un café ou d'une pause déjeuner. Ces personnes seront des relais et des partenaires pour amorcer des actions concrètes.

Les premières actions doivent être suffisamment modestes pour ne pas nécessiter de soutien hiérarchique.

Côté sensibilisation, une action classique est de consacrer une pause déjeuner par semaine à un atelier de code autour d'un kata (sous la forme d'un coding dojo), ou pour visionner une vidéo d'une conférence ou d'un live coding craft. Bien entendu, si vous le pouvez c'est encore mieux de pouvoir consacrer un petit peu du temps de travail pour cela, avec l'accord, même tacite, de tous.

Côté mise en œuvre, il s'agit naturellement d'introduire des compétences craft dans certains aspects du travail à réaliser. Il importe cependant d'expérimenter de façon responsable, c'est-à-dire sans prise de risque excessive en ce qui concerne d'éventuels retards ou régressions.

Il est important de veiller à ne pas prêcher ni promettre des miracles, ainsi qu'à collecter quelques succès rapides (souvent appelés *quick wins*).

Au fil du temps et des actions entreprises, le fait d'inviter des référents externes, idéalement avec des retours d'expérience d'organisations comparables, aide à imaginer et à se projeter dans une potentielle démarche craft plus ambitieuse.

En parallèle, présenter et faire connaître de plus en plus les actions et surtout les succès associés va aider à soutenir la dynamique. Un bel exemple de succès serait de pouvoir affirmer : « Le projet Icare, qui n'était pas du tout craft au départ, peut désormais livrer en production en 15 minutes avec 70 % de couverture de tests automatisés suite à nos efforts craft. »

Lorsque cette dynamique initiale rencontre de l'intérêt mais que les efforts des volontaires ne suffisent plus à aller plus loin, il peut alors être opportun de structurer et de formaliser une démarche avec le soutien de sponsors.

2.2 Une démarche portée par des sponsors

Une fois la dynamique craft amorcée, la suite consiste à intensifier et généraliser le recours au craft, ainsi qu'à atteindre des personnes encore à l'écart. Il s'agit donc d'une démarche cette fois davantage volontariste. Du volontariat et des appels à la bonne volonté, on passe à l'éducation équipe par équipe, ou suite à chaque arrivée. Il ne s'agit pas tant d'imposer l'utilisation du craft que d'exiger de chacun d'en connaître les principaux aspects, pour ensuite l'adapter de façon appropriée à chaque contexte.

Les actions au cœur d'une telle démarche incluent :

- ✓ Lister des compétences craft dans les fiches de poste pour les futurs recrutements, à co-construire avec les équipes RH.
- ✓ Recruter des développeurs ou développeuses spécifiquement enthousiastes sur le craft, pour réaliser comme membre d'une équipe, mais aussi pour apporter des attitudes craft à leurs collègues par contagion, en travaillant ensemble.
- ✓ Réserver du temps pour pratiquer ou pour aider d'autres à pratiquer (en animant des sessions).
- ✓ Intervenir de façon plus ambitieuse sur le code afin d'aider à tester, déployer ou refactorer plus facilement par la suite.
- ✓ Recruter ou faire intervenir des coachs crafts pour accompagner les développeurs dans leur mise en œuvre du craft dans leur travail quotidien.
- ✓ Organiser des formations sur des thèmes, organiser une code retreat interne ou toute autre forme de diffusion de pratiques.
- ✓ Organiser des parcours d'excellence technique structurés sur plusieurs semaines ou mois, avec une démarche pédagogique progressive pour couvrir les thèmes avec le plus de retour sur investissement. Cela peut nécessiter une phase d'audit au préalable pour identifier ces thèmes.

La plupart de ce qui précède peut se faire en interne si vous avez les compétences et la disponibilité, ou en sollicitant des sociétés dont c'est l'expertise.

2.3 Convaincre les sponsors

Le soutien de sponsors, a minima moral mais souvent financier, est indispensable à toute introduction du craft dans une organisation. Il est donc vital d'être en mesure d'expliquer les bénéfices d'une démarche craft avec des termes non techniques, et ce sur plusieurs axes :

- ✓ **Économique**, car la principale raison d'être du craft est bien un raisonnement économique à un horizon de temps supérieur au temps d'une itération ou même d'une release. À défaut d'être capable de donner des éléments financiers, on pourra donner des métriques qui peuvent à terme s'interpréter en termes financiers, comme les métriques de résultat : le temps de cycle, la réduction du nombre de défauts, la fréquence des livraisons, la vitesse de remédiation en cas d'anomalie. À défaut d'avoir des chiffres internes, il reste possible de partager les métriques des retours d'expérience d'organisations comparables.
- ✓ **Benchmarking** (se comparer aux autres) : savoir que les concurrents ou organisations comparables sont engagées dans des démarches craft.

- ✓ **Évolution culturelle** : comprendre que la dynamique craft contribue à faire évoluer la culture des équipes vers les enjeux d'actualité, dont elle augmente les chances de succès : move-to-cloud, microservices, digitalisation des métiers, orientation API, culture data, vision produit et culture de responsabilité sont autant de sujets qui requièrent une bonne maîtrise de la complexité technologie et collaborative, au cœur du craft.
- ✓ **Marque employeur** : dans un marché de l'emploi tendu pour les professionnels du développement, des actions raisonnables autour du craft peuvent aider à recruter et conserver des compétences, qui peuvent progresser et s'épanouir.

Chaque succès déja obtenu, même modeste, peut aussi aider à convaincre, au-delà des bénéfices attendus, que des améliorations sont atteignables dans le contexte interne.

3. LES CAUSES D'ÉCHEC DU CRAFT

Il arrive, surtout lorsqu'on débute, que l'envie de pratiquer le craft dérive vers des comportements peu vertueux voire contre-productifs. Il est ainsi important de reconnaître les travers les plus communs du craft afin de mieux les éviter, que ce soit votre propre comportement ou celui de vos collègues.

3.1 Le craft comme une fin en soi

Quand l'enthousiasme pour le craft est trop intense, cela peut mener à une envie de le pratiquer telle que l'on en oublie le véritable objectif de livrer de la valeur. Ce travers est d'autant plus fréquent lorsqu'on débute dans le craft et que notre attention se concentre, parfois à l'excès, sur les progrès dans notre maîtrise des pratiques craft. Il convient alors de se rappeler les objectifs du craft pour recentrer notre attention aussi sur la livraison de valeur.

3.2 Le craft comme source de procrastination

Très similaire à la situation précédente, il arrive que des développeurs préfèrent consacrer une part excessive de leur temps de travail sur l'amélioration du code, en négligeant la livraison de valeur. C'est particulièrement fréquent lorsque le travail attendu paraît ennuyeux ou peu intéressant, tandis qu'améliorer le code en appliquant des pratiques craft semble bien plus gratifiant. Il convient alors de comprendre que ce comportement n'est pas professionnel, et n'est donc pas aligné avec les objectifs du craft.

3.3 Amélioration sans fin

Il arrive que la bonne volonté et l'intention de bien faire amènent à se tromper de priorité. En particulier, toute initiative d'amélioration doit rester subordonnée à des bénéfices attendus et avérés. Améliorer est une bonne idée jusqu'au point où améliorer davantage devient une mauvaise utilisation de son temps.

3.4 Arrogance face au client

Une idée force dans les communautés craft est de défendre fermement la qualité des logiciels, par exemple auprès des managers. On encourage ainsi les développeurs à refuser des compromis sur la qualité, ou à imposer des pratiques jugées nécessaires à la qualité de son travail. Mais il arrive que ces injonctions se traduisent par une forme d'arrogance face aux managers ou aux clients. C'est bien entendu regrettable et non professionnel, et donc en désaccord avec les objectifs du craft.

3.5 Élitisme

Enfin, la pratique du craft et le développement des compétences associées conduit facilement à une forme d'élitisme chez ceux et celles qui ont compris le craft, associé parfois à un certain mépris pour les autres. La recherche de l'excellence doit rester une démarche qu'on s'impose, sans nécessairement l'imposer à tout le monde. Et si le fait de transférer les compétences fait bien partie intégrante du craft, cela doit rester dans une approche bienveillante, avec des collègues qui en ont manifesté l'envie.

13 Au-delà des pratiques, un état d'esprit

Au-delà des pratiques, le craft porte un état d'esprit qui encourage à :

- ✓ **développer ses connaissances et son savoir-faire ;**
- ✓ **cultiver son savoir-être ;**
- ✓ **faire preuve de professionnalisme.**

Ces trois points constituent, à notre sens, les piliers de l'état d'esprit du crafter, auxquels ce chapitre est consacré.

1. DÉVELOPPER SON SAVOIR-FAIRE

Un des aspects qui rend notre métier passionnant est que nous n'avons jamais fini d'apprendre ; l'évolution continue des technologies et pratiques nous place dans une progression permanente. Notre savoir-faire s'accroît principalement par la pratique régulière et délibérée, en général avec des katas de code, et par la veille technique.

1.1 C'est en craftant...

La pratique en vue de s'améliorer peut se dissocier en trois phases d'apprentissage :

- ✓ apprendre les bases ;
- ✓ acquérir les automatismes en étant capable de répéter sur des exercices différents ;
- ✓ monter en intensité, autrement dit maintenir la qualité même dans un contexte intense (deadline à respecter, entretien technique, etc.).

Si la vélocité est importante sur la phase de montée en intensité, elle l'est nettement moins sur les deux premières. En pratiquant régulièrement et intensément, on gagne progressivement en expertise et en savoir-faire.

1.2 Théorie des 10 000 heures

Selon Malcolm Gladwell, il serait nécessaire de pratiquer 10 000 heures dans n'importe quel domaine pour acquérir un niveau d'excellence, indépendamment du talent de départ. Ainsi, tout le monde pourrait devenir expert dans une discipline, à condition de pratiquer régulièrement et intensément.

Même si cette théorie est controversée dans la mesure où elle se focalise uniquement sur le nombre d'heures (indépendamment des conditions et de la qualité de la pratique), elle souligne que la répétition et la pratique assidue engendrent des effets positifs, en permettant notamment de muscler et d'entraîner notre cerveau.

Cette théorie est-elle applicable à la pratique du développement ? C'est une possibilité, étant donné que notre métier offre l'opportunité d'un apprentissage constant, avec un champ de connaissances aussi vaste.

Est-il pour autant nécessaire de s'investir à ce point ? Tout dépend de la vitesse à laquelle on souhaite progresser, du niveau qu'on vise à atteindre et du degré de passion qu'on éprouve pour le sujet. On peut très bien jouer d'un instrument sans chercher à devenir un musicien concertiste, ou pratiquer une activité sportive sans être un athlète de niveau international. L'important est de renforcer son savoir-faire en pratiquant régulièrement, et d'être suffisamment curieux pour maintenir ses connaissances à jour.

1.3 Progression par la répétition : les katas de code

En parcourant cet ouvrage, vous avez pu découvrir (ou redécouvrir) un certain nombre de katas de programmation. Ces exercices offrent un moyen efficace de renforcer la pratique individuelle, notamment autour des pratiques craft : pour pratiquer le TDD ou en travailler un aspect particulier, pour apprendre à mieux aborder et découper un problème, pour progresser sur les refactorings ou pour tout autre objectif comme mieux maîtriser les raccourcis clavier et ainsi gagner en aisance. Ils permettent également d'expérimenter plusieurs approches différentes pour un même problème et de voir le problème sous un angle insoupçonné.

Sur le plan collectif, les katas apportent un moment d'échange et d'apprentissage avec les autres, dans le cadre par exemple d'un coding dojo (en mob, en randori[1], en live coding ou encore en binôme).

■ Limite des katas par rapport aux situations réelles

La critique suivante est fréquemment formulée à l'encontre des katas : ils sont conçus à titre d'exercice, pour illustrer des principes, et ne reflètent pas la réalité. Ce grief n'est pas totalement infondé, les katas ayant généralement du mal à embrasser le contexte ou la complexité d'un projet réel.

L'intérêt des katas réside surtout dans l'opportunité d'acquérir, par la répétition, certains réflexes qui vont s'appliquer naturellement sur un vrai projet, et ce parfois de

1. Le randori est une forme de pratique collective du code décrite plus en détail dans le chapitre 4, « Collaborer efficacement avec le pair & mob programming ».

façon inattendue. Mais il réside aussi dans la capacité d'aborder le même problème de plusieurs façons différentes, de se rendre compte qu'il n'y a pas d'approche parfaite, que ça dépend du contexte et de compromis acceptables. La nature d'un kata, en tant qu'exercice et donc dénué d'enjeux réels, permet de se libérer l'esprit et de tenter toutes les expérimentations.

La possibilité de réitérer des katas (absente des projets réels) permet aussi de se confronter à ce qu'on a appris de nouveau depuis, et de mesurer notre progression. La taille réduite du problème (ou de la base de code à refactorer) permet de se focaliser sur des problématiques et techniques de façon isolée et précise.

Enfin, la possibilité de pratiquer collectivement en fait un moment privilégié d'échange et de convivialité.

1.4 Organiser sa veille

Notre métier est exigeant dans la mesure où il nous demande de renforcer continuellement nos connaissances et expertises. L'effort nécessaire pour se tenir à jour et au niveau semble ainsi considérable, voire hors de portée.

La veille consiste à s'intéresser à des langages, techniques, frameworks et méthodologies au-delà de ce qu'on rencontre dans le cadre professionnel au quotidien. Il peut s'agir d'approfondir ses connaissances actuelles, ou de s'intéresser à de nouveaux sujets. En retour, on peut prendre une longueur d'avance pour apporter davantage sur notre projet actuel, et être mieux préparé pour de futurs projets. La veille requiert avant tout, sur des sujets en lien avec notre contexte professionnel, de :

- ✓ nous intéresser à des sujets que nous ne connaissons pas ;
- ✓ renforcer nos compétences et notre expertise sur des sujets que nous connaissons déjà ;
- ✓ prendre de la hauteur sur un ensemble de sujets familiers et progresser sur notre vision globale.

La difficulté principale est liée à notre cadre de travail, qui, à moins de nous confronter à des difficultés exigeant des solutions innovantes, nous laisse peu de latitude pour approfondir nos connaissances. Dans cette situation, la veille ne peut se faire qu'en sacrifiant une partie de notre temps personnel, au détriment du bon équilibre entre vie personnelle et vie professionnelle. Il devient dès lors crucial de bien cibler les sujets de veille et d'optimiser l'effort pour en retirer le meilleur retour sur investissement, et ne pas s'épuiser. Une autre façon de dégager suffisamment de temps pour apprendre est de choisir un employeur qui privilégie la formation, qu'il s'agisse de temps alloué pour le salarié ou de sessions de formations directement proposées par l'employeur.

Veille par les réseaux sociaux

Suivre les membres actifs et influents de la communauté des développeurs, notamment sur Bluesky, permet d'être informé en temps réel de toute l'actualité sur un domaine et de suivre (voire de participer à) un certain nombre de débats intéressants. En restant en simple observateur, on installe une forme de veille passive où il n'y a plus besoin de faire l'effort de chercher l'information, c'est plutôt l'information qui vient à nous. On peut même partager l'information intéressante en la relayant ou encore contribuer, ce qui constitue aussi un moyen de transmettre les connaissances qu'on estime pertinentes.

La veille devient alors collective, d'une certaine manière on laisse les autres défricher le terrain à notre place (ce qui ne nous interdit pas de contribuer), nous permettant de sélectionner ce qui nous paraît le plus profitable. Les réseaux sociaux ne nous rendent pas experts mais nous offrent de nombreuses pistes pour approfondir certains sujets.

Les réseaux sociaux peuvent néanmoins se montrer dangereux lorsqu'on produit du contenu, notamment quand on prend position ou qu'on tente de l'humour : comme sur tout réseau social (et plus particulièrement avec X), certains propos peuvent blesser, être à contre-courant ou simplement mal interprétés, et exposent leur auteur à des retours de flamme particulièrement cuisants.

Veille par les meetups

La participation à des meetups permet d'apprendre énormément au travers des rencontres avec des pairs partageant nos valeurs. Au-delà des informations échangées, l'enthousiasme des autres crafters nous aide aussi à nous améliorer, par l'émulation et l'effet d'encouragement collectif ; parfois cela peut même devenir une forme de mentoring.

Même si au départ on est simple spectateur, on peut assez rapidement participer aux échanges, puis proposer nos propres sujets. À terme, il n'est pas impossible d'organiser et d'animer nos propres meetups.

Autres sources de veille

La veille par les réseaux sociaux et les meetups apporte le plus souvent les connaissances de surface et les bonnes références pour commencer. Mais l'approfondissement nécessite quelques efforts personnels et peut se faire au travers :

- ✓ des rencontres en format open space lors des conférences ou meetups, favorisant la liberté de choisir les sujets et l'accès à des experts qui peuvent nous faire gagner du temps en partageant l'essentiel de leur savoir-faire ;

- ✓ des articles de blog, qui présentent l'avantage d'être sous une forme courte et se parcourent en quelques minutes ;
- ✓ des enregistrements videos de talks en conférence ou de live codings sur des katas ;
- ✓ des podcasts, qui offrent l'avantage de pouvoir faire autre chose (comme se promener, cuisiner, etc.) tout en écoutant ;
- ✓ des livres, mais l'effort demandé étant important il est préférable de cibler les ouvrages de référence[1] et de se faire conseiller.

Enfin, dans la mesure du possible, il est profitable de rejoindre des contextes professionnels avec des développeurs passionnés qui contribueront à notre veille autour d'un café. À cette fin, le choix de son employeur (ESN, client final, startup), ou de son agent de carrière quand on est indépendant, reste déterminant.

1.5 La transmission

Même si certains sont suffisamment autodidactes pour progresser seuls, force est de constater que la majeure partie de notre savoir provient des autres. Il s'agit aussi bien de ce qu'ils ont produit (livres, tutoriels, conférences, vidéos) mais aussi du temps qu'ils passent avec nous, qu'ils soient enseignants, mentors, leaders techniques ou tout simplement notre binôme lors d'un développement en pair. Puisque nous recevons beaucoup de savoir des autres, il apparaît juste et naturel, à notre tour et en fonction de nos capacités, de transmettre nos compétences aux autres.

La notion de compagnonnage est centrale dans le craft : elle regroupe les idées de transmission de nos savoir-faire en accompagnant les moins expérimentés, dans l'optique qu'ils puissent un jour nous égaler et même nous dépasser (auquel cas nous pourrons à notre tour profiter de leur savoir). La démarche, qui consiste de prime abord à donner aux autres sans contrepartie visible, peut sembler trop altruiste pour être vraie[2]. En pratique, les bénéfices sont loin d'être négligeables :

- ✓ en contribuant à élever le niveau des développeurs qui nous entourent, nous améliorons progressivement nos conditions de travail, avec des bases de code de plus en plus propres et faciles à maintenir, une diminution des bugs critiques et une réduction des incidents de production ;
- ✓ en partageant un alignement et en construisant ainsi une communauté de bonnes pratiques ;
- ✓ en bénéficiant à notre tour du savoir des autres ;

1. À ce sujet, n'hésitez pas à parcourir la bibliothèque idéale des crafters en annexe !
2. Nous avons eu l'occasion à plusieurs reprises de former des jeunes diplômés sur des périodes d'un mois, et avons pu constater par la suite le tremplin apporté sur leurs carrières.

- ✓ en nous améliorant nous-mêmes, parce que la transmission du savoir demandant beaucoup de rigueur, elle se révèle très formatrice en nous forçant à consolider nos connaissances ;
- ✓ en nous apportant de la satisfaction personnelle, parce qu'enseigner se montre la plupart du temps très plaisant.

1.6 Porter la bonne parole

Même si nous sommes maintenant tous convaincus des bienfaits du craft, certains environnements demeurent hostiles aux bonnes pratiques. Il est alors difficile de porter le craft seul sans se heurter à un mur. Pour autant, il serait dommage de se renier et d'arrêter de pratiquer (le pire serait de renoncer à ses principes) ou de sensibiliser.

Bien souvent, le frein principal provient du refus du changement, perçu comme un danger. Le fait de forcer les bonnes pratiques, ou de dénigrer ceux qui les ignorent, risque d'exacerber la défiance à leur encontre. L'accompagnement par l'exemple, en pairant, en mobbant ou en effectuant des revues de code bienveillantes, est beaucoup mieux accepté. Ainsi on montre à quel point le développement peut être plaisant, serein, maîtrisé et même ludique. Le fait d'organiser des dojos de programmation peut même susciter l'engouement.

Il arrive pourtant, dans certains cas extrêmes, que le contexte professionnel reste hermétique à nos efforts. Dans ces situations, il est souvent plus profitable pour tout le monde de ne pas s'entêter et de chercher à changer de cadre de travail.

■ La zone de confort

Plusieurs facteurs font qu'il est tentant de se reposer sur ses acquis et de ne pas faire d'effort pour progresser :

- ✓ Le marché du travail est extrêmement tendu du côté des développeurs ; on ne sent pas la nécessité de progresser lorsqu'on croule sous les propositions de postes.
- ✓ La peur de se confronter à de nouvelles difficultés, avec le risque d'échec associé, fait qu'il paraît plus facile de se cantonner à ce qu'on sait faire.
- ✓ Un effet de surconfiance[1] qui empêche de reconnaître ses propres lacunes et d'évaluer ses capacités réelles : pourquoi s'améliorer si on est persuadé d'être au sommet ?

Cet état d'esprit porte un nom : se complaire dans sa zone de confort. En s'y cantonnant, on perd le sel de ce qui fait notre métier (à savoir un renouvellement permanent des techniques et pratiques) et on risque de devenir un *has been*. C'est pourquoi il est crucial de se challenger régulièrement, mais aussi de challenger les autres (pour faire progresser son équipe).

1. Aussi connu sous le nom d'effet Dunning-Kruger, un biais cognitif par lequel les personnes découvrant un domaine pourraient surestimer leur compétence et se croire expertes.

La peur de l'échec ou de faire ressortir nos lacunes est un des facteurs qui poussent le plus à se réfugier dans la zone de confort. On a peur d'être jugé par les autres, d'être considéré comme un incompétent. Il est important de faire preuve de lâcher-prise par rapport à ça : l'expérimentation et l'échec font partie de la réussite. Les personnes qui réussissent ont pour la plupart essuyé de nombreux échecs avant d'y parvenir. Un échec n'est pas une fin en soi, mais une opportunité de tirer des leçons de ses erreurs. Le pire échec finalement serait de se limiter et de ne pas évoluer, par peur d'échouer.

2. CULTIVER SON SAVOIR-ÊTRE

Dans la section qui précède, nous donnions quelques astuces pour développer son savoir et ses compétences. Il est tout aussi important, sinon plus, d'adopter au quotidien les bonnes attitudes sociales et de cultiver son savoir-être. En effet, le craft se distingue aussi bien par ses savoir-faire destinés à produire du code pérenne et de bonne qualité, que par ses valeurs éthiques telles que l'humilité, la bienveillance et le partage.

2.1 La posture d'humilité

Attention à la grosse tête

Le marché du travail, très favorable depuis de nombreuses années aux métiers du développement, peut s'accompagner de certains travers. La facilité à trouver un nouveau poste, le fait d'être sollicité régulièrement par les recruteurs, l'accès rapide à la seniorité et l'évolution salariale peuvent faire perdre tout sens des réalités et nous donner une vision de nous-même très surestimée. Si on y ajoute le manque d'autorité locale (c'est-à-dire l'absence de développeur beaucoup plus brillant que nous), il est très facile de prendre la grosse tête[1].

D'autres facteurs peuvent jouer, comme la personnalité, ou le fait que, historiquement, le milieu du développement pouvait être brutal et toxique, n'autorisant pas à laisser transparaître ses faiblesses. Ainsi, il pouvait être mal vu pour un senior de ne pas tout connaître ou de se faire aider ponctuellement par un junior.

Se laisser bercer par ce genre d'illusion peut avoir de très graves conséquences. Outre le fait d'être désagréable et condescendant au quotidien, il y a le risque d'être dans une course permanente et épuisante pour asseoir sa position. Plus difficile, vient le jour où on se trouve confronté à bien meilleur que nous, dont l'image va nous renvoyer notre propre ignorance, et la chute qui s'ensuit est très compliquée à traverser.

1. Comme il en est fait état dans cet article de blog : https://www.jesuisundev.com/ego-des-developpeurs/

Il convient donc de faire la part des choses : nous pratiquons un métier difficile d'un côté par les connaissances et savoir-faire exigés, et facile de l'autre par le contexte économique qui joue en notre faveur. Mais s'il est aisé de trouver un poste bien payé, le piège réside dans le fait de s'en glorifier. Le bon état d'esprit nécessite de se détacher émotionnellement de nos compétences et réalisations, ce qui nécessite beaucoup de lâcher-prise. C'est en restant relativement neutre par rapport à nos qualités qu'on est ouvert à progresser et à apprendre.

Egoless programming

L'egoless programming[1] nous invite à rester humble à travers notre pratique du développement, et propose dix commandements pour nous y aider :

- ✓ comprenez et acceptez que vous êtes faillible ;
- ✓ vous n'êtes pas votre code ;
- ✓ peu importe votre niveau de « karaté », vous finirez toujours par rencontrer votre maître ;
- ✓ ne réécrivez pas de code sans consultation ;
- ✓ traitez ceux qui savent moins que vous avec respect, déférence et patience ;
- ✓ la seule chose qui ne change pas dans le monde, c'est que les choses finissent par changer ;
- ✓ ce qui fait vraiment autorité, c'est la connaissance, et pas la position ou le titre ;
- ✓ battez-vous pour ce que vous croyez être vrai, mais soyez capable d'accepter gracieusement la défaite ;
- ✓ ne soyez pas « la personne qui code mystérieusement dans son coin » ;
- ✓ critiquez le code plutôt que les personnes.

Nous détaillons ci-après les thématiques qui nous paraissent les plus intéressantes.

Nous ne sommes pas notre code

S'identifier au code que nous produisons peut se montrer néfaste, surtout si nous prenons personnellement et avec beaucoup d'émotions toute critique formulée à l'encontre de notre code. Faire preuve au contraire de lâcher-prise et s'en détacher est d'une aide précieuse. C'est vrai aussi dans l'autre sens, en étant capable de délivrer les critiques sur le code de façon bienveillante sans cibler ou blâmer personne. Ainsi le message suivant :

« Le code de cette classe pourrait être rendu plus lisible de telle façon… »

passera beaucoup mieux que :

« C'est vraiment un travail pourri, il faut tout mettre à la poubelle ! »

1. Weinberg, G. M. *The Psychology of Computer Programming*, Van Nostrand Reinhold Company, 1971.

Et même lorsque c'est le cas (de devoir tout réécrire), il importe de le faire de façon positive, étayée et argumentée : en expliquant pourquoi nous ne sommes pas d'accord et les conséquences néfastes sur l'évolution du projet. Et surtout en accompagnant l'auteur de ce code, en l'aidant à progresser et sans jugement de valeur personnel. Finalement, personne n'est propriétaire individuellement de son code, il s'agit vraiment d'une responsabilité collective.

Nous n'avons pas tous le même niveau

Dans notre parcours professionnel, nous rencontrerons des développeurs qui ont le même niveau, mais aussi d'autres qui sont moins expérimentés que nous ou, à l'inverse, bien meilleurs que nous. Quel que soit le niveau de la personne en face de nous, il est important de la traiter avec respect.

Face à quelqu'un que nous jugeons moins compétent (la notion de « jugement » est importante, bien souvent il s'agit d'une appréciation personnelle), être condescendant ou méprisant entraînera à coup sûr des crispations. Rappelons qu'au contraire, en tant que crafter, notre mission est de transmettre le savoir et les pratiques qui pourraient aider toute personne moins aguerrie à progresser. Enfin il n'est pas impossible que les personnes qui connaissent moins que nous en apparence puissent nous apprendre beaucoup de choses sur des sujets sur lesquels nous sommes moins à l'aise.

À l'inverse, lorsque nous sommes confrontés à quelqu'un de plus doué que nous, nous devons nous garder de céder à d'éventuels complexes, frustrations ou rivalités. Il s'agit pourtant d'une opportunité d'apprendre auprès de cette personne, de progresser et de tendre vers son niveau voire de le dépasser. D'une manière générale, même si on se sent complexé face aux meilleurs, c'est une bonne démarche de chercher à travailler avec eux, cela ne peut que nous tirer vers le haut, surtout lorsqu'ils sont, eux aussi, dans une attitude bienveillante de partage et de transmission.

Nous ne sommes pas omniscients

Dans le métier de développeur, lorsqu'on compare l'étendue des connaissances disponibles au peu que les meilleurs experts maîtrisent, il y a de quoi avoir le tournis. Celles et ceux qui ont conscience de cet état de fait ont naturellement tendance à adopter une posture d'humilité. L'humilité nous permet de garder les pieds sur terre : on se rend vite compte qu'on ne peut pas tout maîtriser, tout connaître ou tout réussir à la perfection (d'autant que la perfection dans le développement est très relative et subjective). Le plus important est de rester solide sur ses compétences, tout en acceptant d'être faillible, ce qui permet d'être ouvert à l'apprentissage et à la progression. Que l'on soit considéré comme un expert ou au contraire un débutant, nous sommes tous en perpétuel apprentissage et avons besoin d'apprendre de tous. D'ailleurs, plus on gagne en expérience et en sagesse, et plus on prend conscience de l'étendue de notre ignorance. L'expertise, c'est aussi savoir quand on ne sait pas et être capable de l'admettre.

Une fois admis notre droit de nous tromper et de ne pas tout connaître, il est important savoir reconnaître nos erreurs ou lacunes face aux autres, et sans qu'on nous force à le faire. Plus une erreur est détectée tôt, plus efficaces et moins onéreuses sont les mesures correctives. À l'inverse, on ne doit jamais céder à la mauvaise foi pour défendre à tout prix son niveau, son poste ou son titre. Même si ça permet de sauver les meubles à court terme (et encore...), les effets à plus long terme, qu'il s'agisse de l'image renvoyée aux autres ou de la confiance qu'ils nous accordent et de l'envie qu'ils ont de travailler avec nous, peuvent être dévastateurs.

En plus de se remettre en question et d'être ouvert à la progression, les effets sur l'équipe sont plutôt positifs : on accorde davantage de confiance à quelqu'un qui reconnaît spontanément ses erreurs. En outre, les co-équipiers auront plus de facilité à parler de leurs erreurs et de leurs doutes dans un contexte dans lequel le droit à l'erreur est reconnu.

Si le droit de se tromper s'applique à nous-même, il s'applique également aux autres. Cela veut dire aussi qu'appréhender les erreurs des autres avec bienveillance sera beaucoup plus constructif. Plutôt que de blâmer, on cherchera à évaluer les dégâts, proposer des corrections de façon solidaire et à être pédagogue. En cas de conflit d'opinion, on cherchera à proposer plutôt que d'imposer, à laisser l'alternative et à laisser chacun proposer ses arguments. Ces attitudes contribuent à adopter progressivement une posture de leader technique.

■ Autres considérations sur l'humilité

Les concepts de l'egoless programming rejoignent globalement la notion d'humilité.

Il est tout à fait possible de progresser seul mais l'efficacité est renforcée lorsqu'on bénéficie de l'appui des autres : leurs savoir-faire, leurs expériences, leurs points de vue et surtout leur feedbacks (à prendre de façon positive comme des axes d'amélioration) sont autant de moyens d'enrichir nos compétences. En restant humble, on accepte, voire mieux on recherche, plus facilement l'aide des autres. Réciproquement, ces derniers nous apportent plus volontiers leur concours lorsque nous ne prétendons pas tout connaître.

La notion de respect est étroitement liée à celle d'humilité. Le respect pour soi-même, d'abord, parce que nous évitons de nous mentir à nous-mêmes. Et évidemment le respect des autres : on évite ainsi de les prendre de haut, on respecte leur avis et le travail fourni et on les aide si besoin. Le respect se retrouve aussi lorsqu'il s'agit de débattre : être en désaccord permet d'examiner un autre point de vue. Respecter l'avis de l'autre, c'est aussi accepter que nous puissions avoir tort, et être capable de l'admettre. En faisant ainsi preuve d'honnêteté intellectuelle, la vérité, le bon sens et le fait de progresser en tant qu'équipe l'emportent sur le fait d'avoir raison.

L'humilité est donc un moteur qui va nous inciter à nous améliorer continuellement, à viser l'excellence et à faciliter nos interactions avec les autres.

■ Le syndrome de l'imposteur

Enfin, si la posture d'humilité nous empêche de dévaloriser les autres, il reste crucial de veiller à ne pas se dévaloriser soi-même, de ne pas devenir complexé, surtout si on a une tendance à se comparer aux autres. Être humble ne signifie pas être incompétent. Le degré d'humilité n'est pas proportionnel au niveau de compétences : on croise beaucoup de développeurs humbles et pourtant très brillants, et inversement. Au contraire, en restant humble, nous savons reconnaître nos forces et nous nous engageons à faire de notre mieux. Et ne pas connaître certaines choses n'a rien d'irrémédiable : on peut combler nos lacunes en fournissant les efforts appropriés. Nous savons également admettre nos faiblesses, ce qui est un moteur pour apprendre et progresser (si nous croyons tout connaître, il n'y a plus d'incitation à renforcer nos connaissances).

On arrive ici sur un sujet très présent dans le monde de la tech (et de façon générale dans les domaines demandant une expertise pointue), celui du **syndrome de l'imposteur**.

En recevant une formation ou en assistant à une conférence, il vous est probablement arrivé de vous sentir tout petit, et de considérer le speaker comme quelqu'un d'incroyable ou une légende vivante. Le tout s'accompagne du sombre sentiment que la performance de cette personne nous est inaccessible, renforcé par le fait que nous pouvons avoir tendance à nous comparer aux autres. Pourtant, l'image que nous nous faisons de ces experts, de ces personnes qui nous servent de modèle est parfois surévaluée par rapport à la réalité. En effet, il n'est pas rare que ces personnes doutent, ne soient pas à l'aise intérieurement, et qu'à un moment ou l'autre (voire encore actuellement) elles aient ressenti la même chose que nous.

Ces sentiments négatifs peuvent paralyser toute action, il est donc primordial de ne pas les laisser s'installer. En premier lieu, on peut combattre la tendance à se sous-estimer. Même si on trouvera toujours meilleur que nous, on peut néanmoins chercher à ancrer les points positifs. Parfois, notre humilité (ou nos complexes) nous empêche de voir ce qui est positif en nous, entraînant un décalage entre notre valeur telle que nous la percevons et telle qu'elle est perçue par les autres[1]. Nous avons l'impression de lutter face à la complexité des choses, et ce qu'on fait nous semble le minimum nécessaire, sans rien comporter d'extraordinaire. Ou bien nous nous sentons mal à l'aise lorsque nous recevons des retours élogieux, sans comprendre en quoi nous nous démarquons des autres. Le risque est alors de verser dans l'auto-censure : ne pas oser s'exprimer dans une réunion, ne pas oser mener des expérimentations, ne pas oser challenger le métier, ne pas oser entreprendre (un talk, une animation d'événement, une écriture d'article sous prétexte que « j'écris mal », « ça n'apportera rien » ou « je ne suis pas suffisamment expert »), ou ne pas oser défendre un point de vue à contre-courant.

---

1. C'est ici un corollaire possible de l'effet Dunning-Kruger cité précédemment : les personnes les plus expertes auraient tendance à minimiser leurs compétences, en pensant que ce qui est facile pour elles l'est forcément pour les autres.

2.2 La bienveillance

La bienveillance est une qualité essentielle du crafter, aux nombreuses retombées positives. Par certains aspects, elle complémente la posture d'humilité.

Créer un environnement de travail « safe »

Il est important que chacun puisse se libérer, s'épanouir, et donner le meilleur sans devoir craindre le jugement blessant de quiconque. On revient ici à la notion de droit à l'expérimentation et à l'erreur, qui sont des moteurs incitant à sortir de sa zone de confort. Les différents développeurs doivent pouvoir se faire confiance, poser des questions ou faire des propositions qui peuvent paraître incongrues sur le moment.

Face à une personne en difficulté (et si elle est ouverte à une aide extérieure), nous allons chercher à lui apporter notre concours plutôt que la dévaloriser ou la stresser davantage. Lorsqu'on évalue un code qui nous semble pourri, on va faire en sorte que son auteur puisse apprendre de ses erreurs plutôt que de le stigmatiser[1]. Le tout avec bienveillance et pédagogie, sans être condescendant.

Parfois, se souvenir d'où l'on vient, du code détestable qu'on produisait à une époque (ou qu'on peut encore produire dans certaines conditions), nous aide à être plus compréhensif avec les autres et leur faire bénéficier de notre expérience.

La frontière entre bienveillance et complaisance

Dans un environnement de travail bienveillant, on part de l'hypothèse forte que chacun fait de son mieux en fonction de ses possibilités, et que chacun est au service des autres, pour une réussite avant tout collective. Malheureusement, il arrive occasionnellement que certains cherchent à abuser de la bienveillance des autres : en arrivant systématiquement en retard, en étant négligent dans la réalisation des tâches, en tenant systématiquement des propos négatifs. Lorsque cela se produit de façon suffisamment significative pour impacter la performance et le bien-être de l'équipe, il devient capital de l'exprimer, même si c'est délicat. C'est normal de chercher les mots pour heurter le moins possible, néanmoins les difficultés doivent être énoncées clairement. Si on ne dit pas les choses, par peur de faire du mal (ou par rejet d'un possible conflit), on devient soit complaisant, soit trop gentil, ou, encore pire, trop laxiste. De fait, bienveillance rime avec exigence.

Si on peut s'accommoder de ce malaise au début, les conséquences peuvent être, à terme, délétères : les non-dits s'installent, la personne en cause pouvant difficilement rectifier le tir en l'absence de feedback, et pour le reste de l'équipe la frustration

1. Anecdote de Houssam : « Ce sujet me rappelle une pratique que j'appliquais quand j'étais Scrum Master : je demandais souvent aux personnes avec les idées les plus décalées de présenter leur pensée jusqu'à la fin, et même aux autres membres de l'équipe de n'intervenir que pour donner un avis qui va dans le sens de l'idée proposée. »

s'installe. Néanmoins, il est toujours délicat d'exprimer à l'autre des points négatifs ; l'instauration d'un climat de confiance est cruciale. Si on est capable de se dire les choses, c'est aussi parce qu'on a beaucoup d'estime les uns envers les autres et qu'on souhaite progresser individuellement et collectivement.

Enfin, il faut faire attention au contexte dans lequel on énonce les retours : par exemple, on peut s'autoriser à féliciter quelqu'un en public mais les feedbacks négatifs ne devraient être délivrés qu'en tête-à-tête.

■ Un moteur de progression et de bien-être

Il devient clair qu'être bienveillant ne se limite pas à être gentil avec les autres, il s'agit surtout de partir du principe que tout le monde fait de son mieux pour fournir un travail de qualité. Lorsque la qualité n'est pas au rendez-vous, on doit se poser la question de modifier les pratiques de l'équipe pour que les incidents ne se reproduisent pas. La bienveillance revient donc plutôt à agir dans l'intérêt de chacun et dans l'intérêt du groupe, en fonction des limites fixées par chacun. Dans un contexte bienveillant, chacun va pouvoir progresser avec l'aide des autres et pouvoir se sentir mieux. Les impacts positifs sur la performance d'équipe sont loin d'être négligeables.

2.3 La posture de référent technique

Il arrive, lorsqu'un développeur est excellent techniquement, tout en gardant la volonté de transmettre en restant humble et bienveillant, qu'il prenne une sorte de leadership sur le reste de l'équipe. Les autres collaborateurs (qu'il s'agisse de développeurs, testeurs, métiers ou autres) lui font confiance et vont avoir naturellement tendance à se tourner vers lui en cas de question, difficulté ou dilemme à trancher. Il est alors considéré comme une sorte de « *tech lead* », ou référent technique.

Le « rôle » de tech lead, s'il peut être attribué explicitement par un manager, s'obtient dans de nombreux cas par la reconnaissance des pairs. Le tech lead peut être amené à manager (le management est plus du ressort du *team lead*), mais ce n'est pas sa vocation première. Le tech lead, bien que très compétent et expert sur certains sujets, n'en est pas pour autant omniscient. Il sait d'ailleurs reconnaître sans aucun problème quand il se trompe ou quand il ne sait pas. Pourtant les co-équipiers lui font suffisamment confiance pour le consulter lors des choix techniques importants.

Si le tech lead suscite l'adhésion, c'est essentiellement parce qu'il donne l'exemple en aidant les autres, et qu'il préfère convaincre plutôt que d'imposer. Le tech lead est plus à l'aise dans l'argumentation éclairée et respectueuse de l'avis de l'autre que dans la confrontation directe et le passage en force. Enfin il ne craint pas que d'autres tiennent aussi le rôle de tech lead ; au contraire, il aide son équipe à gagner en autonomie. Idéalement, dans une équipe saine et équilibrée, chaque membre de l'équipe devrait à terme assumer un rôle de tech lead à sa manière.

3. PROFESSIONNALISME

3.1 Pragmatisme

Le craft définit beaucoup de règles et de principes, vers lesquels nous devons tendre afin de garantir un certain niveau de qualité. Le piège que l'on rencontre fréquemment est de suivre ces principes à la lettre, au risque de s'épuiser, d'être en conflit permanent avec les autres (et parfois avec soi-même, certains concepts et pratiques étant contradictoires) et d'être contre-productif. La pratique du craft apporte tellement de bénéfices qu'il est facile de verser dans une forme de dogmatisme, voire d'intégrisme.

En réalité, le craft ne délivre toutes ses promesses que s'il est pratiqué de façon pragmatique.

Le pragmatisme (certains vont même jusqu'à parler de « catmatisme »[1][2]) s'oppose au dogmatisme : même si le craft constitue un idéal qui nous guide, nous devons être capables de lâcher du lest, notamment en fonction du contexte. Ainsi, on peut équilibrer les surcoûts inhérents à la pratique du craft en fonction du retour sur investissement (ROI) espéré, c'est-à-dire de la valeur apportée et des risques à laisser en l'état.

Le craft n'est pas quelque chose d'absolu, il offre avant tout une boîte à outils, qu'on adaptera en fonction du contexte et de ses contraintes (état de la base de code, budget engagé, délais, niveau de compétence de l'équipe). Être pragmatique revient à savoir faire les bons compromis pour maximiser les chances de réussite d'un projet sur le court, moyen et long terme. Plutôt que de rechercher la perfection, on va appliquer en priorité les techniques qui permettent d'obtenir une meilleure compréhension, couverture et qualité du code à partir d'un effort relativement modeste. Cela ne veut pas dire qu'on ne doit pas rester exigeant dans la qualité de ce qu'on produit, c'est plutôt qu'on souhaite éviter de verser dans la surqualité. Lorsqu'un débat se pose, on cherche à s'orienter vers la solution qui apporterait le plus de valeur. Il est également important d'intégrer dans l'équation le coût de certaines pratiques (programmation collégiale, recherche de couverture de test maximale, pratique systématique des baby steps, etc.) et d'évaluer ce que ça va apporter pour déterminer si le jeu en vaut la chandelle.

3.2 Choix et entretien des outils

Les bons artisans travaillent avec les meilleurs outils, pour lesquels ils renforcent leur maîtrise au quotidien.

1. https://unclejamal.github.io/2015/08/31/catmatic.html
2. Les lecteurs les plus attentifs auront bien évidemment décelé un jeu de mots animalier : lorsqu'on confronte un dogmatique à un catmatique, ils sont comme chien et chat…

Autrement dit, le savoir-faire et l'expertise ne font pas tout. Le craft ne peut être pratiqué avec le maximum d'efficacité que si on se fait assister des meilleurs outils, notamment l'IDE. L'IDE doit pouvoir gérer de façon quasi automatique l'édition de code, la navigation dans le code, les patterns basiques de refactoring (renommage, extraction, inlining, déplacement). De son côté, le crafter doit savoir manier ces fonctionnalités avec virtuosité (par exemple, certains développeurs n'utilisent plus la souris, les raccourcis clavier permettant de se sortir de toutes les situations sans effort). Ainsi, le développeur gagne en productivité et peut se concentrer sur des réflexions qui apportent plus de valeur : modélisation métier, design global, interactions entre composants, élaboration des contrats d'API, etc. Enfin, lorsque les outils n'existent pas, un crafter n'hésitera pas à créer ses propres outils ou à faire évoluer les outils existants pour se faciliter la vie et celle des autres.

3.3 Amour du travail bien fait

Comme vous avez pu le constater tout au long de cet ouvrage, la pratique du craft apporte de nombreux bienfaits :

- ✓ le gain en maîtrise (en limitant les bugs, en respectant un design simple, etc.) permet de respecter les délais et donc de subir beaucoup moins de stress ;
- ✓ la bonne qualité du code, laissant peu de place aux bugs et autorisant facilement des évolutions, permet de répondre au besoin et d'acquérir ou renouveler la confiance des utilisateurs ;
- ✓ la compréhension accrue des besoins des utilisateurs, mais surtout de l'organisation, nous permet d'apporter une réelle valeur et de donner réellement du sens à notre travail.

L'impact de tout ceci sur l'environnement de travail est loin d'être négligeable, et contribue à le rendre nettement plus agréable et beaucoup moins stressant. Ça ne veut pas dire que nous ne sommes pas impliqués dans notre travail ; bien au contraire, la maîtrise dont nous disposons nous permet, en évitant les gaspillages (par exemple du temps perdu à analyser un bug qui n'aurait même pas dû être présent), de nous concentrer sur ce qui importe vraiment. En fait nous considérons, contrairement à la vision traditionnelle, que *travail* et *souffrance* ne sont pas synonymes.

Très vite, ce climat positif s'accompagne de la sensation plaisante du travail bien fait. Avec la pratique continue du craft, cette sensation s'installe de façon récurrente et dans le temps : à l'échelle d'une boucle TDD, d'un pomodoro, d'une journée, du développement d'une user story, d'un sprint et même du projet.

Ce plaisir du travail bien fait constitue un cercle vertueux : plus on prend de plaisir à bien travailler, et plus on produit un travail de qualité, et ainsi de suite. Le bien-être associé à la qualité du travail bien fait constitue une forme d'aboutissement du craft.

Il est important de noter cependant que les retombées positives ne sont pas forcément au rendez-vous dans un contexte toxique où les gens ont tendance à se blâmer.

3.4 Les crafters, des développeurs épicuriens ?

Historiquement, le développement d'applications est quelque chose de douloureux, associé aux horaires à rallonge, aux bugs en pagaille, aux nœuds au cerveau et aux ambiances toxiques. Pourtant, la plupart des crafters vivent leur activité de façon très plaisante : ils sont détendus, font des horaires normaux et s'amusent même en travaillant, ce qui ne les empêche pas de produire un travail de qualité à forte valeur ajoutée, et d'être reconnus pour leur performance et leur professionnalisme. Il est évident qu'on se lève le matin avec davantage d'enthousiasme quand on sait où on va, qu'on maîtrise ce qu'on fait, qu'on est confiant dans ses savoir-faire, et que la journée va être propice aux échanges de qualité, à la progression et au partage, ainsi qu'à la production de valeur, le tout sans être particulièrement stressé. Dans une moindre mesure, la plupart des pratiques craft présentent un aspect ludique : le fait de passer les tests au vert procure inconsciemment un sentiment de félicité, de la même manière que la construction progressive d'un code épuré au travers de la pratique en baby steps. Il en va de même pour les coding dojos qui sont souvent la garantie pour les participants de passer un bon moment.

3.5 Communication

L'image de quelqu'un qui murmure à l'oreille des ordinateurs, et qui serait presque incapable de discuter avec d'autres êtres humains, est traditionnellement ancrée au métier de développeur. Pourtant, et même si c'est contre-intuitif, être développeur, au-delà d'être bon technicien, c'est avant tout être un bon communicant. La clé du succès est de bien échanger et collaborer avec les autres, notamment les gens des métiers. Avant de commencer à écrire du code, il est capital d'être capable de comprendre le besoin, d'être en phase avec les problèmes du domaine à résoudre. Autrement, on va développer quelque chose qui fonctionne peut-être, mais qui ne répond pas au besoin initial et qui n'apporte donc aucune valeur.

Une fois le besoin compris, savoir expliquer la solution retenue, aux autres développeurs mais aussi au métier, constitue une grande qualité : être capable de vulgariser favorise la compréhension et renforce la confiance qui nous est accordée. La communication entre développeurs est également essentielle. Afin de renforcer l'efficacité et la fluidité du travail en équipe, on doit informer ou alerter en cas de difficultés, savoir demander de l'aide ou à l'inverse proposer son aide. Considéré comme un exercice plus difficile, prodiguer un feedback, même négatif (et savoir le recevoir) aide chaque membre de l'équipe à grandir.

Être solide techniquement est finalement un prérequis au métier de développeur. Mais, en fin de compte, ce sont surtout les compétences sociales, et principalement la capacité à communiquer, qui font la différence[1].

3.6 Art de la négociation et du compromis

On confond souvent le professionnalisme ou l'excellence avec la capacité à satisfaire toutes les demandes des utilisateurs et du management. Ces derniers, ayant conscience que l'ego est quelque chose de très présent chez nombre de développeurs, n'hésitent pas à recourir au chantage à la compétence (« Ah bon ? Je suis étonné que tu ne saches pas faire ça, ou que ça demande autant de temps ») pour obtenir ce qu'ils souhaitent. Leur répondre favorablement en toutes circonstances dessert tout le monde :

- ✓ le client obtient ce qu'il souhaite (ou pense souhaiter) et pas ce dont il (ou le métier) a réellement besoin ;
- ✓ les développeurs ont tendance à s'épuiser afin de faire plaisir et de ne pas être pris en défaut.

Partant de ce constat, il est important de savoir négocier avec ses interlocuteurs, et d'être capable de dire non quand la situation l'exige. Bien entendu, il n'est pas question de refuser toute sollicitation dans l'espoir d'avoir la paix, mais de pouvoir temporiser quand la demande paraît peu importante, même si elle est « urgente »[2], ou de savoir expliquer pourquoi la demande est peu pertinente si on estime qu'elle apporte peu de valeur métier.

Lorsqu'on négocie, on évite d'opposer un « non » ferme et tranchant : on propose plutôt des alternatives, on laisse le choix en avertissant des bénéfices, risques et conséquences possibles de chacune des options. Et quand il est très compliqué de répondre positivement, on peut offrir un compromis (en se basant par exemple sur une réduction du périmètre ou une augmentation du délai, ou, en dernier recours, sur une réduction temporaire du niveau de qualité). En étant très clair sur ce qui sera ou non de votre responsabilité, vous limitez les désillusions futures et les conflits pouvant en résulter. Ainsi, dans chaque situation, le demandeur doit pouvoir décider en connaissance de cause, et être prêt à assumer les risques qui lui ont été exposés.

---

1. La capacité à échanger est d'ailleurs de plus en plus scrutée attentivement lors des entretiens de recrutement. Il est courant de recaler des candidats même excellents techniquement s'ils sont incapables de s'exprimer correctement, parce qu'il est difficile de se projeter avec eux en tant que collègues.
2. Savoir distinguer ce qui est *important* de ce qui est *urgent* peut se révéler décisif. Dans la perception de la plupart des managers, tout est urgent, parce qu'étant régulièrement sous pression ils ont du mal à s'organiser correctement ou à faire la part des choses. Pour ne pas être soi-même submergé par les tâches à réaliser, il est utile de chercher à en savoir plus : à quoi ça va servir exactement, quelle est la valeur apportée, quelles sont les conséquences si la demande n'est pas traitée, quelle(s) tâche(s) faudrait-il déprioriser, etc. Face à ce crible, seules les demandes réellement importantes restent à traiter.

3.7 S'organiser pour minimiser la pression

La pratique du craft aidant à ce que les choses se passent mieux (qualité des développements, maîtrise de la production, progression continue, feedback permanent, visibilité sur la progression), on gagne en maîtrise et en sérénité et on réduit le stress. On réduit les bugs, on tient mieux les délais, les mises en production deviennent des non-événements. Pourtant, il n'est pas rare de subir des pressions de l'extérieur : métiers et management qui en veulent toujours plus, dépendances avec d'autres équipes, réorganisations fréquentes, etc.

Il est donc primordial, pour soi et pour les autres, d'être capable de résister à la pression. La communication et la capacité à négocier vont aider à poser des limites et à ne pas être confronté à des objectifs intenables. Le fait d'avoir la maîtrise sur ce qu'on fait est également essentiel :

- ✓ en gardant le focus pour éviter les distractions et ne pas se disperser, de façon à *faire du done*[1] ;
- ✓ en garantissant de la visibilité sur la progression de façon à recevoir des feedbacks réguliers ;
- ✓ en sachant diviser pour mieux régner, en décomposant les problèmes complexes en petites tâches ou sous-problèmes.

La bonne gestion du temps et de l'effort est évidemment cruciale. Le *time boxing* permet de limiter le temps passé sur certaines tâches, notamment exploratoires, mais aussi les réunions et discussions techniques, souvent chronophages. Pour garder une trace de ce qu'il reste à faire et ne pas en oublier au passage, on peut gérer une todo-list, sorte de backlog des micro-tâches de développement (lorsqu'on fait du pair ou du mob, c'est souvent le copilote qui la tient à jour). Comme tout backlog, il est nécessaire de le reprioriser fréquemment, en nettoyant au passage certaines tâches qui ne sont plus pertinentes, ce qui limite ainsi les gaspillages.

S'encourager pour faire au mieux et rester solidaire, tout en veillant à ce que personne ne fasse d'effort inconsidéré, excessif ou prolongé, améliore la résilience et la cohésion de l'équipe. Lorsque la pression devient insoutenable, il est tentant de renoncer à certains principes craft (comme ne plus tester, travailler solo ou ne plus prendre de temps pour refactorer) en pensant aller plus vite et tenir l'échéance. C'est évidemment une fuite en avant qui va rendre le contexte de travail de moins en moins vivable. Il est capital de rester droit dans ses bottes, de continuer à appliquer les bonnes pratiques et maintenir le savoir-faire. Idéalement, il faudrait même être capable de tenir tête au management et d'aborder une forme de décroissance positive, pour laquelle on préfère faire moins de choses, mais les faire beaucoup mieux.

1. Faire du done (ou *Getting Things Done*) est un principe de l'agilité qui nous exhorte à terminer les tâches en cours plutôt que d'en aborder de nouvelles en parallèle. Ce principe est décrit avec davantage de précision dans l'ouvrage *Getting Things Done: The Art of Stress-Free Productivity* de David Allen.

Au niveau individuel enfin, chacun peut trouver des techniques permettant de garder une certaine plénitude : respiration contrôlée, méditation, lâcher-prise sur les enjeux réels ou encore écoute de musique qui aide à rentrer dans un « flow » de travail efficace.

Quoi qu'il en soit, accepter la pression est un jeu très dangereux, qui va contribuer fortement à dégrader le climat de travail et les performances (au sens de la production de valeur réelle) de l'équipe. Nous ne sommes pas en train d'inciter à refuser toute forme de pression, mais seulement celles qui sont illégitimes, et cherchent à abuser de l'équipe ou sont contraires à ses valeurs et à son mode de fonctionnement. La pression positive qui vise à augmenter, de façon raisonnable et durable, les ambitions de l'équipe, est, elle aussi, bonne à prendre.

14 Craft 2.0

Comme décrit dans les chapitres précédents, le craft s'applique depuis ses débuts en 2009 à améliorer la qualité du code dans la durée. Mais une décennie plus tard, le contexte dans lequel interviennent les équipes de développement a changé. En 2009, la majorité des logiciels était des applications de gestion, souvent de taille importante, dans un langage de programmation populaire tel que Java ou .Net. Dix ans plus tard, si l'application de gestion de taille importante est souvent encore présente, elle est souvent accompagnée d'une application web à part entière qui tourne dans le navigateur. Les développeurs interviennent sur des architectures de microservices avec de fréquents appels réseau synchrones et asynchrones, ou sur des environnements spécialisés « data », de plus en plus souvent avec des algorithmes de machine learning. Enfin, l'application typique de 2009 était en général hébergée dans un data center dédié, tandis qu'une décennie plus tard tout est sur le cloud, ou en cours de migration pour y aller.

Dans toutes ces technologies qui se sont popularisées, appliquer ce qu'on connaît du craft ne va pas toujours de soi. Par exemple, tester pose des difficultés particulières sur les technologies data. Le cloud ne peut être simplement considéré comme un autre type d'hébergement, car ses caractéristiques propres amènent de nouveaux enjeux.

Pourtant, c'est notre conviction que les points d'attention du craft et la plupart de ses pratiques restent pertinents, mais avec des adaptations et des compléments.

1. ATTITUDES ET APTITUDES

Il est utile, pour analyser l'essence du craft, de distinguer entre attitudes et aptitudes.

Les **aptitudes** sont les capacités à produire un travail ; par exemple, savoir écrire est une aptitude, en général apprise à l'école.

Les **attitudes** en revanche sont la façon dont on se comporte lorsqu'on utilise ses aptitudes. Avec la même aptitude de savoir écrire, vous pouvez écrire avec des attitudes différentes : par exemple, « écrire de façon concise », avec comme attitude de chercher l'efficacité, ou « écrire de façon pompeuse », avec cette fois l'attitude de chercher à impressionner.

Dans nos métiers, nous appelons « aptitudes » la capacité de programmer dans des langages de programmation, la familiarité sur des technologies telles que les frameworks et les outils, la connaissance des services cloud, etc. Par-dessus ces aptitudes, le craft est un ensemble d'attitudes adaptées aux enjeux des logiciels actuels.

1.1 Focus sur des attitudes-clés du craft

En prenant du recul sur toutes les pratiques craft, on observe qu'elles s'appuient sur un nombre limité d'attitudes communes. Ces attitudes ont en commun de nous guider pour interagir efficacement avec des systèmes d'une grande complexité.

Rappelons que les attitudes suivantes sont typiques des pratiques craft :

- ✓ Commencer par le but à atteindre, ce qui se retrouve de façon évidente dans le développement dirigé par les tests, avec l'impératif d'écrire le test avant d'écrire le code, où le test est considéré comme le but à atteindre.
- ✓ Collaborer en continu dès le début, une idée au cœur du développement dirigé par le comportement (BDD) avec la pratique des ateliers de spécifications entre les 3 amigos.
- ✓ Collaborer au travers d'artefacts expressifs, une injonction au cœur du Clean Code avec l'importance accordée à rendre le code lisible, notamment par le nommage du code et des tests, entre autres principes.
- ✓ Limiter la taille des artefacts, à petite échelle avec la décomposition en méthodes courtes et les règles des objets callisthéniques, à l'échelle des classes, ou à grande échelle avec les modules ou microservices de taille limitée.
- ✓ Des façons de faire contextuelles, et donc différentes selon les contextes. Par exemple une technique de test telle que le Record-Playback, réputée peu maintenable, est contre-indiquée pour une utilisation pérenne, mais se révèle pourtant nécessaire comme une étape temporaire de mise sous test initiale de code legacy.
- ✓ Avancer par petits pas, les baby steps propres au développement dirigé par les tests (TDD) ou à la planification agile en itérations (Scrum).
- ✓ Chercher le feedback rapide (prouver la valeur en priorité, ou identifier les problèmes), avec l'impératif de faire passer les tests (ou les garder passants) au plus vite avant tout refactoring en développement dirigé par les tests (TDD).
- ✓ Rechercher la simplicité, comme illustré à merveille par les quatre règles de design simple de Kent Beck et l'injonction *Keep It Simple and Stupid!* (KISS).

Il est à noter que chaque attitude peut être atteinte par divers moyens, dont les techniques classiques du craft.

Cette liste n'est certainement pas exhaustive ni officielle, vous êtes libre de personnaliser votre propre liste d'attitudes à partir de ce que vous avez appris de votre propre pratique. Mais prêter attention aux attitudes craft est utile pour en transposer les bénéfices dans des nouveaux territoires.

1.2 Les mêmes attitudes appliquées à des aptitudes différentes

Face à une situation nouvelle, telle qu'un nouvel environnement technologique, se pose la question de comment décliner les attitudes craft, au prix d'un travail d'adaptation.

Considérons l'attitude « chercher le feedback rapide », qu'on atteint habituellement avec des tests unitaires rapides et automatisés ; si on intervient sur un système d'entrepôt de données (data warehouse), alors on est confronté à des contraintes fortes liées à la taille des données. Il faut ainsi adapter la mise en œuvre aux contraintes, parfois avec des compromis, tout en préservant l'attitude en elle-même.

Par exemple, pour des raisons de temps de démarrage, il sera peut-être nécessaire de grouper plusieurs cas de tests dans une même exécution, ou de conserver le jeu de données dans l'entrepôt de données, même entre des tests successifs, car charger puis purger de gros volumes de données à chaque test serait bien trop long. Malgré ces « écarts à l'idéal » dont il faut avoir conscience, il est possible d'atteindre l'essentiel des bénéfices visés.

Avoir en tête une vision du craft en termes d'attitudes permet ensuite de chercher parmi les pratiques existantes de l'état de l'art celles qui sont véritablement craft, même si elles n'en ont pas l'étiquette.

Dans des contextes tels que les contextes data, machine learning, serverless ou DevOps, qui semblent si différents du développement classique d'application, la question de l'application du craft revient à analyser les différences fondamentales entre ces contextes.

Dans le contexte par défaut, celui du développement classique d'application, l'attention du craft est entièrement sur le code, tandis que les données sont négligées, n'ayant comme seuls enjeux que leur validation et leur persistance. Enfin, les technologies utilisées sont devenues faciles à mettre en œuvre de façon répétée, en construisant par exemple autour d'un conteneur léger par microservices.

2. LE CRAFT EN CONTEXTE (BIG) DATA

En contexte data, l'attention se porte davantage sur les données et sur la difficulté de les déplacer pour des traitements. Les enjeux de volume, vélocité et variété nécessitent fréquemment l'utilisation de technologies et approches dédiées, par exemple du stockage et calcul avec Hadoop, des traitements massivement distribués avec Apache Spark, du streaming ou encore des approches de type *data lake*.

Les technologies dédiées data nécessitent une expertise spécifique, et surtout tendent à être de vastes plateformes centralisées et partagées.

Par conséquent, certaines attitudes, telles que « limiter la taille des artefacts » ou « collaborer en continu et dès le début » semblent inadaptées au contexte. Pourtant, l'approche *data mesh* propose précisément cette fusion du craft au contexte data en recourant à des techniques de virtualisation pour aménager des modules, en particulier grâce à des pipelines de déploiement dédiés. Dans chaque module (dans chaque data mesh) la taille de code et l'homogénéité des données restent limitées, tout en restant au sein des plateformes technologiques centralisées. En encourageant des équipes multi-compétences dans chaque module, il est alors possible de collaborer en continu et dès le début.

3. LE CRAFT EN CONTEXTE DEVOPS

Dans un tel contexte, le focus se situe sur l'intégration et le déploiement des applications, ainsi que le provisionnement de technologies comme les bases de données, services de messagerie ou annuaires de services. Historiquement il s'agissait d'un univers de ligne de commande et de scripts, qui a évolué avec des technologies telles que Puppet ou Terraform, où l'infrastructure est désormais considérée comme du code. Cette idée de « infrastructure as code » amène naturellement à tenter d'appliquer le craft directement au code d'infrastructure : les langages utilisés n'ont pas toutes les qualités des langages de programmation classiques, il leur manque par exemple un système de types pour éviter des erreurs et les capacités de refactoring automatisés des outils de développement.

Tout comme en contexte data, tester de façon unitaire dans un environnement vierge à chaque test est peu performant, ce qui peut conduire à des compromis. Tester qu'un composant est correctement déployé, ou qu'un service est allumé et bien configuré n'est pas aussi facile que de vérifier un résultat de calcul, mais les outils nécessaires existent, par exemple avec des bibliothèques d'assertions à utiliser dans les tests.

D'un autre côté, les langages de programmation utilisés tendent à être déclaratifs, ce qui correspond déjà à l'attitude de « collaborer au travers d'artefacts expressifs ».

4. LE CRAFT EN CONTEXTE MACHINE LEARNING

Dans ce contexte, le code et les données ont la même importance, ce qui est un changement radical par rapport aux autres contextes. Il s'ensuit naturellement que toutes les pratiques craft doivent s'appliquer aux données, en plus de s'appliquer au code : tester les jeux de données, les versionner, les documenter, les intégrer de façon continue, y appliquer des refactorings.

Mais comme le comportement d'un l'algorithme de machine learning dépend de son apprentissage sur les jeux de données, un point d'attention concerne le croisement du code et des données d'apprentissage. C'est un état de l'art en développement à l'heure de publication du présent ouvrage, sous des termes tels que MLOps ou CD4ML, auquel vous pouvez contribuer si vous avez lu ce livre et intervenez dans ce contexte.

De façon générale, les compétences acquises en développement d'applications restent pour beaucoup portables au prix d'un effort d'adaptation.

5. LE CRAFT EN CONTEXTE CLOUD & SERVERLESS

En contexte cloud, l'attention reste centrée sur le code, mais s'étend au coût d'exploitation des services, avec des conséquences majeures car par exemple les pratiques de test, de refactoring et de design peuvent désormais être guidées par les coûts, s'ajoutant des critères classiques de succès que sont la réponse correcte aux besoins et les performances.

L'optimisation des coûts en contexte cloud encourage par exemple à limiter la taille des composants, ce qui rejoint ainsi résolument l'attitude « limiter la taille des artefacts » propre au craft.

Mais le cloud managé, et en particulier les services dits *serverless* amène d'autres changements, comme la facilité d'introduire des échanges asynchrones, ou du streaming, entre services, et rend aussi raisonnable l'utilisation directe d'un stockage de données en frontal web sans compromettre la sécurité. La facilité d'usage des services cloud tend à démocratiser l'usage de ce qui était auparavant réservé à des architectes aguerris. En conséquence, l'architecture et l'infrastructure rejoignent les préoccupations quotidiennes des développeurs, et donc deviennent une forme de code, appelant ainsi, vous l'avez deviné, l'application des attitudes craft !

6. ÉVOLUTION ET SUITE DU CRAFT

Pour savoir comment appliquer le craft dans un territoire non familier, en faisant une recherche sur Internet avec les termes « craft », ou « TDD en xxx », vous avez des chances de trouver directement des éléments de réponse. Au-delà de ce qui existe déjà, il vous appartient de l'appliquer vous-même, au mieux de vos possibilités, avec la conviction que cela en vaut la peine.

Le craft, considéré comme un ensemble d'attitudes, reste remarquablement pertinent dans tous les contextes logiciels, même non standards, au prix d'un effort d'adaptation pour l'appliquer et en tirer les bénéfices. On pourrait ainsi conclure que le craft correspond aux pratiques nécessaires pour atteindre la maturité, et ce dans tout contexte.

En prenant du recul, on observe aussi que les pratiques, et les attitudes craft qu'elles incarnent, déplacent l'attention du système logiciel considéré seul au système « logiciel plus les équipes qui en ont la responsabilité ». C'est donc une perspective de plus en plus socio-technique, les collaborations entre humains ne pouvant plus être négligées.

Enfin, on peut chercher à comprendre les raisons qui feraient que les attitudes craft semblent aussi universelles. La raison, à notre avis, découle en partie de la remarque précédente : les attitudes craft sont pertinentes car ce sont les attitudes adaptées pour interagir avec des systèmes authentiquement complexes.

Les systèmes logiciels sont aujourd'hui éminemment complexes parce qu'ils sont avant tout socio-techniques, ils héritent donc de la complexité des relations entre humains. Les technologies n'ont jamais été aussi faciles à mettre en œuvre[1], ce qui permet de les utiliser pour s'attaquer à des ambitions toujours plus grandes, jusqu'à découvrir que c'est nous, les humains en charge, qui sommes devenus la principale limitation à nos propres ambitions. Le craft, ses attitudes et toutes les pratiques qui en découlent ne sont donc jamais que des réponses à la nature humaine et à ses limites cognitives.

1. Même si, en contrepartie, la très grande profusion de technologies et leur évolution continue peuvent donner le tournis, en nécessitant un effort de veille permanent.

15 IA et Craft

1. LE RAZ DE MARÉE DE L'IA GÉNÉRATIVE

Si le terme d'Intelligence Artificielle (IA) a été introduit dans les années 50[1], ce sont les capacités impressionnantes de GPT d'OpenAI[2] en 2020 qui ont déclenché un immense engouement pour le sujet de l'IA générative, dite GenAI. Rarement une technologie n'a autant, ni aussi vite, monopolisé l'actualité et les investissements des entreprises.

Une IA générative s'appuie le plus souvent sur un modèle de langage (LLM, pour Large Language Model) qui résulte d'un entraînement par apprentissage auto-supervisé sur de gigantesques bases de données extraites de multiples sources. Une fois entraîné, le modèle peut générer des textes, images, vidéos en réponse à des instructions, le fameux 'prompt', généralement en langage naturel dans un chat.

ChatGPT d'OpenAI, et Mistral[3] constituent ainsi des exemples de GenAI disponibles actuellement sous forme d'un chat interactif, tandis que Microsoft Copilot[4] est un exemple de GenAI intégré dans les IDEs pour développer du code avec une aide contextuelle.

1. https://cnam.hal.science/hal-02471743/document
2. https://openai.com
3. https://mistral.ai
4. https://copilot.microsoft.com

1.1 Des possibilités nouvelles

Les modèles d'IA générative offrent des possibilités nouvelles pour adresser des cas d'utilisation auparavant hors d'atteinte, comme la conversion de documents ou média non structurés (comme le texte naturel, la voix, l'image ou la vidéo) en données structurées, ou vice-versa, comme la génération de contenus, la traduction automatique, la création de résumé, la conversion de registre et de ton de voix, l'extraction d'intention. Ils permettent aussi la génération de code logiciel et de tests à partir de demandes en langage naturel.

L'IA générative offre ainsi un potentiel d'automatisation en relation client, support utilisateurs, aide au montage vidéo, jeux vidéo avec interface en langage naturel et tous les cas d'utilisations qui peuvent s'accommoder des risques d'erreurs des modèles et de leur coût.

1.2 Des limites à bien connaître

Ce potentiel fabuleux s'accompagne cependant de limites, la principale provenant du risque de produire des résultats incorrects, souvent appelé 'hallucinations'. S'il est possible de minimiser cet effet indésirable en apprenant l'art d'écrire des prompts efficaces, (voir plus loin), les hallucinations restent un problème sans solution à moyen terme

Cela nécessite de vérifier avec une grande vigilance la qualité et la pertinence des résultats, ce qui prend du temps et vient annuler une partie des bénéfices de la génération.

La confidentialité constitue une autre limite des modèles IA en mode SaaS, avec le risque que des employés incluent dans leur prompt des données personnelles ou des secrets d'affaire qui sortent alors du cadre sécurisé de l'organisation.

Enfin, une limite significative de l'IA générative est aussi tout simplement son coût financier (et le coût carbone associé). En effet, si l'entraînement est particulièrement coûteux, l'inférence (l'utilisation du modèle) reste coûteuse aussi, même si la politique prix d'un fournisseur peut temporairement cacher ce coût.

1.3 L'Impact de l'IA sur les professions du logiciel

A l'heure où certaines entreprises annoncent déjà avec fracas remplacer une partie de leurs équipes de développement par des outils IA, l'essor de cette technologie et son potentiel impressionnant suscitent de nombreuses questions et fantasmes dans le monde du développement logiciel :

- ✓ Par ses capacités d'écriture de code, l'IA va-t-elle remplacer les développeurs ?
- ✓ Avec son impressionnante érudition technique, l'IA va-t-elle éliminer le besoin de compétences approfondies en code ou en craft, telles que celles présentées dans ce livre ?
- ✓ Avec ses capacités d'écriture de tests, l'IA va-t-elle éliminer l'intérêt de pratiquer le Test-Driven Development ?
- ✓ Enfin, par sa capacité à manipuler de grandes quantités de données, l'IA pourrait-elle résoudre le problème de maintenir du code legacy ?

Les retours d'expérience à ce jour suggèrent des réponses à ces questions plutôt négatives, sans nier pour autant l'impact de la technologie.

Pour résumer cela :

- ✓ l'IA aide le travail de développement logiciel, mais sans remplacer les professions associées ni éliminer les besoins en compétences.
- ✓ Le besoin de compétences approfondies, telles que le craft, pour bien guider les outils d'IA va être exacerbé pour le développement professionnel : quand on a

une baguette magique, c'est l'art de bien exprimer nos attentes qui devient la principale difficulté !

- ✓ Enfin, l'IA rend plus accessible la création de logiciels par des non professionnels, à la manière des logiciels construits à partir de Microsoft Excel ou de solutions « no-code ». Et de façon similaire aux solution Excel ou no-code, les logiciels ainsi construits devront nécessiter l'intervention de professionnels du logiciel pour les reprendre en main lorsque la complexité accumulée dépassera les compétences de leurs créateurs.

2. APPLICATIONS DE L'IA GÉNÉRATIVE POUR LE DÉVELOPPEMENT LOGICIEL

Les développeurs et les développeuses peuvent utiliser l'IA de multiples façons, dont la plus évidente est l'assistance à l'écriture ou à l'édition du code.

2.1 Assistance à l'édition de code

L'intégration de l'IA générative dans les IDEs comme Microsoft VsCode et IntelliJ de Jetbrains avec Copilot offre une auto-complétion de code souvent plus pertinente et plus puissante que les outils antérieurs. Certains IDEs ont même été créés spécifiquement pour utiliser l'IA, comme Cursor. Même sans intégration IDE, avec un simple prompt il est aussi possible de bénéficier de l'IA pour travailler efficacement sur du code.

L'auto-complétion par IA est particulièrement efficace pour le nommage du code, de façon idiomatique et davantage orientée métier, et ce dans de nombreuses langues.

Cette auto-complétion peut aussi proposer des alternatives de code au-delà des traditionnels remplacements de boucles ou inversion des conditions d'un `if`.

En auto-complétion ou par chat, l'IA aide à découvrir, comprendre et utiliser des technologies non familières, en apportant des réponses et des extraits de code plus pertinents et davantage adaptés à un contexte précis qu'une simple recherche web.

Cela dit, les modèles IA tentent souvent de résoudre le problème entier d'un coup, même quand on demande expressément dans le prompt d'avancer par petits pas.

2.2 L'IA générative comme partenaire de pair-programming

À défaut de pouvoir collaborer avec des collègues en binômage, en mob-programming ou en revue de code, il devient possible d'utiliser l'IA comme collègue virtuel, qui peut suggérer des critiques sur le code avec un point de vue différent du nôtre. Lorsqu'on est seul(e) et en difficulté face à son écran, faire appel à l'IA sera plus efficace que de s'adresser à un canard en plastique.

Les modèles de langage d'IA générative étant entraînés à partir de vastes corpus de données, tel que tout le code source accessible sur Internet, ils ont ainsi tendance à donner des réponses qui représentent la moyenne des points de vue de tous les professionnels du logiciel.

C'est à la fois une limite, car la qualité des réponses est donc moyenne par définition, mais aussi un avantage quand il s'agit de s'assurer que notre code sera compris par les autres, en moyenne.

Le pair-programming cependant est davantage que de la revue continue : c'est aussi une forme de partage de savoirs dans la durée du projet, ainsi que la concrétisation de la propriété collective du code. C'est aussi apprendre à se connaître et à se faire confiance ; demander une revue par l'IA ne remplace pas tout ça.

2.3 Générer des spécifications, du code ou des tests

La capacité certainement la plus fascinante de l'IA est de pouvoir générer aisément des grandes quantités de code, d'exemples, de spécifications détaillées et de tests. Cela permet ainsi de contourner la frustration de la page blanche, d'accéder à des idées de conceptions auxquelles on n'aurait pas pensé.

Certains outils peuvent meme créer un « proof of concept » complet d'une application exécutable que l'on peut immédiatement utiliser : cela permet ainsi de vite découvrir à l'usage tout ce qui va ou ne va pas dans la compréhension du besoin.

En principle, tout cela permet évidemment aussi de faire le travail à notre place, en produisant le code, les tests, les spécifications et la documentation, qu'il « suffit » ensuite de vérifier.

Malheureusement, tout cela vient avec un risque d'hallucination qui se traduit par des bugs ou des failles de sécurité parfois bien cachées, exigeant donc une vérification attentive, par exemple par une relecture humaine compétente. Mais relire le code pour le vérifier n'est ni rapide ni agréable, avec donc le risque de le faire superficiellement.

De plus, la quantité de code, d'exemples ou de tests d'un projet représente aussi la surface de ce qui est à maintenir dans la durée. Il serait ainsi particulièrement contre-productif de générer sans retenue, à moins que le refactoring de legacy ne soit un problème résolu. Cela n'est pas le cas à ce jour.

2.4 L'IA générative pour refactorer du legacy

Une large part du temps de travail de développement logiciel n'est pas consacrée à écrire du code, mais à tenter de comprendre puis modifier du code existant. Il s'agit de s'assurer qu'une modification aura l'effet désiré, et n'aura pas d'effet indésirables, dans le reste du système. C'est un défi dans des projets de grande taille, où la quantité d'information à appréhender dépasse les limites cognitives de nos cerveaux.

Les modèles d'IA générative sont capables de manipuler de vaste quantités de données, directement ou par des techniques d'augmentation telles que RAG. Cela suggère de pouvoir peut-être enfin étudier et modifier des grandes quantités de code en masse, de façon automatique, ou semi-automatique.

Adam Tornhill de CodeScene a étudié cet usage de l'IA générative au refactoring de legacy et a partagé les retours dans la publication intitulée Refactoring or refucturing[1]

Il observe que les solutions IA existantes ne réussissent des refactoring corrects que dans 37% des cas :

- ✓ parfois, le code proposé n'est même pas conforme aux normes du langage, c'est-à-dire qu'il ne compile pas
- ✓ plus fréquemment, la qualité de code n'est pas réellement améliorée malgré les apparences, et est même régulièrement dégradée. Par exemple le code ne respecte pas les normes et standards de l'équipe
- ✓ enfin, le code contient parfois des régressions subtiles (des bugs sont introduits).

L'IA pour intervenir sur du code legacy reste pourtant un sujet prometteur, d'autant que les pratiques craft et en particulier les pratiques de testing donnent des pistes de contre-mesures pour remédier les erreurs de l'IA.

3. TECHNIQUES DE PROMPTING POUR LE DÉVELOPPEMENT LOGICIEL

Depuis l'arrivée de la recherche Google il y a quelques années, les utilisateurs les plus aguerris ont appris à utiliser des mots-clés spécifiques dans la barre de recherche pour avoir de meilleurs résultats de recherche. De façon similaire, il est possible de renforcer l'efficacité de l'utilisation de GenAI.

Une IA générative est semblable au génie dans la lampe d'Aladin ou à une baguette magique, et comme dans les histoires de fiction, bien exprimer son vœu correctement n'est pas chose facile.

Bien formuler ses questions et instructions afin d'être bien compris par l'IA, et ainsi d'obtenir ce qu'on désire, demande de l'attention et des techniques regroupées sous le terme d'ingénierie de prompt, ou prompt engineering, ou encore prompting.

1. https://codescene.com/hubfs/whitepapers/Refactoring-vs-Refuctoring-Advancing-the-state-of-AI-automated-code-improvements.pdf

3.1 Astuces de prompting

Dans l'état de l'art du prompting, on trouve de nombreuses recommandations, ainsi que des patterns pour guider l'écriture de prompts[1]. Voici quelques recommandations parmi les plus fréquentes :

- ✓ Langage spécifique : un prompt doit être clair, spécifique et suffisamment descriptif. Il vaut mieux utiliser un langage simple et facile à comprendre et éviter les termes vagues, car la qualité de la réponse de l'IA dépend fortement de la précision de la demande.
- ✓ Contexte : il est important de fournir un contexte au prompt pour aider l'IA à comprendre le scénario ou l'objectif. Cela inclut généralement de décrire qui on est (notre persona, par exemple : « Je suis développeur expérimenté et software crafter »), notre intention (par exemple : « Je veux rendre le code plus lisible »), et le cas échéant à qui on s'adresse.
- ✓ Format de réponse attendu : il est possible spécifier le format souhaité lorsque c'est important, par exemple : puces, paragraphes, listes, Json, syntaxe pour un outil de visualisation etc.
- ✓ Guidé par les exemples : il est tout à fait possible de fournir des exemples de résultats attendus pour renforcer la précision des réponses
- ✓ Créativité : si besoin, on peut poser des questions plus ouvertes qui encouragent des réponses détaillées et laisser plus de liberté dans les instructions, afin de stimuler la créativité dans les réponses
- ✓ Définition de contraintes : définir des restrictions permet d'affiner et de rendre les réponses plus spécifiques
- ✓ Processus itératif : itérer et affiner jusqu'à obtenir une réponse satisfaisante (ou se convaincre qu'on n'obtiendra pas de réponse adaptée) fait partie de l'exercice. On peut commencer par un prompt de base et l'affiner en fonction des réponses reçues, en l'ajustant pour plus de détails ou de clarté si nécessaire. La nature interactive du prompting rend cette activité, par essence, itérative
- ✓ Audience cible : il est souvent utile de tenir compte de la cible, en adaptant le prompt au public visé, en ajustant le ton, la complexité et le contenu en conséquence.

Tous ces points se rejoignent finalement et se complètent. Par exemple le prompt suivant est relativement vague :

```
Handle errors in this function.
```

Mais il peut être rendu beaucoup plus précis avec la formulation suivante :

```
Modify the `read_file()` function to handle errors using a try-except
```

1. Prompt Pattern Catalog to Enhance Prompt Engineering with ChatGPT, Jules White et. al. 2023. https://arxiv.org/pdf/2302.11382

```
block. Ensure that it catches FileNotFoundError and outputs an error
message if the file does not exist.
```

Les outils IA intégrés à nos IDE proposent même des commandes fonctionnant comme des raccourcis de prompt. Il s'agit de mots clés qu'on peut utiliser dans le contexte de l'IDE. Ces mots-clés peuvent changer d'un IDE à un autre, aussi n'hésitez pas à consulter la référence de votre IDE pour connaître les mots-clés supportés.

En voici quelques exemples :

- ✓ `/explain` pour demander une explication du code sélectionné,
- ✓ `/generate` pour générer du code correspondant à un texte,
- ✓ `/refactor` pour demander à refactorer le code sélectionné,
- ✓ `/fix` pour demander à corriger du code sans plus de contexte,
- ✓ `/test` pour créer un test pour le code sélectionné,
- ✓ `/document` pour générer une documentation,
- ✓ `/optimize` pour améliorer les performances du code sélectionné,
- ✓ `/translate` pour traduire le code sélectionné d'un langage à un autre.

3.2 Pratique du prompting avec le Kata Currency Converter

Afin de s'exercer au prompting, il est tout à fait possible de s'appuyer sur un kata et de le réaliser intégralement avec les outils IA, en s'imposant la contrainte suivante : ne rien écrire soi-même, tout le code doit être produit par l'IA. On peut davantage tirer profit de l'exercice lors d'un atelier collectif pour apprendre ensemble et confronter les retours.

Prenons le kata de conversion de devises en guise d'exemple, dont l'objectif est de convertir un montant d'une devise source vers une devise cible. Par exemple, la conversion de 10 EUR en USD donne 11.33 USD. Le taux de change est fourni par un service externe à notre code applicatif.

L'exercice semble facile, avec la capacité supposée de tout produire en un seul prompt. Mais le résultat obtenu comporte un nombre significatif de lacunes, en particulier :

- ✓ Le montant doit être un nombre positif
- ✓ Certaines devises, comme le Yen (JPY), ne gèrent pas de décimales
- ✓ D'autres, au contraire, s'appuient sur 3 décimales comme le Dinar tunisien (TND) ou le dinar jordanien (JOD)
- ✓ L'arrondi doit se faire à l'inférieur
- ✓ Lorsque le service de taux n'est pas disponible, le dernier taux connu doit être utilisé, sinon la conversion est impossible

✓ La conversion est impossible lorsque la devise n'est pas connue

✓ Parfois, on a besoin d'une devise de référence ou devise pivot comme l'EUR ou l'USD.

Il est important également de garder à l'esprit que les katas classiques et leurs solutions sont très bien connus des IA génératives, puisque étant très documentés, ils ont fait partie du corpus d'entraînement.

3.3 Soigner le code pour les autres humains mais aussi les assistants IA

La qualité et la clarté du code ne constituent pas des atouts à seule destination des développeurs, mais également pour les outils et assistants IA qui les accompagnent. En mettant un soin particulier à rendre le code descriptif et bien structuré, on améliore non seulement sa lisibilité, mais également la pertinence des suggestions générées par l'IA. Un langage clair et descriptif est essentiel : il réduit le nombre d'itérations nécessaires pour atteindre un résultat satisfaisant et guide efficacement l'IA dans la compréhension des intentions des développeurs. Par exemple, un nommage précis et pertinent des variables, des fonctions ou des classes permet à l'IA d'anticiper avec justesse la suite du code ou de proposer des solutions alignées avec les objectifs visés. En soignant ces aspects, on établit un cadre collaboratif où humains et IA peuvent co-créer de manière plus fluide. Un meilleur nommage devient donc plus que primordial dans le code à l'ère de l'IA !

3.4 Prompting et Behavior-Driven Development (BDD)

Considérons un exemple de prompt pour promouvoir les bonbons sur les réseaux sociaux, et appliquons les recommandations de prompt mentionnées précédemment, ce qui nous donne le prompt ci-dessous (les commentaires entre parenthèses ne font pas partie du prompt) :

```
Je suis un revendeur de bonbons. (qui je suis, mon persona)

Je veux encourager tout le monde à manger plus de bonbons. (mon
intention)

Je vise les moins de 25 ans connectés. (à qui je m'adresse, le persona
de l'audience)

Écris une série de 10 messages à diffuser chaque jour sur TikTok et
sur Instagram. Les messages sont spécifiques à chaque réseau social et
respectent son style et ses limites techniques. (demande spécifique)

Retourne la réponse et rien d'autre. N'ajoute pas de résumé. S'il
manque une information clé à ce prompt, retourne simplement "je ne
sais pas faire". (instructions de réponse)
```

```
Rédige les résultats en français et en JSON dans un tableau de
messages, chacun avec 3 propriétés : nom du réseau social, numéro de
message, contenu du message. Le contenu du message doit contenir le
hashtag #CandyForever. (instructions de format de réponse)


Exemple de résultat, simplifié pour seulement TikTok et une série de 1
message :
{
  messages: [{ social-network: "TikTok",
  message-number: 2,
  message-content: "les bonbons c'est trop stylé #CandyForever"}]
}
```

Comparons le prompt qui précède et ses éléments de contexte avec la formalisation en syntaxe Gherkin des conversations d'une approche BDD.

```
Feature: Diffuser des séries de message sur les réseaux sociaux
  En tant que vendeur de bonbons (qui je suis)
  Je veux diffuser des messages sur le réseaux sociaux (ma demande)
  Afin d'encourager tout le monde à manger plus de bonbons (intention)


  Le ton des messages doit être adapté à un public de moins de 25 ans
connecté. Chaque série de 10 messages  est à diffuser chaque jour sur
TikTok et sur Instagram. Les messages sont spécifiques à chaque réseau
social, en français, en syntaxe JSON. Le contenu du message doit
contenir le hashtag #CandyForever.


Example: Le résultat est structuré en JSON
  Étant donné le réseau social TikTok
  Quand je demande une série de 1 message
  Alors j'obtiens le résultat suivant:
  """
  {
    messages: [{ social-network: "TikTok",
    message-number: 2,
    message-content: "les bonbons c'est trop stylé #CandyForever"}]
  }
  """
```

Il est important de noter les similitudes entre l'art d'écrire des prompts pour une IA et l'art de spécifier avec BDD pour des humains. C'est une bonne nouvelle : le temps investi à mieux pratiquer BDD sera utile pour faire du prompt, et réciproquement.

On peut cependant remarquer que l'approche craft et BDD suggérerait ici de séparer la spécification du contenu (type d'audience et réseau, présence du hashtag, notion de série et de messages journaliers), des instructions de forme (syntaxe et structuration JSON), contrairement aux approches actuelles de prompt.

Il existe bien entendu des techniques et patterns de prompt plus sophistiqués, comme le « Chain of Thought Prompting » ainsi que les techniques d'augmentation et de défense contre les injections de prompt, mais tout cela sort du sujet de ce livre.

BDD est une approche de conversation permettant de faire apparaître au plus tôt les ambiguïtés, pour ensuite exprimer de façon plus précise ce qu'on cherche à obtenir, et là encore, les bonnes pratiques de prompt donnent des recommandations similaires, mais lors d'une conversation avec l'IA.

C'est ainsi une bonne idée de compléter un prompt par une instruction comme « Reformule ma demande en d'autres termes », pour ensuite vérifier l'interprétation par le modèle IA (c'est le pattern de prompt 'Reflection').

Une variante est de demander « Donne-moi la liste des ambiguïtés de ma demande ». Dans notre exemple précédent, le modèle pourrait révéler une ambiguïté de format : les séries de messages doivent-elles être dans un seul tableau, ou dans un tableau par réseau social ?

En BDD, c'est typiquement le développeur ou la développeuse présent(e) lors de la session de « 3 amigos » qui aurait exprimé cette ambiguïté !

En conclusion, il n'est guère étonnant que des pratiques adaptées à mieux travailler avec des humains convergent vers des pratiques adaptées à des technologies qui tentent d'imiter au plus près des humains.

Finalement, le prompt engineering, c'est-à-dire bien se faire comprendre par une IA, c'est toujours du développement logiciel, et c'est très semblable à la pratique de BDD.

Jason Gorman : « *It seems to me that anyone who can describe what they want a computer program to do unambiguously enough to get the program they really want is a programmer. And any language in which such an unambiguous specification can be captured is a programming language.*[1] »

3.5 La connaissance du craft pour mieux utiliser l'IA

Une bonne connaissance des pratiques craft est déterminante pour savoir exprimer un bon niveau d'exigence dans ses prompts.

Par exemple, pour renforcer la qualité du code généré, il est possible de préciser : `Je suis un développeur crafter expérimenté` ou encore `Je suis crafter. Je maîtrise les principes SOLID.` en début de prompt. Il est crucial de savoir indiquer avec précision le résultat souhaité.

D'une manière similaire, pour générer des scénarios BDD bien écrits, ou les faire réécrire pour les améliorer, il est utile d'exprimer : `Je pratique BDD en prenant`

1. https://bsky.app/profile/jasongormanuk.bsky.social (nécessite une connection Bluesky)

`grand soin du langage métier dans les scénarios.` en début de prompt pour améliorer la pertinence des résultats.

Gardez en tête que l'IA générative reproduit par défaut le niveau d'exigence de la moyenne des exemples sur lesquelles elle a été entraînée, et ces exemples ne sont pas toujours pertinents ou de bon goût. Il revient donc à vous, qui donnez les instructions à l'IA, de trouver comment bien transmettre votre niveau d'exigence qualité dans vos prompts, en s'appuyant en particulier sur les concepts craft de ce livre.

4. IA ET AUTOMATISATION, AU CŒUR DE NOMBREUX PARADOXES

« Bientôt il n'y aura plus besoin de développeurs ! » Cette phrase est régulièrement entendue en parlant des avancées de l'IA générative, et pourtant elle est presque aussi ancienne que les logiciels eux-mêmes.

L'invention des langages de programmation amenait un tel gain de productivité (comparé au langage machine) que la fin du métier semblait proche. Puis les langages de programmation structurés, puis la modélisation objet avec des notations visuelles (Model-Driven Architecture) et les ateliers logiciels avec éditeur visuels (L4G) ont chacun leur tour promis la fin des métiers de programmation.

Pourtant, le nombre de professionnels du secteur logiciel n'a cessé de croître au fur et à mesure de ces innovations qui décuplaient leur productivité. Cela est lié à plusieurs paradoxes populaires, qui restent aussi pertinents pour l'IA générative que pour les innovations précédentes.

4.1 Le paradoxe de Jevons

Aussi appelé « effet rebond », le paradoxe de Jevons[1] énonce qu'à mesure que les améliorations technologiques augmentent l'efficacité avec laquelle une ressource est employée, la consommation totale de cette ressource peut augmenter au lieu de diminuer.

Selon cet effet, l'IA qui permet de produire des logiciels avec moins de personnes dans un rôle de développement va en fait conduire à un besoin encore plus grand de personnes dans un rôle de développement logiciel.

4.2 Le paradoxe de l'automatisation

Depuis l'automatisation des avions, en particulier avec Airbus dans les années 60, les équipages ont été réduits de 5 personnes à 2, et la sécurité a été améliorée.

Cependant, un paradoxe est rapidement apparu : plus le taux d'automatisation est élevé, plus les pilotes doivent avoir des compétences élevées pour réagir à des

1. https://fr.m.wikipedia.org/wiki/Paradoxe_de_Jevons

situations plus rares et plus complexes, tandis que cette même automatisation (par exemple le pilotage automatique) réduit significativement la pratique du pilotage nécessaire pour acquérir ces compétences élevées.

Il faut beaucoup plus de formation et d'expérience, pas moins, pour piloter des avions hautement automatisés», confirme Chesley Sullenberger, un capitaine de bord interrogé par le site Wired[1].

Cela rejoint les retours de l'utilisation de l'IA dans le code. Pour bien utiliser GenIA, il faut des compétences de code plus avancées, telles que celles décrites dans le présent livre.

4.3 Le paradoxe de Moravec

Le paradoxe de Moravec[2] peut se résumer à l'idée que « le plus difficile en robotique est souvent ce qui est le plus facile pour l'homme ». Cela a été observé dès 1980 par des chercheurs en intelligence artificielle et en robotique, notamment Hans Moravec, Rodney Brooks et Marvin Minsky.

Ce paradoxe relève du caractère particulièrement contre-intuitif des défis de l'automatisation par opposition à la difficulté ressentie par les humains : les capacités en raisonnement mathématiques, par exemples sont bien plus faciles à automatiser que celles de comprendre ou parler en langage naturel.

Ce paradoxe avertit contre la tentation d'extrapoler les progrès de l'IA : une extrapolation du type « si l'IA arrive à faire ceci qui est impressionnant, alors elle pourra bientôt faire cela » risque fort d'être déçue à court terme.

4.4 Quel type d'IA, ou pas d'IA

Même si ce chapitre privilégie l'IA générative, l'IA n'est pas que générative, et l'IA générative ne remplacera pas toute l'IA, ni même tout le développement logiciel classique. Les modèles de machine learning (ML) classiques que les data scientists mettent au point ont et auront toujours leur place, et restent privilégiés pour les utilisations sensibles comme le domaine médical.

Le panorama des solutions technologiques pour répondre à un besoin donné est donc désormais vaste, entre code déterministe (Java, Python etc. ou même No-Code), Machine Learning 'classique' (Decision-Trees, Random Forest, Deep Learning etc.) et l'IA générative (Mistral, Copilot, OpenIA etc.).

Quand on a un besoin à automatiser, quelle solution est alors la mieux adaptée ? Est-ce qu'un algorithme en code peut suffire ? Doit-on créer un modèle de machine

1. https://www.wired.com/story/opinion-the-plane-paradox-more-automation-should-mean-more-training
2. https://fr.m.wikipedia.org/wiki/Paradoxe_de_Moravec

learning dédié ? Peut-on s'appuyer sur un modèle de langage et mettre au point un prompt efficace ?

Voici quelques critères pour aider à qualifier votre besoin, critères à confronter ensuite aux avantages et inconvénients de chaque technologie :

✓ Nature des données : textuelles, visuelles, mixtes

✓ Objectif du projet : prédire, classer, générer, optimiser

✓ Complexité du besoin : Règles fixes ou environnement dynamique

✓ Budget et infrastructure : Ressources pour entraîner et maintenir l'IA

✓ Explicabilité : Nécessité d'expliquer les décisions prises par l'IA

✓ Actionnabilité : Capacité de pouvoir agir à partir de la réponse

Ces critères de choix sont à définir lors du cadrage et de l'exploration du besoin conjointement avec des interlocuteurs métier, bien entendu.

Le code déterministe restera le premier choix sur des données structurées et quand on sait décrire le traitement à effectuer, ainsi que dans les cas où des garanties fortes de comportement sont requises.

Si le choix se porte sur une approche de machine learning, les données seront alors collectées, nettoyées et transformées pour permettre l'entrainement du modèle choisi, qui sera ensuite évalué, en identifiant ses faiblesses pour l'optimiser et l'améliorer. Puis le modèle sera déployé en production et surveillé pour détecter ses éventuelles dérives. Ces solutions sont mises au point par des data scientists et des data engineers, qui ont des compétences spécifiques. Cela dit le sens de l'histoire est que les techniques de software engineering, dont le craft, gagnent en importance dans les solutions machine learning.

Enfin, si le choix se porte sur l'IA générative, il s'agira alors de choisir une architecture, par exemple avec des agents. Le choix de chaque modèle devra concilier coût et performance, par exemple un petit modèle de langage spécialisé (SLM) suffit pour catégoriser du spam ou détecter une intention dans un email client. Chaque prompt sera soigneusement rédigé jusqu'à obtenir les résultats attendus, en intégrant des défenses contre le risque de prompt injection le cas échéant. Enfin, si le prompt doit être augmenté par des données de grande taille, il faudra considérer des patterns comme RAG (Retrieval-Augmented Generation).

Et que ce soit du code, du ML ou de l'IA générative, un framework aidera probablement à rendre votre code adapté pour l'utilisation en production.

5. IA ET ENJEUX DE SOCIÉTÉ

Au-delà de la seule industrie logicielle, l'IA générative soulève des défis sociétaux qui ne doivent pas être sous-estimés.

5.1 Enjeux éthiques

Les défis éthiques de l'intelligence artificielle (IA) se concentrent sur plusieurs aspects, parmi lesquels la transparence, l'équité, la protection des données et la responsabilité. La transparence reste un défi majeur en raison de la complexité croissante des systèmes d'IA, rendant leur fonctionnement difficile à comprendre pour les utilisateurs et même pour leurs concepteurs.

Par ailleurs, l'IA doit être conçue pour éviter les biais et garantir une équité pour tous, car les discriminations ou préjugés involontaires intégrés dans les algorithmes peuvent avoir des conséquences graves. Rappelons l'affaire de l'algorithme de recrutement d'Amazon entre 2014 et 2017. En effet, Amazon a développé un outil de recrutement basé sur l'IA qui s'est avéré discriminatoire envers les femmes. En s'entraînant sur des données historiques, l'algorithme privilégiait les candidatures masculines, reflétant les tendances sexistes du passé où les hommes étaient majoritaires dans les postes techniques. Amazon a finalement abandonné l'outil après avoir constaté ce biais.

La protection des données personnelles est également essentielle, car l'utilisation croissante de l'IA repose sur de vastes quantités d'informations sensibles, ce qui soulève des préoccupations en matière de confidentialité. Rappelons l'affaire en 2019 d'Apple qui a été critiquée après que des sous-traitants eurent révélé qu'ils écoutaient des enregistrements vocaux de Siri sans le consentement explicite des utilisateurs. Ces données étaient utilisées pour améliorer les performances de l'assistant vocal, mais incluaient parfois des informations sensibles. Apple a par la suite suspendu cette pratique et introduit des options permettant aux utilisateurs de refuser la collecte de données.

Enfin, la responsabilité des décisions prises par l'IA doit être clairement définie, afin d'éviter les zones d'ombre dans l'attribution des torts et des réparations en cas d'erreurs ou de dommages causés par ces technologies. En 2018, une voiture autonome d'Uber a percuté et tué une piétonne, en Arizona, marquant le premier accident mortel impliquant un véhicule sans conducteur. L'affaire a soulevé des questions sur la responsabilité en cas d'accidents impliquant des systèmes autonomes : fallait-il tenir Uber, le fabricant des capteurs, les développeurs de l'IA, ou l'opérateur humain dans la voiture pour responsables ? Finalement, Uber a conclu un accord avec la famille de la victime, mais cet incident reste un cas d'école sur l'attribution de la responsabilité dans les décisions des IA autonomes.

Tous ces enjeux exigent une approche rigoureuse et collaborative pour que l'IA puisse évoluer de manière éthique et bénéfique pour tous.

Un dernier enjeu éthique de l'IA en général est que l'IA pourrait déséquilibrer le rapport de forces entre employeurs et employés qualifiés, tels que les développeurs et développeuses, en rendant leur remplacement envisageable. Cette perspective pourrait conduire à une exploitation accrue et à l'acceptation de conditions de travail et de salaires moins favorables, dans une logique capitaliste.

5.2 Enjeux environnementaux

L'éthique environnementale de l'IA soulève des préoccupations croissantes face à son impact écologique. L'entraînement de grands modèles d'IA, comme ceux utilisés pour le traitement du langage ou la vision par ordinateur, nécessite des quantités massives d'énergie, tout comme les coûts d'inférence associés à leur déploiement. Ces besoins énergétiques sont amplifiés par des infrastructures matérielles extrêmement gourmandes en ressources pour leur fabrication, notamment les centres de données qui hébergent ces modèles et nécessitent des configurations matérielles avancées pour fonctionner efficacement.

Pour répondre à ces demandes, certains géants technologiques construisent aujourd'hui leurs propres centrales nucléaires aux États-Unis, afin de fournir une énergie durable à leurs data-centers. Bien que cette démarche puisse réduire la dépendance aux sources d'énergie fossiles, elle soulève des questions éthiques quant à l'équilibre entre innovation technologique et empreinte écologique. Une gestion responsable et durable de ces ressources est essentielle pour aligner le développement de l'IA sur des objectifs environnementaux globaux. Google a conclu un accord avec la startup Kairos Power pour développer sept petits réacteurs modulaires (SMR), visant une capacité totale de 500 mégawatts, avec une mise en service progressive entre 2030 et 2035. De son côté, Microsoft a signé un contrat de vingt ans avec Constellation Energy pour relancer l'unité 1 de la centrale de Three Mile Island en Pennsylvanie, fermée depuis 2019, afin de fournir 837 mégawatts d'électricité à ses infrastructures. Oracle a également manifesté son intention de financer le développement de petits réacteurs nucléaires pour répondre à ses besoins énergétiques croissants.

Ces initiatives reflètent une tendance émergente parmi les entreprises technologiques à se tourner vers l'énergie nucléaire pour soutenir l'expansion de leurs capacités, notamment face à la demande énergétique accrue liée à l'IA.

Sur l'utilisation de l'IA générative, les premières études suggèrent que la consommation énergétique approximative (et donc aussi le coût financier) d'un prompt sur un modèle est à la fois proportionnelle à la taille du modèle d'une part, et à la taille du prompt, d'autre part. A prompt égal, utiliser un modèle 70B (70 milliards de paramètres) consomme 10 fois davantage qu'un modèle 7B. Par ailleurs, un prompt de 100 tokens (unités sémantiques impliquées) consomme aussi 10 fois davantage qu'un prompt de 10 tokens. Une IA générative responsable devrait donc privilégier l'utilisation de petits modèles, et limiter la taille des prompts.

Conclusion

L'impact de l'IA sur les professions du logiciel est significatif mais nuancé. Bien qu'elle puisse assister dans des tâches comme l'écriture de code ou la génération de tests, elle ne remplace pas les compétences humaines. Au contraire, elle exige des compétences avancées, notamment sur les tests et la qualité de code, pour bien guider les outils et interpréter les résultats.

Pour tirer le meilleur parti de l'IA générative, les développeurs doivent maîtriser l'art du « prompt engineering », c'est-à-dire formuler des instructions claires et précises pour obtenir les résultats souhaités. Cet état de l'art a des similitudes avec la pratique de BDD.

Mais l'utilisation des modèles d'IA générative soulève des problèmes d'erreurs et des questions éthiques et environnementales, notamment en termes de confidentialité des données et d'impact carbone.

Les métiers du logiciel ne semblent pas amenés à disparaître. Il vont très probablement évoluer et rester très demandés, notamment pour reprendre en main les logiciels créés par des non-développeurs grâce à l'IA, ainsi que pour concevoir des architectures logicielles intégrant des fonctionnalités d'IA.

16 Craft, Conception et Domain-Driven Design (DDD)

Domain-Driven Design (DDD) constitue un vaste sujet qui a tenu l'épreuve du temps depuis 2003 et la sortie du livre du même nom[1]. Cette approche de conception formalisée par Eric Evans est considérée par certains comme l'état de l'art ultime, mais peut s'apparenter à une montagne d'abstraction difficile d'accès pour d'autres. L'objectif de ce chapitre est d'expliquer les contours de l'approche Domain-Driven Design, et comment elle s'inscrit dans la démarche craft.

Domain-Driven Design, en français, signifie tout simplement : « conception dirigée par le métier », par opposition à la « conception dirigée par la seule technologie ». Si l'idée de concevoir en étant guidé par le métier plutôt que par la seule technologie peut sembler évidente, il reste très utile d'insister et d'encourager tout le monde à le faire plus rigoureusement. C'est précisément ce que promeut DDD.

Domain-Driven Design n'est en aucune manière une méthodologie à suivre de façon prescriptive. Le livre propose une centaine de patterns pour guider la conception. C'est à chacun de sélectionner ceux qui seront utiles dans son contexte.

1. L'IMPACT DE DDD SUR LE CRAFT

Si la première édition de ce livre ne mentionnait pas nominativement DDD, c'est notamment parce que l'ensemble du contenu couvrait déjà une partie non négligeable des idées de DDD, mais de façon implicite.

En effet, DDD précède largement l'essor du craft et a influencé tout ce qui a suivi, en particulier BDD. Inversement, Éric Evans, l'auteur de DDD, pratiquait le TDD (dans sa version Extreme Programming). Par conséquent, toutes ces idées vont bien ensemble, se complètent bien et s'inspirent les unes des autres.

Pour faire simple, à la manière de la prose de M. Jourdain : si vous pratiquez avec sincérité TDD et BDD, si à ce titre vous collaborez de façon étroite avec des experts métier, et si de plus, vous vous appuyez sur les critères Object Calisthenics pour refactorer votre code, et que vous pensez à utiliser l'architecture hexagonale, alors il est probable que vous fassiez déjà du DDD de façon tout à fait honnête !

1. Domain-Driven Design: Tackling Complexity in the Heart of Software, Addison-Wesley Professional, 2003

Il y a bien entendu bien plus que cela dans Domain-Driven Design, mais tout n'est pas toujours nécessaire et l'objectif ne doit jamais être de faire du DDD comme un but en soi.

Trop se concentrer sur DDD est la meilleure façon de passer à côté et d'échouer.

Ceci dit, explorons brièvement quelques points-clés complémentaires de DDD.

2. L'IMPORTANCE DU LANGAGE

Pour développer des logiciels qui apportent une valeur à un métier, il est très utile de bien comprendre le métier en question. Les conversations avec des experts ou la lecture de la littérature associée sont des moyens d'apprendre le métier, et ont en commun que cet apprentissage se fait au travers du langage métier.

Par exemple, un responsable d'atelier que vous avez interrogé vous a dit que

« la voiture Laguna Turbo (référence 217) n'a pas eu d'entretien depuis 11 mois, elle doit donc être sortie pour maintenance. »

L'art de bien écouter, de faire attention aux mots, de relever les synonymes, et de poser des bonnes questions devient alors un moyen d'apprendre plus efficacement le métier.

Par exemple, vous avez lu dans un email d'une experte en gestion de flotte que :

« le van Mercedes (référence 99) a roulé 11 000 km depuis sa dernière révision, il faut planifier sa prochaine révision. »

Autre exemple trouvé dans une brochure pour les clients :

« La télématique embarquée a signalé une surconsommation de carburant du véhicule de référence 55, un réglage moteur doit être effectué à son prochain retour. »

Le domaine métier parle ici de `véhicule` (ou de `voiture`, ou de `van`), de `planification d'entretien` (ou `révision`, ou `maintenance`), de `durée entre entretien`, de `distance parcourue`, et `surconsommation de carburant` etc. C'est cela le langage métier.

Cela peut paraître banal, mais lorsqu'on prend le temps de comparer nos notes à un enregistrement d'une conversation, on peut être surpris des écarts entre les notes et ce qui a vraiment été dit. Faire attention au langage métier, c'est quelque chose qui s'apprend.

Enfin, le langage métier est étroitement lié au nommage dans le code, tel que décrit dans les chapitres en début de livre.

3. MODÉLISER EN CODE

L'exploration d'un métier amène des quantités de notes, d'anecdotes, d'exemples, rassemblés dans des emails, des documents ou sur le mur dans le cas d'un atelier collaboratif avec des post-its.

Il n'est pas raisonnable d'exprimer en code chacun de ces éléments collectés : cela serait volumineux, massivement redondant, impossible à faire évoluer et ne couvrirait même pas tous les cas utilisateurs.

Modéliser consiste donc tout simplement en une activité dédiée à résumer et généraliser (en un mot : « compresser ») la variété des comportements métiers en un modèle de taille réduite, facile à comprendre et qui couvre les comportements de tous les cas utilisateurs.

De tout ce qui précède dans ce livre, vous aurez reconnu que le refactoring est le moyen privilégié de modéliser. La 3e phase de TDD fait émerger la modélisation métier, test par test, c'est-à-dire exemple par exemple.

Par exemple, les 3 phrases citées dans le paragraphe précédent comme exemples de langage métier peuvent être modélisées en un seul modèle « d'évaluation de besoin d'entretien », qui pour chaque véhicule détermine le besoin d'entretien selon des critères de durée ou de distance parcourue depuis le dernier entretien, ou selon un critère d'anomalie (surconsommation de carburant ou petite panne).

Ce modèle généralise des cas particuliers en un cas général, tout en restant reconnaissable et compréhensible par les experts du métier.

Un modèle plus élaboré pourra distinguer les critères `prévisibles` (distance et durée), de ceux moins prévisibles (anomalie).

Une confusion fréquente provient du fait que le modèle métier ne correspond pas nécessairement à un modèle de données. L'un peut exister sans l'autre.

Malheureusement, beaucoup de développeurs n'ont jamais vu un modèle métier qui ne soit autre chose qu'un modèle de données en version code.

4. DES BOUNDED CONTEXTS, AVEC CHACUN SON MODÈLE MÉTIER PROPRE

Imaginons que l'on modélise un système de e-commerce complet. Le modèle de code doit gérer la présentation des articles, les paniers, la recommandation des accessoires associés aux articles, le passage des commandes, la gestion de stock et les retours clients, ainsi que bien d'autres fonctionnalités.

Le résultat pourrait alors être représenté dans un modèle de grande taille, par exemple avec des milliers de tables et de classes, comportant des centaines de champs. Ce qui nécessiterait des dizaines ou plus de professionnels du logiciel pour gérer et maintenir tout cela.

Cela pose de multiples problèmes relatifs à :

- ✓ La taille du modèle : la charge cognitive liée au modèle est élevée, il est très difficile de le connaître en entier.
- ✓ L'aspect partagé du modèle : étant commun à tout le monde, tous doivent se coordonner pour faire des changements, ou à défaut chacun doit être vigilant et s'adapter aux changements des autres.

Pour éviter ces problèmes, l'idéal serait d'avoir plusieurs modèles plus petits, avec un nombre réduit de personnes en charge de chaque modèle. Mais comment découper un gros modèle en limitant les effets néfastes ? DDD stratégique apporte des réponses avec notamment la notion de *Bounded Contexts*.

L'idée est de s'appuyer à nouveau sur le langage pour identifier les zones d'expertises qui vont devenir les silos, les fameux Bounded Contexts, chacun avec son propre modèle.

Dans l'exemple précédent, il est probable que les Bounded Contexts correspondent souvent à des sous-domaines métier tels que le catalogue (consultation des articles), le panier (préparation de la vente), la recommandation (proposer des articles additionnels ou des lots), le paiement, etc.

Ce sont ces clusters de langage (des champs lexicaux) qui guident pour identifier ce qui deviendra in fine des modules ou des microservices.

Les synonymes sont des marqueurs privilégiés pour détecter les Bounded Contexts : dans l'entreprise de e-commerce précédente, pour parler des clients, les mots suivants sont parfois utilisés : `client`, `lead`, `prospect`, `visiteur`, `fraudeur`, `compte`.

Sous l'apparente confusion de cette multitude de mots pour désigner le même client se cachent en fait les sous-domaines métiers et leurs Bounded Contexts :

Synonyme	sous-domaine métier / bounded context
Client	confirmation de commandes
Lead	marketing (acquisition de futurs clients)
Prospect	commerce (conversion)
Visiteur	catalogue (consultation)
Fraudeur	détection des fraudes

Le modèle métier pour le bounded context `Commerce` parlera donc de `prospect` (et non de `client`) et probablement de `panier` (et non de `vente`).

À chaque modèle son langage, et réciproquement, à chaque cluster de langage son modèle.

Découper des logiciels de grande taille restant un exercice délicat et à fort enjeu, il est heureux que le langage métier aide à gagner en confiance ou à suggérer les Bounded Contexts, comme illustré dans le tableau précédent.

À noter : entre différents modèles de différents Bounded Contexts, les concepts qui se correspondent ne coïncident souvent pas « 1 pour 1 ». Par exemple, les correspondances entre lead, prospect, client, compte, etc., ne sont pas nécessairement 1-1. Il n'est pas rare que plusieurs leads correspondent à un même client. De même, plusieurs références produits en stock peuvent correspondre à un seul article en catalogue.

Conclusion

Les pratiques craft bien comprises et mises en œuvre nous guident déjà sur le chemin de la conception guidée par le métier. Pour aller plus loin, le travail sur le langage et la pratique des bounded contexts, ainsi que le context mapping[1], sont les étapes suivantes. Les patterns tactiques, que nous ne couvrirons pas ici, peuvent aider ensuite à finaliser l'implémentation en code. Un résumé des principaux patterns du livre par son auteur est librement à disposition en ligne[2].

Domain-Driven Design, par son insistance sur le métier et son langage pour guider les choix techniques, constitue donc un état de l'art très pertinent pour prolonger son cheminement dans le craft.

1. Démarche qui permet de cartographier les relations d'intégration entre Bounded Contexts et les impacts que ça peut engendrer sur l'organisation des équipes, et dont les principaux patterns sont « Conformist » et « Anticorruption Layer ».
2. Domain-Driven Design Reference: Definitions and Pattern Summaries : https://domainlanguage.com/wp-content/uploads/2016/05/DDD_Reference_2015-03.pdf

ANNEXE 1 : KATALOGUE, LES KATAS INCONTOURNABLES

FizzBuzz

C'est le point d'entrée incontournable pour s'initier aux katas. Il offre l'avantage de nous confronter à un problème très simple, ce qui permet de se concentrer sur les bonnes pratiques. Il permet d'illustrer le TDD en se focalisant sur l'approche baby steps. D'ailleurs, c'est l'exemple qui est pris pour la section 1.6 « TDD en pratique sur un kata très simple ».

On trouve des variantes qui demandent de supporter de plus en plus de multiples et de suffixes associés. L'objectif est de nous orienter vers une approche plus déclarative basée sur la programmation fonctionnelle.

Leap Years

Ce kata nous demande, pour une année passée en entrée, de déterminer si elle est bissextile ou non. Les règles de calcul sont un peu plus complexes[1] que ce qu'on pourrait penser.

Ce kata est lui aussi pensé pour le TDD, mais attention à l'ordre des exemples de test : mal ordonner les cas de tests peut conduire à une rupture des trois règles du TDD.

String Calculator

String Calculator[2] est un kata dédié au TDD et surtout au refactoring. L'objectif est d'écrire un parseur d'additions qui supporte au fil des étapes de plus en plus de possibilités. Bien sûr, pour que le kata conserve tout son sel, on s'interdit de découvrir l'ensemble des fonctionnalités d'un coup. En abordant une étape à la fois, ce kata nous force à maintenir le design le plus simple possible pour nous en sortir efficacement.

Roman Numerals

Avec ce kata, on travaille au choix sur un convertisseur de nombres romains vers des nombres arabes, ou l'inverse.

1. Les règles de gestion du kata Leap Years sont détaillées ici : https://codingdojo.org/kata/LeapYears/
2. L'énoncé du kata String Calculator, par Roy Osherove, est disponible ici : https://osherove.com/tdd-kata-1

Modéliser les correspondances de chiffre sous forme d'enum constitue une étape-clé pour aborder ce kata.

Tennis

L'objectif est de calculer l'affichage du score dans un jeu au tennis, en fonction du nombre de points de chaque joueur. Compter les points est simple, contrairement à leur affichage, on a ainsi des règles de gestion relativement complexes.

Il existe une version[1] du kata qui propose trois implémentations différentes, à réécrire. Comme les tests existent déjà, on se concentre sur la partie refactoring. Avec les multiples implémentations proposées, c'est un excellent kata pour initier les équipes à la revue de code.

Bowling

Ce kata est similaire au tennis au niveau du besoin métier, en l'occurrence afficher un score en fonction de règles métiers complexes. Les règles en question sont bien plus complexes qu'au tennis.

Ce kata est approprié pour illustrer le concept de design émergent.

Gilded Rose

Le kata de refactoring par excellence. La difficulté se situant dans la compréhension du code, il invite à créer un golden master pour assurer la non-régression. La phase de refactoring est assez contre-intuitive et nécessite de dégrader encore plus le code pour échapper aux optimums locaux.

C'est un excellent kata pour apprendre à maîtriser les raccourcis clavier de l'IDE.

Trip Service

Un autre kata de refactoring mais, contrairement à Gilded Rose, le code est facile à comprendre. Il est en revanche difficile à tester à cause des dépendances retorses qui y ont été disséminées.

Ce kata nous apprend donc comment nous affranchir des dépendances, et constitue une bonne introduction au principe d'inversion de dépendances.

1. https://github.com/emilybache/Tennis-Refactoring-Kata

ANNEXE 2 : LA BIBLIOTHÈQUE IDÉALE DES CRAFTERS

Les ouvrages consacrés au développement logiciel sont légion et s'y intéresser est extrêmement chronophage. Afin de rentabiliser au mieux votre temps, nous vous proposons une sélection des publications qui nous paraissent les plus structurantes autour du domaine du craft. Cette liste ne se prétend pas exhaustive, sa vocation est de vous aider à faire le tri en vous donnant un bref aperçu. Les références proposées sont groupées en plusieurs sections :

- ✓ quelques fondamentaux du développement logiciel ;
- ✓ les essentiels constituant une bonne introduction au craft ;
- ✓ les ouvrages présentant des pratiques avancées du craft.

Les classiques / fondamentaux

Les livres proposés dans cette section ne font pas directement partie du craft mais font néanmoins partie des classiques permettant d'enrichir la culture générale du développeur. Par ailleurs, ils mettent en place les premières pierres du craft.

Design Patterns: Elements of Reusable Object-Oriented Software, d'Erich Gamma et al. (alias Gang of Four) (Addison Wesley, 1994)

La bible des design patterns, qu'on ne présente plus, est aussi connue sous le nom de Gang of Four (ou GoF), en référence à ses quatre auteurs. Cet ouvrage fondateur liste et décrit une vingtaine de patrons de conception que tout développeur et toute développeuse se doit de connaître. Les patterns sont regroupés par catégories : création, structuration ou comportement. Bien que fêtant bientôt ses 30 ans, le livre du GoF est toujours d'actualité, même si sa lecture reste quelque peu aride.

Head First Design Patterns, d'Eric et Elisabeth Freeman et al. (O'Reilly, 2004)

Nombreux sont les développeurs qui ont entendu parler des design patterns en se les faisant expliquer par d'autres, mais finalement peu d'entre eux ont réellement lu l'ouvrage qui les décrit. Et pour cause, la lecture n'en est pas très passionnante et se révèle assez peu didactique.

Afin de pallier ce manque, Eric et Elisabeth Freeman ont proposé une sorte de compagnon, *Head First Design Patterns*, qui propose une véritable visite guidée des design patterns en prenant le lecteur par la main. Ce livre, très généreux, commence par les patterns réellement les plus utiles et les plus fréquents, en partant à chaque fois d'un problème de conception concret, et en montrant comment on peut le résoudre à l'aide du design pattern approprié. Comme les autres ouvrages de la série *Head First*, il est très pédagogique, bourré d'illustrations et se présente comme une discussion vivante entre plusieurs intervenants d'un projet construisant une solution à plusieurs.

The Pragmatic Programmer: From Journeyman to Master, d'Andrew Hunt et David Thomas (Addison Wesley, 1999)

Ce recueil constitue une véritable mine d'or, pleine de bon sens autour de techniques et pratiques qui résonnent encore aujourd'hui. La notion de kata de code a ainsi été introduite dans ces pages, de même que la technique de discussion avec un canard en plastique. Ce guide, à la lecture aisée, propose beaucoup de contenu sur l'attitude et la posture du développeur ou de la développeuse, sur la manière de s'organiser ou encore sur le choix et la maîtrise des outils. Dans une certaine mesure, on trouve ici un certain nombre de prémices du craft.

Extreme Programming Explained, de Kent Beck (Addison Wesley, 1999)

Cet ouvrage accompagne la méthodologie éponyme qui, bien que révolutionnaire, fut peut-être trop en avance sur son temps (ou pas suffisamment centrée sur le management comme a su l'être l'agilité et notamment Scrum). Bien que n'étant pas vantée comme telle, Extreme Programming a pourtant été une des premières méthodes agiles, faisant la promotion du feedback rapide et du pair programming (les retours d'expérience montrent d'ailleurs que cette méthode est plus efficace que Scrum pour le développement agile).

Il est à noter que si cette méthode a été développée au début des années 1990, elle n'a été formalisée dans une publication que bien plus tard.

Les « core craft »

Les livres présentés ici constituent les piliers du craft et offrent la possibilité d'élargir les connaissances apportées par le présent ouvrage.

Test-Driven Development By Example, de Kent Beck (Pearson, 2002)

Ce manuel permet d'initier en douceur et de façon très décomposée à l'approche TDD. Dans la première partie, le père du TDD nous propose de résoudre un kata d'arithmétique monétaire en multi-devises avec l'approche pilotée par les tests et en appliquant les baby steps. Kent Beck introduit aussi sa liste de tâches, sur laquelle il note les cas de tests à prévoir, les refactorings qui arrivent en cours de route, et s'attache à ne prendre qu'un item à la fois et à les rayer au fur et à mesure de la réalisation.

Si la première partie s'adresse clairement aux débutants, la seconde, qui propose d'implémenter un framework de test en approche TDD, nécessite d'avoir le cœur bien accroché. L'aspect *meta* du sujet, incluant un problème de bootstrap, promet des soirées pleines de nœuds au cerveau.

***Clean Code*, de Robert C. Martin (alias Uncle Bob) (Pearson, 2008)**

Ce recueil de principes et de bonnes pratiques s'attaque à la qualité du code. La plupart des principes tels que KISS, la règle du boy-scout, la loi de Demeter, SOLID, y sont abondamment décrits. L'accent est mis également sur l'expression de l'intention, le nommage, la définition des fonctions, les commentaires, et la structuration du code en général. L'effort à mettre dans le code de tests n'est pas oublié non plus.

Ce livre, au style très fluide et donc très facile à lire, constitue une excellente porte d'entrée dans l'univers du craft.

***Refactoring: Improving the Design of Existing Code*, de Martin Fowler (Addison Wesley, 2002)**

Martin Fowler, connu comme « l'homme aux centaines de patterns » signe ici un ouvrage de référence sur la réécriture de code, accompagné, comme on peut s'y attendre, de dizaines de patterns propres au refactoring. Dans l'optique de fournir une raison d'être au refactoring, les smells de code les plus fréquents sont également présentés.

La pratique du refactoring est expliquée progressivement, en partant d'une base de code particulièrement détestable autour de la location de vidéos ou de spectacles théatraux, selon l'édition. À propos de l'édition, il convient d'être prudent : les premières donnent les exemples en Java, tandis que les plus récentes laissent la place au Javascript.

La deuxième édition de ce livre (2018) a été publiée en français sous le titre *Refactoring - Comment améliorer le code existant* (Dunod, 2019).

***The Software Craftsman: Professionalism, Pragmatism, Pride*, de Sandro Mancuso (Prentice Hall, 2014)**

Récit au style très autobiographique, ce livre est surtout centré sur les attitudes et les valeurs du développeur ou de la développeuse qui aspire à devenir crafter ou crafteuse. La lecture est rapide et aisée, mais, attention, Sandro Mancuso nous livre ici une vision exigeante et sans concessions de la voie du craft, à laquelle on adhère ou non.

***The Clean Coder*, de Robert C. Martin (Addison Wesley, 2011)**

Compagnon du guide *Clean Code*, dévolu aux aspects techniques du craft et très centré sur la production de code de qualité, *The Clean Coder* se focalise davantage sur l'état d'esprit et la posture du crafter ou de la crafteuse. Nous sommes une fois de plus face à un ouvrage facile et agréable à lire. Peut-être un défaut malgré tout : les noms très proches des deux ouvrages font qu'il est très facile de les confondre.

Les « craft avancé »

Les titres suivants se consacrent à des techniques très avancées du craft, et permettent d'aller beaucoup plus loin.

Working Effectively with Legacy Code, de Michael Feathers (Addison Wesley, 2004)

Ce précieux grimoire est intégralement dévolu au travail sur des bases de code legacy et propose un certain nombre d'approches pour les appréhender, le tout en garantissant un maximum de sécurité. L'auteur donne, entre autres, plusieurs techniques pour s'affranchir sans risques des dépendances retorses, que l'on ait accès aux sources ou non. Même si la lecture peut se montrer rugueuse, l'investissement vaut vraiment le coup.

xUnit Test patterns, Refactoring Test Code, de Gerard Meszaros (Addison Wesley, 2007)

Cet imposant volume (il comporte près de 1 000 pages) s'attarde de façon détaillée sur les différentes problématiques que l'on peut rencontrer en mettant en place des tests automatisés sur un projet. Les patterns et anti-patterns y foisonnent, mais surtout les points de souffrance habituellement rencontrés sont décrits avec une précision extrême. Une grande attention est apportée notamment sur les code smells de test et ce qui les rend fragiles. Chaque problème s'accompagne bien évidemment de solutions concrètes. Malgré l'effort important demandé, ce livre est un *must-read* par l'expertise qu'il distille au fil des pages sur le domaine des tests.

The BDD Books: Discovery & Formulation, de Seb Rose et Gáspár Nagy (2018, 2021)

Ces deux volets s'attardent sur les phases-clés de l'approche BDD, à savoir l'exploration des besoins avec les métiers et la formulation des exemples au format Gherkin. Se lisant rapidement, ils capturent avec justesse l'essence de BDD.

Un troisième volume consacré à l'automatisation des exemples est prévu.

Domain-Driven Design, d'Eric Evans (Addison Wesley, 2003)

Cet ouvrage fondateur place la notion de domaine, en d'autres termes le métier, au cœur du développement logiciel. Même si beaucoup le considèrent comme difficile à suivre, ce texte est fondateur pour le Domain-Driven Design. Il décrit aussi bien les patterns stratégiques (Bounded Contexts, Ubiquitous Language, etc.) que tactiques (Aggregate, Entity, Value Object, Repository, etc.). Sa lecture permet d'envisager la conception logicielle autrement, en plaçant le métier plutôt que la technique au cœur des préoccupations.

Growing Object-Oriented Software, Guided by Tests, de Steve Freeman et Nat Pryce (Addison Wesley, 2009)

Désigné dans la communauté comme le « GOOS », ce très copieux ouvrage s'adresse à des développeurs confirmés. Il traite essentiellement des problématiques de TDD liées à la collaboration entre les classes, et il élève d'une certaine manière le TDD à l'échelle du système et de l'architecture. Le focus est mis essentiellement sur l'approche outside-in, ce qui donne l'occasion de présenter les approches de TDD double boucle et de squelette ambulant (*walking skeleton*[1]). Des techniques permettant de tester du code asynchrone ou multi-threadé sont également décrites.

Analysis Patterns: Reusable Object Models, de Martin Fowler (Addison Wesley, 1996)

Beaucoup moins connus que les design patterns, orientés vers la résolution de problématiques de conception technique, les analysis patterns ont pour vocation de proposer des modélisations pertinentes de difficultés métiers récurrentes. On y apprend entre autres comment représenter une hiérarchie dans une organisation, des mesures liées à des observations scientifiques ou encore des transactions financières. Cet ouvrage précurseur est considéré par certains comme le premier livre traitant du Domain-Driven Design, avant même que le terme ne soit introduit.

Living Documentation, de Cyrille Martraire (Addison Wesley, 2018)

Cet ouvrage, à la lecture plaisante[2], se situe dans le prolongement des pratiques craft telles que l'expression de l'intention, l'usage des tests en tant que documentation ou encore le Behaviour-Driven Development.

Partant du constat d'échec de la documentation classique en tant que vecteur de connaissances, il entreprend la quête de la transmission du savoir lié au logiciel de façon fiable et économique au travers de pratiques qualifiées de « documentation vivante ». À travers de nombreux patterns, on y apprend notamment comment faire émerger la connaissance déjà présente, comment organiser le code pour qu'il soit auto-expressif, comment l'augmenter et l'outiller pour produire de la documentation automatiquement. L'objectif est de faire de la documentation un processus agréable et efficace plutôt que rébarbatif et inutile.

1. Un walking skeleton permet de valider l'architecture technique d'un système en construisant une très petite fonctionnalité (se limitant parfois à un « Hello, World! ») exécutable et déployable.
2. Note de Cyrille Martraire : « Avis purement objectif : achetez-le, il est vraiment très bien :-) ! »

Laura Craft acquiert des connaissances avant de s'aventurer dans le code legacy

Index

S

T

U

V

Z

88043 - (I) - COR 80 - KEP - NRI
Dépôt légal : juin 2025 - N° 202505.0033
Achevé d'impression par Imprimerie CHIRAT
42540 Saint-Just-la-Pendue
Imprimé en France